KB068981

나쁜 정부와 정의

로렌제티 | 롤즈
Ambrogio Lorenzetti | John Rawls

머리말

정의는 이미 플라톤의 『국가론』, 아리스토텔레스의 『정치학』에서 중요한 주제였다. 이들은 한결같이 이상적인 국가란 무엇인가, 정의란 무엇인가, 좋은 정부란 어떠해야 하는가를 놓고 고민했다. 아우구스티누스(354~430)는 『신국론』에서 '정의가 없는 국가들은 강도가 사는 거대한 동굴과 과연 다를까'라고 질문한다.

사람들은 정의를 서로 다르게 이해하며 받아들인다. 어떤 사람은 자기가 처한 상황에서 부당하게 대우받는 것이 옳지 않다고 본다. 그래서 차별의 철폐, 기회균등, 분배에서의 정의를 주장한다. 윤리적인 측면에서 칸트가 주장하는 바와 같이, 목적이 아닌 수단으로 대우를 받는 것에 부당성을 호소하며 정의를 요구하는 사람도 있다. 개인 수준을 넘어 국가와 정치와 법 수준에서의 정의, 사회경제적 정의, 양성 간의 정의, 소수자에 대한 정의, 세대 간의 정의, 국제간의 정의 등을 이야기할 수도 있다.

롤즈는 『정의론』에서 사회제도의 제1덕목이 정의라고 말했다. 우리는 과연 사회제도의 제1덕목이 정의라고 하는 데 동의할 수 있는가? 우리가 살아가는 데 정의 외에도 자유, 안정, 효율, 협력, 평등 등 중요하게 여겨지는 사회적 가치를 가진 덕목들이 얼마든지 있지 않은가? 배고픔의 문제 해결이 정의보다 더 중요하다고 생각하지 않는가? 정의와 배부름의 사이에서 갈등하지 않는가? 사회 전체의 이익을 증진하는 공리주의적인 정책을 자유 보장보다 더 중요하게 여기지 않는가? 경제 살리기가 자유보장보다 우선한다고 생각하지 않는가?

롤즈는 "정의란 무엇인가?" "정의는 어떠해야 하는가?"라는 질문을 가지고 40년이 넘도록 '정의'를 연구하였다. 롤즈가 말하는 개인의 기본권리로서, 사회체계에서 자유의 이해는 그리 단순하지 않음을 본다. 롤즈에게서 정의는 자유이며, 자유의 보장이기도 하다. 그래서 정의와 자유는 분리되지 않는다. 자유로서 정의, 정의로서 자유는 인간을 인간으로 대접하고, 배려하며, 사람이 더불어 사는 사회로 만든다. 자유의 우선성이 무시되는 사회에서는 물질이 지배하며, 결국 악이 드러난다.

롤즈가 논하고 있는 '정의'는 『정의론』에서 보듯이 내용이 방대하여, 그 정의의 효과를 파악하기가 쉽지 않다. 그래서 사람들은 롤즈의 『정의론』을 유토피아적이라고 비판하기도 한다. 이는 정의의 효과가 어떠한가가 잘 파악되지 않기 때문이다.

암브로조 로렌제티(1290~1348)의 '좋은 정부와 나쁜 정부 알레고리'는 이런 질문에 대한 좋은 답이 된다. 로렌제티는 이탈리아 시에나(Sienna) 시 정부 건물에 일련의 벽화를 그렸다. 그림의 주제는 좋은 정부와 나쁜 정부 알레고리이다. 그는 좋은 정부와 나쁜 정부의 통치자가 추구하는 이념이 무엇이며, 그 통치 수단이 무엇인가를 보여준다. 그리고 그 차이가 사회와 경제 그리고 개개인의 삶에 어떤 차이를 가져오는가를 명확히 하고 있다. 그 차이의 시작은 정의에 있다. 국가와 사회의 기초가 정의이며, 경제의 기초도 정의이다. 사람이 살아가는 관계도 정의이다. 로렌제티는 정의의 해석을 통해 어떻게 인간을 자유케 하는지를 보여준다. 물론 그 사상의 바탕은 성경이다. 로렌제티는 롤즈와 같이 사회제도의 제1덕목이 정의라고 하고 있다. 정의는 좋은 정부와 나쁜 정부의 차이이다.

종교 철학자인 프랜시스 쉐퍼(Francis A. Schaeffer, 1912~1984)는 『그러

면 우리는 어떻게 살 것인가?』에서 로마가 왜 망했는가에 대한 질문에 대해 로마가 건설한 좁은 다리를 보여주었다. 1994년에 성수대교가 붕괴되었다(1994년 10월 21일). 그 이후 일 년이 안 된 1995년 삼풍백화점이 붕괴되어 502명의 사상자를 냈다(1995년 6월 29일). 그리고 2년이 채 넘기 전인 1997년 한국은 국제통화기금 IMF에 구제 금융을 요청하는 합의서에 서명하였다(1997년 12월 3일). 국가부도위기를 맞았던 것이다. 우리 사회는 이 일련의 사건들을 통해 정치사회학적 의미를 제대로 배웠을까? 이 일련의 사건들은 오늘날도 여전히 우리의 자화상이 아닌가?

필자가 2014년 남부 아프리카의 한 나라에 체류하고 있을 때, 세월호가 침몰하는 사건이 일어났다(2014년 4월 16일). 현지인이 질문했다. "아프리카에서 일어나는 일이 왜 한국 같은 (선진)나라에서 일어났는가?" 그 이후 세월호는 어떻게 되었는가? 세월호 특별법을 둘러싼 갈등과 논쟁에서 여당은 '민생·경제 살리기가 우선'이라고 하였다. 이에 대해 야당은 '세월호 법이 최고 민생'이라 하였다. 두 주장은 서로 경쟁할 뿐만 아니라 서로 대척점에 서있다. 그러면 우리는 두 주장의 우선순위를 어떻게 정할 수 있는가? 그 서열의 기준은 무엇인가? 직관인가, 공리주의인가, 아니면 롤즈가 말하는 정의의 우선성인가? 2014년이 저물어가는 시점에 여당은 기업인 사면을 들고 나왔다. 기업인 사면을 통해 경제를 살리자는 그 주장의 뿌리는 무엇인가? 우리는 그 뿌리에까지 내려가 봐야 한다. 세월호 사건의 종착은 무엇이 되어야 하는가? 쉐퍼는 로마가 건설한 다리는 로마 제국을 지탱하기에는 너무 약했다고 결론을 맺고 있다.

본 글은 '사회과학의 이해'를 강의하면서 롤즈의 『정의론』을 이해하는 입문서가 필요하다는 생각이 들어 집필하게 되었다. 롤즈의 『정의론』은 칸트의 『순수이성비판』이나, 헤겔의 『정신현상학』과 같이 읽기가 쉽지 않다. 칸트, 헤겔 강독을 도전하여, 첫 장을 넘기는 사람은 자신의 지적 능력의 한계를 경험하고 포기하게 된다. 그러나 이는 강독자의 지적 얕음보다 그 사상체계의 넓음과 복잡함에 있다 하겠다. 이는 작은 호수가 아닌 대양에서 헤엄치는 것과 같다. 롤즈의 『정의론』은 후반부로 갈수록 그러하다. 위대한 사상가의 이해에는 그에 상응하는 집중적인 노력이 들어가야 함을 본다. 그렇지 않으면 우리는 단지 이름만 기억할 것이다. 이는 사유에도, 사회의 실천에도 아무런 도움이 안 된다.

롤즈의 『정의론』이해는 좋은 정부와 나쁜 정부를 구별하는 실천적, 비판적인 안목을 일깨워 준다. 롤즈의 책에는 사유의 즐거움, 우리사회를 진단해 주고 방향을 제시해 주는 지혜가 들어 있다. 필자는 가능한 원고 분량을 적게 하고, 내용도 단순하게 하여 이해하기 쉽게 하고자 하였다. 그럼에도 필자의 능력 부족과 내용의 방대함과 깊이로 인해 이해하기 쉽게 기술하는 데 한계가 있음을 본다. 본 책을 통해 적게라도 롤즈의 사유의 깊이와 지평을 보게 되고, 우리의 사유의 지평이 넓어진다면 더할 나위가 없겠다.

지난 3년간 집중적으로 롤즈, 독일 철학가와 사회학자 20여 명의 저작을 강독하면서 수 없이 한계를 절감하였다. 이 저작들은 모두 본인에게 지식의 태산으로 다가왔다. 그럼에도 이제 집필을 마치게 되어 감사하다. 본 책의 출판을 맡아준 박영사, 편집과 교정에 수고한 편집부에 고마움을 전한다.

질문을 던져 보자. "우리 정부는 과연 좋은 정부인가 나쁜 정부인가?"

차례

✆ 제2편 롤즈의 정의론

제1편

로렌제티의 정의론

나쁜 정부와 정의

제1장 정의를 사랑하라

"Diligite iustitiam qui iudicatis terram"
정의를 사랑하여라 세상을 통치하는 자들아

1. 로렌제티와 롤즈

1) 로렌제티와 정의

국가는 권력의 중심이며, 대외적으로 권력을 상징화하여 권위와 정당성을 얻고자 한다. 유럽의 각지에서 권력자들이 사용했던 왕궁이나 건축물들을 볼 수 있다. 이런 건축물은 규모와 모양에서 일반 건물들과 차이가 난다. 집권자의 집무실, 옥좌(玉座), 홀(assembly hall), 회의실, 각 방의 벽과 천장 등은 화려하게 장식되어 있다. 이런 특별한 장식은 옛날이나 지금이나 그 본질에서는 동일하다.

권력자들은 '권력의 예술'을 통해 자신의 위엄을 전달하며 상징화하였다. 유럽에서 르네상스 이후 17~18세기 바로크의 예술적 표현 양식이 대표적인 예가 된다. 바로크 양식은 규모성을 가지며, 이를 통해 군주는 강력하고 절대적인 힘을 과시하고자 하였다. 프랑스의 베르사유 궁전(Château de Versailles)은 권력의 상징이자, 바로크 건축의 대표 작품이다.

분수와 정원을 갖춘 건물은 광대하고 호화롭다. 실내의 장식들은 사치스럽고 호화로운 궁정문화를 보여준다. 베르사유 궁전이 완공되는 데는 60년이라는 시간이 들었다(1624~1683). 17세기에 프랑스는 유럽의 가장 강력한 국가가 되었고, 태양 왕 루이 14세의 집권기에 유럽대륙의 문화와 정치경제의 중심이 되었다. 베르사유 궁전은 그 자체가 프랑스 국가 역량과 통치의 상징이었다.

1차 세계대전을 마무리 짓는 독일 제국과 연합국 사이의 조약은 1919년 6월 28일 다름 아닌 이 베르사유 궁전 거울 방에서 이루어졌다. 아이러니하게 프로이센은 1871년 1월 18일에 이곳 베르사유 거울방에서 프랑스와의 전쟁의 종전을 선포하고 빌헬름 1세의 대관식을 열었었다. 프랑스는 이런 역사적인 수치를 털어내고자 했던 것이다.

18세기에 프랑스 베르사유 궁전은 유럽의 모든 통치자들에게 영감을 불어넣어준 이상적인 모델이었다. 에버하르트 루트비히(Eberhard Ludwig)는 프랑스 베르사유를 방문한 뒤 자신도 그에 뒤지지 않는 궁전을 짓고 싶어, 자신의 사냥터 별장을 1704년부터 왕궁으로 변화시켰다. 이로써 1733년에 바로크 양식의 루트비히스부르크 궁전(Schloss Ludwigsburg)이 완성되었다. 이는 뷔르템베르크(Württemberg) 왕국의 궁전으로 이용되었고, 28개의 건

■ 루트비히스크부르크 궁전

물과 452개의 방이 남아있다. 이 규모는 독일에서 가장 큰 바로크 양식의 왕궁이며, 유럽에서도 가장 큰 왕궁 중의 하나로 손꼽힌다.

이러한 유럽 군주들의 관저(residence)의 모형은 로마 도미티아누스 황제(81~96)의 팔라티노 언덕(Palatine hill)의 궁전이 원형으로 여겨진다.[1] 로마의 7개 언덕 중의 하나로 장소이름인 'palatium'이 관저의 의미를 갖게 되었고, 후에는 위엄을 가진 공공건물, 즉 궁전(palace, 이탈리아어 "Palazzo," 불어 "Palais," 독일어 "Palast")의 기원이 되었다. 궁전은 기능면에서 열린 광장, 규모가 큰 청중홀(aula regia, audience hall), 왕(군주)이 등장하는 법정홀(basilica), 만찬을 위한 식당(triclinium)을 갖추었다. 크기를 보면 청중홀은 31.44m×32.10m, 법정홀은 29.05m×31.64m, 식당은 20.19m×30.30m이었다. 청중홀에서 왕은 신하와 친구로 여기는 사람들을 접견했다. 법정홀에서 왕은 고문관들과 함께 국내외 정책을 논하고, 외교관을 영접하며, 재판과 판결을 내

■ 팔라티노 언덕의 궁전(중세에 교회 등의 건물이 들어섬)

---

1) Randolph Starn, Loren W. Partridge, Arts of Power: Three Halls of State in Italy, 1300~1600, University of California Press, 1992, 1~2.

렸다. 식당은 국가의 공식만찬에 이용되었다. 팔라티노 언덕의 궁전의 구성과 기능은 후에 유럽에서 나타나는 군주의 관저나 궁전에서 다양한 변형으로 발전되어갔다.

국가의 기능이 많아지고 다양화됨에 따라 궁전의 방이나 홀도 조정되어갔다. 먼저 건축술의 발달로 초기에 궁전의 본당(great halls)은 지상 층에 위치하고 나무였으나, 12세기에 석조 건물의 등장으로 2층에 자리를 잡고 외부 계단과 연결되었다. 천장은 나무로 되었으나, 14세기 말에는 돌로 보강이 되었고 현관과 대기실이 본당에 추가되었다. 궁전내의 방들은 고위직과 하위직으로 세분화되었고, 그에 따라 크기가 달랐다. 가족이나 특권의 층만이 드나들 수 있는 내부의 사실(私室, sanctum)도 들어섰다.

중세에 이탈리아는 르네상스의 문화적인 발달로 사상이나 예술에서 뿐만 아니라 건축에서도 융성한 발전을 주도하였다. 특히 이탈리아 도시국가들이 그러했다. 유럽의 현대 정치사상이 움트는 가운데서 도시국가 군주들은 스스로 유럽 문화의 수호자로 나서기도 하였다. 이탈리아 정책에 계속해서 간섭해오던 신성로마제국은, 밀라노를 중심으로 한 롬바르디아 도시 동맹(1167년 결성)의 반항에 부딪혀 레냐노 전투에서 패배(1176년)하였고, 1183년 콘스탄츠의 강화를 통해 이탈리아의 동맹 도시들에게 자치특권을 인정하게 되었다.[2] 북부와 중부의 도시공화국들은 공공건물 신축과 예술에 투자하였다. 시청 건물들은 벽돌이나 돌로 지어졌고, 종탑들이 들어섰으며, 총회가 열릴 수 있는 회의장소와 의회실(council chamber)들이 들어섰다. 이러한 홀들은 새 공화국들이 정통성의 상징을 드러내는 데 노력을 기울였다. 이 가운데 프레스코(벽화, Fresco)가 많이 이용되었는데, 이는 비교적 값이 싸고 내구성이 좋아서였다.

---

2) 밀라노의 역사, britannica online.

시에나에 102m 높이의 탑을 가지고 있는 건물인 팔라초 푸블리코 (Palazzo Pubblico)가 있다. 이는 1297년에 건축되기 시작하였다. 처음에는 시에나 시 정부의 시청건물이었지만, 현재는 미술관으로 사용되고 있다. 이 건물에 이탈리아 르네상스를 준비한 위대한 작가들의 작품이 보전되어 있다.3)

시에나의 팔라초 푸블리코 건물 내에 여러 프레스코가 있다. 이들 가운데 일부가 지금까지 보존되어오고 있다. 이 가운데 주목을 받는 것은 1315년에 시모네 마르티니(Simone Martini)가 그린 '마에스타'(Maestà, '영광의 그리스도상'이라는 의미)가 있다. 옥좌에 앉은 마리아와 아기 예수를 중심으로 30명의 성인과 천사가 그려져 있다.4) 시청사의 가장 큰 방 대회의실에 있는 이 그림은 성모마리아와 아기 예수의 종교적 이상을 나타내는 의미를 갖는다. 시에나 전통에 의하면 1260년에 시에나가 플로렌스와 전투를 하기 전에 자신들을 마리아에 의탁함으로써, 성모 마리아는 시에나의 통치

■ 시모네 마르티니(Simone Martini)의 '마에스타'. (오른쪽은 아기 예수를 확대한 모습)

3) Diana Norman, Painting in Late and Renaissance Siena(1260~1555), Yale University Press, 2003. Norman은 시에나 회화(Painting)를 1) 초기(1260~1300), 2) 황금기(1300~1355), 3) 위기 변화 지속(1355~1420), 4) 르네상스(1420~1480), 5) 르네상스 후기(1480~1555)로 나누고 있다.
4) 정은진, 14세기 시에나 시청사(Palazzo Pubblico)의 벽화들 : 정치적 이데올로기를 중심으로, 미술사학보 제34집, 2010, 233~264(238ff.).

자가 되었다.[5] 시에나는 '성모의 도시'(City of the Virgin)의 정체성을 가지며, 성모의 강력한 보호와 인도에 의지하는 신앙을 보여준다.

그림 '마에스타'에는 통치자들에게 전하는 메시지가 또한 들어 있다. 어린 그리스도가 펼쳐 보이고 있는 두루마리에서 단테의 신곡 천국편 (Paradiso Paradise Canto XVIII)의 한 구절이 인용되고 있다.

"Diligite iustitiam qui iudicatis terram"

('Love justice you who govern the world', or 'Love justice, you judges on earth')

(정의를 사랑하여라 세상을 통치하는 자들아)

시에나 시청홀에는 또 다른 성격을 가진 프레스코가 있다. 쌀라 델라 파체(Sala della Pace 평화의 방, 혹은 Sala dei Novi)라는 이름을 가진 방의 벽면에 로렌제티(Ambrogio Lorenzetti 1290~1348)의 프레스코가 그려져 있다. 이는 1338~1339년경에 그려진 정치적인 메시지를 담고 있는 좋은 정부 (Allegoria ed Effetii del Buono Governo)와 나쁜 정부(Allegoria del Cattio Governo)의 프레스코이다.[6]

알레고리[7]란 말은 그리스어로, 어떤 개념을 설명하기 위해서 다른 개념을 사용하는 것이다. 추상적인 개념이나 종교적·영적 가르침을 설명하기 위해서, 일상의 생활에서 볼 수 있는 구체적 이미지나 사건을 차용하여 설명하는 것이다. 알레고리의 가장 일반적인 기법은 정의, 자유, 사랑 같은 추상적인 개념을 의인화하여 설명하는 기법이다. 인간의 행위나

---

5) Norman, 2.
6) 시에나 시정부는 1337~1340년경에 로렌제티에게 벽화를 그리도록 한 것으로 보고 있다. Nicolai Rubinstein, Studies in italien history in the middle ages and the renaissance, roma, Ed. di storia e Lettenratura, 2004. '좋은 정부와 나쁜 정부'라는 이름은 고유의 이름이 아니라 사람들이 편의상 부르고 있는 이름이다.
7) 좋은 정부와 나쁜 정부의 프레스코가 엄밀한 의미에서 알레고리가 아니라고 보는 학자도 있지만, 본 글에서는 알레고리 입장에서 접근한다.

경험의 참된 의미를 전달하거나 일반화하기 위해 상징적인 인물, 사물, 행위를 이용하는 이야기나, 시각적 표현인 알레고리는 상징성을 가진다. 이 상징들은 겉으로 드러난 의미 뒤에 감추어진 또 다른 의미를 가지고 도덕적인 교훈을 주기도 하고, 때로는 풍자나 정치적 의미를 담기도 한다. 즉, 알레고리는 표면적인 의미와 이면적인 의미를 가진다.

위 두 그림은 좋은 정부와 나쁜 정부의 두 통치자를 따로 떼어 대조한 것이다.[8]

좌측에 그려진 집정관은 흰 수염에 지배자의 봉과 방패를 들고 있는 인물로 좋은 정부를 상징한다. 그림을 확대하여 보면 좋은 정부(집정관)의 머리 위에 세 인물이 그려져 있다. 이는 통치자가 추구하는 세 가지 덕목인 믿음(Fides), 소망(Spes), 그리고 사랑(Caritas)을 보여주고 있다.

좋은 정부의 좌측과 우측에는 모두 여섯 명의 여인이 앉아 있다. 이들 중 세 명은 6가지 기본 덕목을 의인화하여 보여주고 있다. 좋은 정부에서 집정관 편에서 보면 그의 오른쪽에 평화(Peace), 용기(Fortitude), 분별(Prudence)이 있다. 왼쪽에는 관대(Magnanimity), 절제(Temperance), 정의(Justice)가 있다. 이는 통치수단, 가치 또는 보좌관으로도 해석된다.

---

8) 그림 출처: Wikimedia commons; Palazzo Pubblico(Siena-Frescos by Ambrogio Lorenzetti).

■ 좋은 정부 알레고리

　좋은 정부에서는 정의를 강조하여 의인화된 여인은 벽화의 좌측에 다시 한 번 등장한다. 그녀는 머리 위에 큰 저울을 이고 있으며, 이 여인 위에 지혜(Spaientia)를 의인화한 여인(여신)이 있다. 지혜의 여인은 엄격한 모습을 하며 정면을 주시하고 있다.

　좋은 정부의 반대편에 나쁜 정부의 알레고리가 위치하고 있다. 통치자인 전제군주는 어떤 모습인가? 그는 뿔을 가지고 있는 모습이다. 전제군주인 참주(僭主)의 머리 위에 3개의 인물 형상이 있는데, 이는 탐욕(Avarice), 교만(Pride), 허영(Vainglory)이다. 좋은 정부와 대조되는 나쁜 정부에서 전제군주의 통치 수단과 가치는 무엇일까? 오른쪽에 자리를 차지하고 있는 것이 잔인(Cruelty), 배반(Deceit), 사기(Fraud)이다. 그리고 왼쪽에는 분노(Fury), 분열(Division), 전쟁(War)이 있다.

- 나쁜 정부 알레고리

좋은 정부 알레고리		
나쁜 정부 알레고리와 효과	평화의 방 Sala della Pace	좋은 정부 효과 - 도시와 농촌
	창문	

- 좋은 정부와 나쁜 정부 알레고리 위치

2) 롤즈와 정의

존 롤즈(John Rawls 1921 - 2002)는 미국 정치철학자로 정의라는 하나의 주제를 가지고 40년이 넘도록 연구한 학자이다. 롤즈는 "사상 체계의 제1 덕목을 진리라고 한다면, 정의는 사회제도의 제1 덕목이다"라고 천명하였다. 그는 현대 윤리학, 인문사회학, 정치학, 경제학 등에 지대한 영향을 끼쳤으며, 그의 위상은 로크나 홉스와 같은 고전 정치사상가의 지위를 갖는다는 평가를 받는다.

롤즈의 대표 저술인 『정의론』9)은 고전적인 사회계약론을 바탕으로 정의관을 제시하고 있다. 여기서 롤즈는 원초적 입장, 무지의 베일과 같은 새로운 개념 등을 만들어냈다. 이를 통해 롤즈는 정의와 자유의 문제를 동시에 해결하고자 하였다. 자본주의 사회는 자유를, 공산주의 사회(사회주의 사회)는 평등을 우선시하는 사상적 그리고 정치체계적 상황과 이념적 경쟁과 갈등을 고려한다면 롤즈의 도전이 어떤 계획인가를 알 수 있다.

정의의 요소를 자유, 평등, 효율이라는 세 가지 요소로 볼 때, 이들 구성요소는 서로 간에 갈등을 일으킨다.10) 우리의 필요를 채우는 것이 하늘에서 만나11) 같이 떨어진다면 문제가 없다. 우리가 굽고 있는 빵은 다르다. 빵을 만들기 위해서 재료(밀가루, 설탕, 버터 등), 도구, 에너지가 필요하며, 이를 굽는 사람이 필요하다. 만들어진 빵을 이들 간에 어떻게 나눌 것인가라는 사회적 정의문제가 발생한다.

---

9) John Rawls의 한글 표기는 현재 존 롤스와 존 롤즈로 되고 있다. 영어발음은 롤즈보다 롤스에 가깝다. 그럼에도 본 글에서는 『정의론』(황경식 역, 이학사, 2003) 번역서에서 이름이 롤즈로 된 것을 고려해서 롤즈로 표기한다. 이하 글에서 인용은 본 번역서에 따랐으며, 해당 쪽을 표기하였다.
10) 이종은, 정의에 대하여, 책세상, 2014, 564.
11) 이스라엘 민족이 모세의 인도로 이집트에서 탈출하여 가나안 땅으로 가던 도중, 광야에서 먹을 음식과 마실 물이 없어 방황하고 있을 때에 여호와가 하늘에서 날마다 내려 주었다고 하는 기적의 음식(표준국어대사전). "그 이슬이 마른 후에 광야 지면에 작고 둥글며 서리 같이 가는 것이 있는지라"(출애굽기 16:4).

롤즈는 정의를 도출하는 과정에서 몇 가지 사고 실험을 하고 있다. 이는 정의를 도출하는 전제가 되는 원초적 상황이다. 원초적 상황은 사회계약론자들이 전제하는 자연 상태와 같은 내용을 가진다. 무지의 베일에 가려져 있는 상태에서 계약당사자들은 정의의 원칙에 합의하게 된다. 원초적 상황은 여기서 도출된 정의의 원리가 공리주의나 그 다른 원리들과 비교하여, 과연 그 도덕적 우위가 어떤 것이 더 정당한가를 비교 경쟁하여 취사선택하는 상황이기도 하다. 여기서 합의되어 선택되는 원칙은 계산되어서 택해지는 것이 아니라, 합의에 이르러서 그 합의를 통해서 정당성을 인정받는 것이다.

　　"공정으로서의 정의에 대한 직관적인 생각은 그것이 정의의 제1원칙 자체를 적절히 규정된 최초의 상황에서 이루어질 원초적 합의의 대상으로 본다는 점이다. 이러한 원칙은 자신의 이익 증진에 관심을 가진 합리적 인간들이 그들의 조직체의 기본 조건을 정하기 위해서 평등한 입장에서 받아들이게 될 원칙이다."(정의론, 173)

　　원초적 상황에서 당사자들이 합의하는 원칙은 자유에 대한 보장이다. 제1원칙은 평등한 자유의 원칙으로서 기본권리의 보장이다. 기본권리는 정치적 자유, 사상과 양심의 자유, 법 앞에서의 평등, 사유재산을 취득하고 보유할 수 있는 재산권리 등이다.

　　원초적 상태에서 선택하는 제2원칙은 최소 극대화의 원리로서, 불평등을 허용하되 최소수혜자에게 이익이 되는 한도 내에서 사회·경제적 불평등을 용인하는 것이다. 다른 또 하나는 기회균등의 원칙으로서 공적 기회균등이다.

　　원초적 상황에 놓인 구성원들은 무지의 장막에서 자신과 사회에 대한 구체적인 정보가 차단된 상태에서 합리성에 따라 오로지 자신의 이익을 택한다. 이러한 절차의 공공성이 확보된 가운데, 합리성에 따른 선택의 결과는 '개인 선호의 총합'이 아니다. 이는 기존의 자유주의의 공공선과는 다른 새로운 합리성을 제시한다. 공리주의에서 선택은 최대 다수의 최대의 행복이기 때문에 다수의 행복을 위해서 소수의 행복이 희생되는 것을 피할 수 없다. 공리주의는 노예제를 비판하지 못한다.

롤즈의 차등원칙은 현대 자유주의 이론에서 혁명적인 개념이다. 사회적 자원의 분배는 기본적으로 평등해야 한다. 그러나 불평등의 분배가 최소 수혜자의 몫을 개선한다면 불평등은 허용된다. 우리 사회에서 가령 국민소득은 1960년대에 100달러에서 현재 3만 달러 수준으로 증가하였다. 재산의 증가로 인한 불평등은 피할 수 없지만, 그 불평등이 최소 수혜자에게 이득을 가져오는 경우에는 정당하다는 것이다. 사회구성원에서 상층 소수자가 경제규모의 확대에 따라 더 큰 몫을 차지할 수밖에 없지만, 그럼에도 그 사회의 최소 수혜자의 처지가 향상된다면 그 불평등은 용인된다. 차등의 원칙에 따른 정책은 가령 최저임금 보장과 같은 것이 될 수 있다. 최저임금의 보장은 국가에 의한 사회적 자원의 재분배가 아닌 시장에서의 최소의 자원배분이 된다. 기업가는 노동자들의 노동에 대한 대가로 최소한의 삶의 질을 보장하여 줌으로써, 이윤을 추구하게 된다. 차등의 원칙은 공리주의에서의 분배원칙과 대조된다. 공리주의에서 배분은, 사회통합을 훼손할 가능성이 잠재되어 있다. 공리주의는 사회의 재화의 총량, 생산력의 증대를 목적으로 하나, 차등의 원리는 분배에서 불평등의 최소화를 추구한다.

그래서 롤즈에 있어서 정의는 사회의 기본구조 문제뿐만 아니라, 분배정의까지도 다룬다. 『정의론』을 번역한 황경식 교수는 정의론 명제(thesis)에 대해 이렇게 설명한다.

"인생을 100m 달리기 경주라고 생각하자. 그런데 출발점이 동일하지 않다. 누구는 50m에서 출발하고 누구는 90m에서 출발하고 또 어떤 누구는 95m에서 출발한다. 많은 사람이 원점에서 출발하는데 이건 불공정한 게임이다. 거기다 경기능력도 천차만별이다. 어떤 사람은 100m를 대단히 빨리 달릴 수 있지만 어떤 사람은 느리게 걸어가고, 어떤 사람은 기어가기도 한다. 심지어 평생 결승점에 가지 못하는 사람도 있다. 이런 게 원초적 불평등이다."(매일경제, 2013. 2. 4.).

원초적 불평등은 실력이 아닌 '우연'에 기초하고 있다. 원초적 불평등은 우리 주변에서 얼마든지 발견할 수 있으며, 더 큰 문제는 원초적 불평등이 구조화되어 가고 있다는 점이다. 재벌의 자녀에 대한 논의는 이미 진부한 예이다. 정규직과 비정규직 자녀, 대학의 등록금을 스스로 벌어야 하는 학생과 그렇지 않은 학생 간의 경쟁이 과연 공정할까?

또 다른 예로 공직을 퇴직하는 고위공직자들은 어떠한가? 특히 고위직을 지낸 공직자들은 퇴직이나 전직을 통해서 높은 연봉을 받으며 공공기관의 업무에 영향력을 행사한다. 우리 사회를 움직이며, 정의를 왜곡하며 현실적으로 보이지 않는 괴물과 같은 존재인 전관예우는 무엇이 문제인가? 이는 부정과 부패, 불공정의 온상일 뿐만 아니라, 롤즈의 정의론에서 보면 제2원칙에 반하는 부정의(不正義)이다.

롤즈의 차등의 원칙 첫째와 둘째는 한국 사회의 현실적인 불평등과 소득격차, 부정과 부패를 고려하여 볼 때 그만큼 정당한 설득력을 가지며 논의의 이론적 배경이 된다.

롤즈의 정의론에서 중요한 또 한 가지는 제1원칙은 제2원칙보다 우선하는 축차적 서열이 작용한다. 이는 자유의 원칙이 차등의 원칙에 우선하므로, 인간의 자유와 기본권의 보장이 그 어떤 것보다 가장 중요하다는 것이다. 사회복지나 그 어떤 것의 이름하에서도 인간의 기본적인 권리가 결코 침해될 수 없다는 것이다. 차등원칙은 언제나 자원의 분배에만 적용된다. 투표권, 법 앞에서의 평등과 같은 기본 개인의 권리는 어떤 경우에도 불평등하게 분배될 수 없다. 인간의 자유와 권리는 사회복지나 어떤 경제개발과 같은 이유로도 침해할 수 없다는 것이다. 이런 원칙은 자유의 우선성으로 민주주의 원리의 핵심이다.

롤즈의 정의론은 단순한 빵의 배분만을 다루는 것이 아니라, 인간의 삶에 기초가 되는 권리와 자유의 문제를 다루며, 이로부터 발생하는 사회적 문제에 관한 사회적 정의 문제를 대상으로 하고 있다.

정의 문제는 역사적으로 항상 논쟁의 중심에 서 있어왔다. 정의는 언제나 가르쳐져왔지만, 집권 시기에 따라 다르게 해석되기도 하였다. 정부의 역할, 국가의 통치에 대한 질문은 어느 한 시대의 유행으로 끝나는 것은 아니다. 정의의 문제는 인간 역사가 지속되는 한 계속되어질 수밖에 없는 질문이다.

3) 로렌제티와 롤즈의 정의

롤즈는 사회제도의 제1덕목이 정의라고 선언하는데, 왜 정의가 사회제도의 제1덕목이 되어야 하는가? 암브로조 로렌제티의 '좋은 정부와 나쁜 정부의 알레고리'는 좋은 답이 된다. 좋은 정부에서는 인간의 자유와 기본 권리가 보장되기 때문이다. 나쁜 정부에서는 그렇지 못하다. 나쁜 정부에서 인간의 자유와 기본 권리를 보장받으며, 그 사회에서 두려움 없이 살아가는 사람은 그 독재자 자신 혼자뿐이다. 로렌제티가 좋은 정부로서 전제하고 있는 정치체제는 공화정이다. 마찬가지로 롤즈의 정의의 제1,

제2원칙에서 전제하고 있는 정치제제는 시장경제가 작동하는 민주법치국가이다. 로렌제티의 좋은 정부는 정의의 제도화와 실천을 추구한다. 이런 정의가 작동하는 사회에서는 약자의 권리가 보장되며 보호된다. 롤즈의 정의론은 사회적 정의로서 최소 수혜자를 먼저 생각하므로 불평등의 최소화를 추구한다. 이런 의미에서 롤즈의 정의론은 사람이 사람답게 살아가는 사회 정의로서 사회제도의 원리를 구현하는 좋은 정부의 이론이 된다.

로렌제티가 인간의 덕과 인격으로 정의와 정의의 실천을 그리고 있다면, 롤즈는 사회의 제도로 정의를 구현한다. 국가와 사회에서 제도화된 정의이다.

	좋은 정부의 정의	나쁜 정부의 정의
로렌제티		
추구가치	믿음, 소망, 사랑	탐욕, 교만, 허영
통치수단	평화, 용기, 분별, 관대, 절제, 정의	분노, 분열, 전쟁, 잔인, 배반, 사기
롤즈		
제1원칙: 자유의 원칙	자유와 기본권 보장 자유의 우선성	기본권 찬탈 자유의 우선성 제한
제2원칙: 차등의 원칙		
i) 차등의 원칙	최소수혜자 최대이익	차등의 심화
ii) 기회균등의 원칙	공적 기회균등	공적 기회균등 차별과 배제

2. 이탈리아 시에나

1) 역사적 배경

시에나는 로마와 플로렌스 사이에 있다. 로마에서는 북서쪽으로

150km, 플로렌스에서는 남쪽으로 50km 떨어져 있다. 시에나는 플로렌스와 수백 년간 경쟁을 하여왔다. 시에나는 14세기 초에 정치적으로 독립된 시가 되었다. 시에나는 다양한 법적 토대와 정치제도의 바탕이 되는 헌법을 갖고 있었다.

시에나는 13세기와 14세기 초까지 유럽에서 가장 부유한 도시 중의 하나였다. 14세기 초 시에나 도시인구는 5만 명으로 집계되며(현재는 52만 명 정도), 볼로냐(Bologna), 피사(Pisa)와 같이 인구가 많은 도시에 속하였다. 북쪽으로는 파리, 런던과 경쟁하는 도시였다. 당시 파리만이 20만의 인구를 가졌고, 런던은 인구가 시에나보다 많지 않았다. 시에나는 국제적으로 은행과 상업을 통해 명성을 얻었다. Maginnis는 이런 시에나의 경제적 발전 요인으로 3가지를 들고 있다.[12]

첫째는 시에나의 지리적 위치이다. 시에나는 북유럽과 로마를 잇는 주요한 도로에 위치해 있다. 시에나 남부는 로마로 이어지고, 시에나 북부에 위치한 비아 프란치제냐(Via Francigena)는 루카(Lucca), 파비아(Pavia), 베르첼리(Vercelli)를 거쳐 프랑스와 유럽에서 가장 큰 장이 열리는 샹파뉴(Champagne)로 이어졌다. 베르첼리(Vercelli)에서 길은 다시 스위스와 라인(Rhine)으로 이어졌다. 시에나 북부에서 비아 프란치제냐는 피렌체, 볼로냐, 베네토, 오스트리아, 독일로 연결되었다.

두 번째로 시에나는 몬티에리, 로카스트라다, 몬테치로타와 같은 인접한 마을의 은광산을 가까이에 두고 있었다. 중세 말기부터 도시간의 무역은 증가하

---

12) Hayden B.J. Maginnis, The World of the Early Sienese Painter, The Pennsylvaina State University Press, 2001, 17.

였고, 화폐경제가 물물교환 시스템을 대체해 나갔다. 유럽은 심각한 화폐 부족에 직면하였다. 시에나는 1180년경에 독자적인 은화폐를 주조하기 시작하여 국내외 무역에 화폐로 공급하였다.

세 번째로 가장 중요한 요소는 기업가 정신의 등장이다. 상인과 은행 계급의 등장으로 이들은 도시의 부를 만들어 냈다.

12세기에 들어서 그리스의 고전들과 아리스토텔레스의 책들이 아랍어에서 라틴어로 번역되어 소개되었다. 아리스토텔레스의 사상은 환영받았고, 창조와 세상의 종말에 대한 사상의 일부는 기존의 기독교의 사상과 완전히 달랐다. 이보다 더 중요한 것은 문제의 해결과 지적인 사유에 있어서 아리스토텔레스의 학문적인 연구방법과 논리학이었다. 아리스토텔레스의 사상은 곧 13~14세기에 계속 이어졌으며, 그의 정치사상은 가령 토마스 아퀴나스를 통해 스콜라 철학에 자리를 잡게 되었다.[13]

1240년에 시에나 대학이 설립되었고, 당시 유명한 대학도시 볼로냐에서 교수와 학생들을 끌어 모았다. 독일에서는 1386년에 하이델베르크, 1388년에 쾰른, 1402년에 부르츠부르크, 1409년에 라이프치히 대학들이 설립된 것을 보면, 당시 이탈리아의 학문과 대학이 훨씬 앞서 있음을 알 수 있다.

현재 시에나의 역사적인 구(舊)도시는 중세의 모습을 유지하고 있어, 1952년 유네스코 세계문화유산으로 선정되었다.

2) 시에나 도시 정부의 통치구조

시에나는 레무스의 아들이자 로물루스의 조카인 세니우스와 아스키

---

13) Maginnis, 2001, 2~3.

우스가 세운 것으로 전해진다. 암늑대 상은 시에나의 상징물이며, 시에나 문장의 흰색과 흑색은 이런 전설에 기인한다. 시에나는 로마로 연결되는 도로가 건설되면서부터 발전하기 시작하였다. 시에나 공화국은 11세기 후반부에 형성되었다.

시에나 도시 정부는 공화정의 자치도시로서, 12세기 이후에 이탈리아의 도시와 지방에 발달하기 시작한 입법체계(시민의 총회에서 법 의결), 권력분할, 관직순환과 같은 제도를 가졌다. 도시총회(Consiglio generale)는 최고 의결기관과 집행기관으로 기능하며, 13세기 말에는 300명으로 구성되었다. 결정은 비밀투표와 다수결로 하며, 중요한 사안일수록 최소 200명이 참석해야 하고, 그중 2/3 이상의 찬성이 필요했다.

시에나에는 다른 정치기관이 있었는데, 가령 9인 정부(Nove)이다. 시에나 9인 정부는 1287년에 구성되어 1355년 3월까지 계속되었다. 9인 정부는 교황파로, 대상인과 평범한 시민들로 구성되었다. 시민들은 상인 세력, 수공업자, 의사, 변호사 등 중산 계급이었다. 9인 정부는 귀족과 특권계층을 배제하고 중간 계층을 대상으로 하여 정치를 이끌어갔다. 법률이 정비되었고, 시에나는 두 세대 동안 안정되고 평화적인 통치가 지속되었다. 시민들의 자유가 보장되고 경제는 전성기를 맞이하였다.[14] 9인 정부(Nove)는 로렌제티가 살던 시기에는 시에나 정부의 내각과 같은 역할을 하였다. 업무로는 도시의 삶, 시의 안정과 발전 등을 관장하였다.

도시의 최고 통치자는 공식적으로 집정관(Podestà)이며, 행정과 사법의 최고 권력을 가졌다. 집정관인 통치자는 6개월마다 새로 선출되었다. 이탈리아 도시들은 자신들의 집정관을 스스로 선출할 만큼 강력하였다.

---

14) 보헤미아 왕(1346~1355)이자 신성로마제국 황제 카를 4세(Charles IV)(1355~1378)가 수백명의 기사와 함께 시에나에 도착하였을 때 9인 정부는 전복되었다.

전체적인 권력은 9인 정부가 가지고 있었다. 하지만 집정관을 자유 직선제로 선출한 것은 도시 정부의 자치도시로서의 독립성을 보여준다.[15]

시에나에는 독립된 재판소(Capitano del Popolo)가 있었다. 재판소는 집정관의 권력을 통제한다. 시민들은 집정관의 결정에 대한 이의를 재판소에 제기할 수 있으며, 재판소는 약자들을 법적으로 보호하는 역할을 한다. 시에나는 자치도시로서 시민의 정치적 참여를 요구하는 정치체제를 갖고 있다.

아리스토텔레스의 정체 유형에 대한 분류 방식에 따르면, 이탈리아 도시 정부의 헌법구조는, 다수가 지배하는 정체 내지 시민이 지배하는 정체로 분류된다. 이는 다수의 지배요소와 소수의 지배요소가 결합한, 권력의 세력균형을 추구하는 혼합 형식을 가진 '혼합정체'이다. 이러한 분류가 합당한 것은 이탈리아 도시정부 권력의 정점에 집정관이 있음에도, 집정관의 권력이 시민(국민)에게서 나오기 때문이다. 시민들이 자신의 통치자를 직접 선출할 수 있으며, 타락한 통치에 대해서는 제재를 가할 수 있는 통치유형이므로, 시민이 궁극적으로 우위의 권력을 갖고 있다고 봐야 한다. 집정관은 다른 정부의 관료와 마찬가지로 그 임기가 짧으며, 법에 따라 통치를 해야 하는 구속을 당한다. 이런 통치요소를 볼 때 시에나 시 정부의 헌법은 국민의 직접 참여라는 직접민주주의의 요소를 갖고 있다.

14세기 초에 들어서면서 이탈리아 도시 정부는 아리스토텔레스의 정체 유형에서 본다면 점점 더 소수지배의 통치 유형으로, 과두제 경향을

---

15) 시에나 도시정부의 통치구조와 내용은 다음 글을 참조함. Gerhard Dilcher(1993): "Kommune und Bürgerschaft als politische Idee der mittelalterlichen Stadt", in: I. Fetscher/H. Münkler(Hrsg.): Pipers Handbuch der politischen Ideen, München/Zürich, S. 311~351; Keller, Hagen(1988): "'Kommune': Städtische Selbstregierung und mittelalterliche 'Volksherrschaf' im Spiegel italienischer Wahlverfahren des 12~14. Jahrhunderts", in: G. Althoff(Hrsg.): Person und Gemeinschaft im Mittelalter, Karl Schmid zum fünfundsechzigsten Geburtstag, Sigmaringen, S. 573~616.

보여주었다. 13세기 중반 이후에 시민들의 정치참여가 이루어져 왔으나, 그 이후에는 정치권력이 소수의 위원회에 집중되었다. 이러한 경향은 시에나뿐만 아니라, 당시 다른 이탈리아 도시 정부에서도 보였다.

시에나 시 정부의 헌법이 긍정적인 평가를 받는 이유는 시민이 자신의 집정관을 직접 선출하기 때문이다. 이 점에서 시에나 헌법은 집정관을 임명하는 프랑스와 차이가 있다.

3. 좋은 정부와 나쁜 정부의 구분

로렌제티의 그림 '좋은 정부와 나쁜 정부'에는 56명의 사람과 59개의 동물이 들어 있다.16) 등장하는 사람과 동물들이 그림에서 보여주는 사회학적인 의미가 무엇인가가 일차적으로 관심의 대상이다. 그림 그 자체이든, 그림속의 설명이든 본 그림은 내부세계를 통해 외부 세계를 보여주고자 한다. 그림에 들어 있는 짧은 글들은 정치의 실제가 어떠해야 하는가를, 사람들의 위치와 배치와 조직 구성은 정치체제의 실상을 보여준다. 그림을 해석함에 있어 공화주의적 체제(regime), 9인 정부뿐만 아니라 국가의 질서를 유지하고 또는 개선하기 위한 규칙과 실제에서 체제를 살펴야 한다. 이로써 정치 문화를 구성하는 여러 모습들을 볼 수 있다.

로렌제티의 그림에는 아리스토텔레스와 토마스 아퀴나스의 영감이 들어 있으며, 그 뿌리는 스콜라철학에 있다고 해석된다. 그림은 한마디로 요약한다면 '토마스적 아리스토텔리아니즘'(Thomastic Aristotelianism)17)으로

---

16) P. Starn, L. W. Patridgl, 14.
17) Bowsky, William M., A Medieval Italian Commune: Siena Under the Nine, 1287~1355 London, 1981, 290.

평가된다. 그림은 이론적으로 좋은 정부의 아리스토텔레스적인 알레고리로서 접근과 해석이 가능하고, 토마스 아퀴나스의 신학대전(Summa Theologica)의 원리가 지배하고 있다.[18] 이러한 주장들은 예술사가들이 공통적으로 동의하는 인식이다.[19] 그림에는 토마스 아퀴나스와 아리스토텔레스가 말하는 좋은 정부의 원리들에 대한 로렌제티의 관심의 표명과 선언이 들어있다. 그림이 전하는 궁극적인 메시지는 좋은 정부의 축복이 향유되기 위해서는 공동선(common good)이 통치자의 지위에까지 올라서야 한다는 것이며, 권력 통치자의 덕으로서의 실천이다.[20] 공동선의 통치자로서 의인화는, 아리스토텔레스의 『정치학』의 번역 소개 이전에 중세시대에 이미 친숙해 있었지만, 소개 후에 더 중요하게 되었다.[21]

1) 정치체제 유형

앞서 언급한 시에나 정부의 정체(政體)를 이해하고, 좋은 정부와 나쁜 정부를 구별하기 위해서 '정치체제'(regime)에 대해서 살펴볼 필요가 있다.

정치학에서 가장 오래되고 근본적인 질문 중의 하나가 '정체(regime)란 무엇인가?'이다. 플라톤의 국가(Republic)는 그리스어 '폴리테이아'(Politeia)

---

18) 토마스 아퀴나스의 정치사상은 다음 참조: 박은구, 성 토마스 아퀴나스의 정치사상, 숭실사학 제28집, 2012, 391~428; 우지황, 토마스 아퀴나스 정치사상의 분석적 이해: 질서와 평등의 개념을 중심으로, 철학사상 제25호, 2007, 31~66; 손은실, 토마스 아퀴나스의 아리스토텔레스 주석: 『니코마코스 윤리학 주석』을 중심으로, 서양고전학연구 제28집, 2007, 173~198; 채이병, 성 토마스 아퀴나스와 평화의 문제, 철학 제78집, 2004, 75~102; 장욱, 성 토마스 아퀴나스 정치철학의 근본 원리들, 가톨릭철학 제5호, 2003, 7~54. 신학대전(Summa Theologica): www.newadvent.org/suma.
19) Quentin Skinner, Visions of Politics, Vol.2: Renassance Virtues, Cambridge University Press, 2002, 42.
20) Bowsky, 288. 공동선은 사회집단의 집합적인 것일 수 있고, 반면에 루소의 일반의지와 같은 개념으로서 공동선이 있을 수 있다. 여기서 공동선은 나쁜 정부와 대조되는 점에서 사적이익의 추구가 아닌 공적이익으로 해석되어야 한다.
21) Rubinstein, Nicolai, Political Ideas in Sienese Art: The Frescoes by Ambrogio Lorenzetti and Taddeo di Bartolo in the Palazzo Pubblico, Journal of the Warburg and Courtauld Institutes, Vol. 21, No. 3/4, 1958, 179~207(185).

를 번역한 것이다. 폴리테이아는 정부형태에서 시민들의 참여의 권리도 포함하는 넓은 의미를 가진 '폴리스'(polis 도시국가)에 어원을 갖고 있다. 플라톤의 『국가론』(The Republic)은 정체(레짐)를 다루는 책이다. 그 이후 아리스토텔레스는 정체(정권)에 대한 논의를 체계화시키고 있다. 넓은 의미에서 레짐(regime)은 정치학에서의 정부형태(form of government)와 규칙(rules), 문화, 사회적 규범의 세트(set)를 의미한다. 그러므로 레짐에는 제도뿐만 아니라, 제도와 사회, 시민 간의 관계도 포함하며, 사람들이 어떻게 살아가게 되는가의 모습도 보여준다.

'레짐'은 오늘날 권위적 정부나 독재를 가리키는 부정적 의미도 갖고 있다. 이런 레짐은 경쟁하는 선거제도를 갖고 있지 않으며, 국민에 대해 자의적으로 법적용을 하는 체제를 지칭한다. 레짐은 정부의 통제 범위 밖에 있는 국제적인 규제기구에도 적용된다.

정체는 항상 고유한 특성을 가지며, 이는 다른 정체 유형과 대조된다. 정체라는 말에서 다음과 같은 질문들이 제기된다.

- 정체는 무엇인가?
- 정체의 유형은 어떠한가?
- 정체의 유형에는 어떤 것이 있는가?
- 정체의 유형은 어떻게 분류되는가?
- 최선의 정체는 어떠해야 하는가?
- 최선의 정체는 존재하는가?
- 정체(정권)가 붕괴하는 이유는 무엇인가?

아리스토텔레스는 정체의 분류를 통해 이런 질문에 답을 주고 있다. 『니코마코스 윤리학』 8권과 정치학 3, 4편에서 정체 유형을 구별하는 기준은 1) 통치자의 수, 2) 통치자가 추구하는 이익(즉 공동의 이익을 추구하는 가, 사적인 이익을 추구하는가)에 달려 있었다.

통치자가 한 사람이면 왕정, 소수이면 귀족정치, 다수일 때 민주정치 (Gouvernement du peuple)가 된다. 이들에게 있어서 공통점은 통치자가 공동의 이익을 추구한다는 점이다. 반면 이와 대조되는 타락한 정체는 왕정이 왜곡된 전제정치(Tyrannie), 귀족정치가 왜곡된 과두정치(Oligarchie), 대중정치가 왜곡된 중우정치(Démocratie; 민주정체로 소개되기도 하나 현재의 민주정치와 혼동을 피하기 위해 중우정치로 표기)들이다. 전제정치는 독재자 1인의 이익을 추구하는 지배정체이다. 과두정치는 부자들이나 귀족의 이익을 추구한다. 중우정치는 빈민의 이익을 추구한다.[22]

아리스토텔레스에게 있어서 '좋은 정치'는 '바른 정체'에 기반을 둔다. 바른 정체란 공공의 이익을 정의롭게 추구하는 정체이다. 통치자가 사적인 이익을 추구하는 정체는 나쁜 정체이다. 아리스토텔레스가 보는 가장 이상적인 정체는 탁월함을 갖춘 왕정이다. 철학과 인격과 모든 면에서 탁월성을 갖춘 왕이 다스리는 정체가 가장 이상적이다. 그러나 실제로는 이런 탁월한 사람이 없으므로 실현 가능한 대안을 찾게 된다. 실현 가능성이 있는 정체는 다수가 다스리는 '혼합정체'(a mixed government)로서 폴리테이아(politéia, démocratie modérée)이다. 이는 소수 부자의 과두정치와 가난한 다수의 중우정치의 혼합이다. 이는 각 정체의 극단적인 것을 배제하며, 어느 한 계층의 압도적인 지배를 피한다. 혼합정체는 계급간의 균형을 추구한다. 그래서 폴리테이아는 중간계층이 강조된다.[23]

---

22) 아리스토텔레스, 정치학, 151~152.
23) 이런 권력분립과 세력균형은 몽테스키외(1689-1755)에서 구체화된다. 그리고 제임스 메디슨(1751~1836)의 생각에서도 같은 내용의 주장이 나타난다(federalist papers no.10). 한 다수 정파(faction)의 압도적인 지배가 아닌 정파 간에 서로 경쟁과 견제가 이루어지는 것이다.

로렌제티가 보는 좋은 정부의 체제는 공화적 자치정부이다. 여기서 집정관의 지위는 공동선(Common Good)의 위치까지도 의미하며[24] 공동선은 평화를 중심으로 하는 5가지의 덕(virtue)이 한 그룹(company)의 통치수단으로 지지된다.

2) 아리스토텔레스의 정의론

로렌제티는 프레스코에서 아리스토텔레스의 정의를 해석하며, 통치의 수단과 사회제도의 원리에 정의를 그리고 있다. 아리스토텔레스는 『니코마코스 윤리학』 제5권에서 정의를 논하면서, 정의는 "그들이 옳은 일을 행하게 하고 올바르게 행하게 하며 옳은 것을 원하게 하는 마음가짐"[25]으로서 일종의 덕이며 내적 태도로 정의하고 있다. 그에게 있어서 정의는 일종의 덕이며, 덕 가운데 가장 으뜸가는 완전한 덕이 된다. 정의로운 사람은 법을 준수하는 사람이며, 그 법(덕)을 실천함으로써 이웃에게도 선(善)이 된다. 정의의 반대 개념은 부정의(injustice)로서, 정의는 준법적(lawful)이며 공정(fair)한 것인 반면 부정은 무법적(unlawful)이며 불공정(unfair)한 것이 된다. 아리스토텔레스의 덕 가운데서 정의만이 '타인의 선(善)'으로 불려진다.

"법을 지키지 않는 사람과 남의 재물을 탐하는 불공정한 사람들은 둘다 불의한 것 같다. 그렇다면 법을 지키는 사람과 공정한 사람은 둘 다 분명 올바를 것이다. 따라서 정의는 합법(合法)과 공정(公正)을, 불의는 불법과 불공정을 의미한다."(니코마코스 윤리학, 1192a)

---

24) Rubinsein, 1958, 181.
25) 아리스토텔레스, 천병희 역, 니코마코스 윤리학, 숲, 2013, 1129a: 이하 본문에 표기.

아리스토텔레스의 정의에 대한 논의는 그 정의를 공동체의 생활 속에서 실현되는 덕목으로 파악하고 있는 점이다. 따라서 정의는 사회생활의 옳고 그름의 판단의 기준이 되며, 그 옳음을 진작시키는 일을 하게 된다. 정의는 타인과의 관계에서 발휘되는 것이며, 공동체의 이익과도 관련 있게 된다. 아리스토텔레스에서 정의는 도덕적 목적보다 실천적 원리에 있음을 볼 수 있다. 아리스토텔레스의 시정(교정)적, 분배적 정의 또한 이런 실천적 중용에서 이해되어야 한다.

아리스토텔레스는 적어도 8가지의 정의 유형 —자연적 정의, 정치적 정의, 법적 정의, 일반적 정의, 분배적 정의, 시정적 정의, 호혜적 정의, 형평— 을 제시하고 있지만, 이들 간의 관계는 체계적으로 설명되지 않고 있다.26) 아리스토텔레스는 정의를 먼저 넓은 의미와 좁은 의미로 나누고 있다.

완전한 정의(complete justice)와 부분 정의(partial justice)

넓은 의미에서 완전한 정의(최고범주)는 '공동체의 법이 규정하는 규범 전체'를 말한다. 총체성과 포괄성에서 정의의 최고범주는 국가 속에서 전반적인 윤리적 삶과 행복을 보장한다. 이런 규범은 이상적인 법이며, 모든 사람의 이익을 위한 것이 된다. 이는 한 공동체가 마땅히 지향해야 할 넓은 의미의 정의를 말한다. 아리스토텔레스는 완전한 정의는 넓은 의미에서 정의의 일반을 다루고 있어, 정의의 고유한 영역을 다루고 있지 못한다고 본다. 그래서 그의 관심은 부분(특수) 정의에 있다. 부분 정의는 사람들 사이의 관계에서 일어나는 정의의 문제를 다룬다.

아리스토텔레스는 준법성(합법성)을 공정성보다 더 넓은 개념으로 본

---

26) 한상수, 아리스토텔레스의 정의론, 공법연구 제30집 제2호, 2001, 269~285(274).

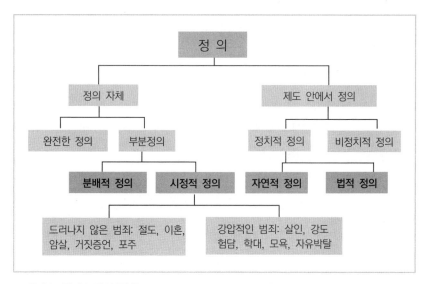

정 의

정의 자체 / 제도 안에서 정의

완전한 정의 / 부분정의 / 정치적 정의 / 비정치적 정의

분배적 정의 / 시정적 정의 / 자연적 정의 / 법적 정의

드러나지 않은 범죄: 절도, 이혼, 암살, 거짓증언, 포주 / 강압적인 범죄: 살인, 강도 험담, 학대, 모욕, 자유박탈

■ 아리스토텔레스 정의 구분(오트프리트 회페, 박종대 역, 정의 Gerechtigkeit, 이제이북스, 2004, 32 참조)

다. 왜냐하면 불공정한 것은 모두 위법적인 반면에, 위법적인 것이 모두 불공정한 것은 아니기 때문이다. 이런 불법성과 합법성에서 위법적인 사람은 부정한 사람으로, 준법적인 사람은 정의로운 사람이 된다. 그러므로 아리스토텔레스에서 정의는 덕의 문제가 된다. 불의한 사람과 불의한 행위는 둘 다 불공정하거나 불균등하다고 볼 수밖에 없다. 정의는 내면적인 품성만이 아니라, 그 품성으로 인하여 타인의 선이 증진되게 하는 것이다.

아리스토텔레스에서 정의의 전체적인 구조는 일반적 정의 → 특수적 정의 → 분배적 정의 · 시정정의 · 호혜적 정의의 순으로 진행된다.[27]

시정정의와 분배정의

부분 정의는 두 가지 하위영역으로 나뉜다. 시정정의(rectifying justice) 와 분배정의(distributive justice)이다.

---

27) 한상수, 275.

시정정의라는 것은 범죄적 잘못을 '시정'하는 것이라든지, 상거래에서 발생한 잘못(wrong)을 시정하는 정의를 말한다. 반면 분배정의는 관직, 명예 등의 분배와 같이 공동체의 어떤 자원들의 분배에 관련된 정의를 말한다. 아리스토텔레스는 분배적 정의를 논하면서 분배적 정의란 어떤 가치기준에 따라야 하는 것에 대한 동의를 말하며, 그 분배받을 당사자들의 가치(merit)인 몫으로 본다. 균등하지 않은 사람이 균등하지 않은 몫을 갖거나 그 반대로 균등하지 않은 사람이 균등한 몫을 갖게 되면 분쟁이나 불평의 씨앗이 생기게 된다(니코마코스 윤리학, 1131a).

아리스토텔레스는 모두에게 선(good)을 주는 정의를 분배정의의 영역에서 보고 있다. 그러므로 분배정의가 확립되기 위해서는 먼저 시정정의가 확립되어 있어야 한다. 시정정의의 영역에서와는 달리 분배정의의 영역에서는 서로 시정해야 할 어떤 잘못(wrong)이 발생하지 않아야 보편성을 갖게 되기 때문이다.

시정정의에서 적용되는 원칙은 잘못을 가한 만큼 그에 대한 대가를 치르거나 보상을 하도록 하는 원칙이다. 시정정의는 사람 간에 일어난 이익과 손실의 불평등의 분배를 시정한다. 가령 도둑이나 강도, 또는 사기를 통한 비자발적 이전이나 또는 자발적 이전을 포함하는 부동등(不同等)정의의 경우에 적용된다. 정의는 판사의 결정을 통해서 회복이 된다.

"훌륭한 사람이 사취하든, 보잘것없는 사람이 훌륭한 사람을 사취하든 사취하기는 마찬가지이고, 훌륭한 사람이 간음하든 보잘것없는 사람이 간음하든 간음하기는 마찬가지이다."(니코마코스 윤리학, 1132a)

시정정의에는 사람들의 사회적 지위나 부, 또는 인품이나 가치에서 전혀 차이가 없다. 아리스토텔레스는 이런 시정적 정의에 산술적인 균등

원칙을 적용한다. 이런 원칙에는 가해자에 대한 징벌에서 어떤 차별도 있어서는 안 된다. 귀족이든 평민이든 처벌이나 보상은 동일해야 한다. 아리스토텔레스는 불균형을 잡아줄 사람으로서 재판관을 등장시켜, 재판관이 하는 일은 균등함을 회복시키는 것으로 보고 있다(니코마코스 윤리학, 1132a). 재판관의 라틴어 어원(dikasters)도, 절반(dika)을 가르는 자로서의 의미를 갖고 있다. 현실의 재판에서 법을 준수해서 가장 정의로워야 하는 사람은 우선적으로 일반시민이 아니라 그 법의 집행자, 판사이다.

"가장 나쁜 사람은 자신의 사악함을 자신뿐만 아니라 친구들에게도 행사하는 사람이고, 가장 훌륭한 사람은 자신의 미덕을 자신에게가 아니라 남들에게 행사하는 사람이다"(니코마코스 윤리학, 1130a8).

분배정의에는 가령 명예, 돈 그리고 공동자산에 대한 국가의 나눔이 있다. 분배 정의는 상호성에 입각한 균등화하는 정의이다. 거래는 자발적 거래(판매, 구매, 임대 등), 비자발적 거래(절도, 폭행, 간통 등)가 있다. 분배 정의는 시민 상호의 자발적, 비자발적 거래를 규제한다.

분배정의에서 적용되는 원리에는 '비례적 평등'(a proportionate equal-ity)이 관여한다. 기하학적인 균등원리가 적용된다. 분배의 기준에 관계한 사람의 기여도를 고려하게 된다. 한 사람이 받게 되는 것은 그의 기여에 직접적으로 비례적 원리가 동원된다. 선한 사람은 나쁜 사람보다 더 많이 받게 된다. 분배정의의 영역에서는 한쪽의 이익이 다른 쪽에 대해 해로움이 되지 않는 한에서 공평한 분배의 원리를 찾아내는 원리가 적용된다.

3) 정의와 윤리

정의문제는 다름 아닌 인간의 궁핍에서 생기며, 재화를 나누는 것은 분명 정의의 중심이 된다. 여기서 우리는 먼저 궁핍을 떠올린다. 성경은 인간이 땀을 흘리며 수고해야 그 소산을 얻을 수 있다고 하고 있다(창세기 3:17). 인간은 다음 세 가지의 '궁핍의 법칙'을 없앨 수 없다고 본다.[28]

1) 동물, 식물, 자원 들을 가진 땅은 한정되어 있으며, 이는 궁극적인 모든 경제의 제약 조건이다.

2) 인간은 자신의 얼굴에 땀을 흘리면서 자원들을 생산, 가공해야 하는데 인간은 이런 노동을 싫어한다.

3) 인간은 개인, 단체, 혹은 제도든 더 많이 가지고도 만족할 수 없는 성향을 가지며, 이런 과도한 탐욕은 인간을 괴롭히고 위험하다.

우리가 보통 사회의 정의라 할 때 이는 배당이나 할당에 관한 것으로, 동등한 분배나 필요에 따른 분배를 기대한다. 그러나 인간의 궁핍의 문제만이 정의의 영역에 해당하는 것은 아니다. 롤즈의 정의론에서 자유의 우선성에서 보여주는 것처럼 자유의 문제는 궁핍과는 직접 관련된 것은 아니다. 법 앞에서의 평등 문제, 권력의 분립 문제, 시민의 불복종이나 세대 간의 정의 문제도 마찬가지로 궁핍과는 거리가 있다.

로렌제티와 롤즈가 논하는 정의는 국가와 사회에서의 정의에서뿐만 아니라, 개인 수준에서 윤리문제이기도 하다. 이는 특히 로렌제티의 알레고리를 개인 수준에서 해석할 때 그러하다. 인간에게서 사회적 도덕이 문제가 되는 것은 인간이 바로 그 행위능력에서 주체가 되기 때문이다. 행

---

28) 오토프리트 회폐, 박종대 역, 정의, 이제이북스, 2004, 36.

위능력에서 주체가 된다는 것은 인간이 자연적인 본능에만 규정되지 않음을 말한다. 이와 달리 동물의 세계는 자연적인 본능에 의해서 규정되기 때문에, 동물의 세계에서 정의를 논할 수 없다. 반면 거룩한 완전히 선한 의지를 가진 신에게 있어서 자신이 의욕하는 바가 곧 법칙이 되기 때문에, 따로 신에게 도덕법칙이 존재하지 않는다. 신에게는 어떤 '도덕적 의무'가 발생하지 않는다. 인간의 존재는 어떠한가? 니체는 인간을 "짐승과 위버멘쉬(Übermensch)의 사이를 잇는 밧줄, 심연 위에 걸쳐 있는 하나의 밧줄"이라고 보았다.29) 인간의 존재는 하나님의 형상을 하거나, 진리의 존재, 이성을 가진 선험적 존재도 아니다. 인간은 저편으로 가는 것도 위험하고 건너가는 과정, 되돌아보는 것, 벌벌 떨고 있는 것도 위험하며 심지어 멈춰 서 있는 것도 위험한 존재이다. 사람에게서 위대한 것이 있다면 그것은 그가 목적이 아니라 하나의 교량이라는 것이다. 사람은 과정이며 몰락이어서 사랑받는다고 니체는 말한다. 그래서 니체는 인간의 위버멘쉬로서의 삶을 요구한다.

인간에게 부정과 부패에 대해 책임을 묻는 것은 인간은 자기 행위의 주체가 되기 때문이다. 부정과 부패는 정의가 요구하는 당위성과 개인의 욕구 간의 갈등에서 빚어진다. 칸트는 『윤리형이상학의 정초』에서 "오직 선의지만이 제한 없이 선하다"라고 시작한다.30) 제한 없이 선한 것은 상대적으로 선하지 않으며, 단적으로 또는 절대적으로 선하다는 것이다. 그러므로 윤리성은 어떤 유용성에 따르지 않는다. 유용성에 따를 때 이는 절대적으로 선할 수 없음은 분명하다. 칸트는 내가 무엇을 할 수 있을까의 질문에서 정언명령을 이야기한다. 정언명령은 인간을 보편적으로 구속하며 강제하는 실천법칙이다. 인간이라면 누구나 그것을 행하도록 구속되거나 강제되는 의무를 진다. 실천법칙은 어떤 행위를 지시하거나 금지하

29) 니체, 정동호 역, 차라투스트라는 이렇게 말했다, 책세상, 2000, 20.
30) 임마누엘 칸트, 백종현 역, 윤리형이상학 정초, 아카넷, 2014, 77.

는 명령을 포함하고, 법칙을 통해 스스로 의무의 형식과 내용을 규정하는 입법자가 '실천이성'이다. 그래서 인간은 실천이성에 따라 정언명령에 따를 것을 요구받는다. 정언명령은 순수하게 도덕적인 행위를 구속한다.

가언명령	정언명령
조건적 명령법	무조건적인 명령법
· 목적을 이루기 위해서 무언가를 해야 하는지 말함. · 목적 달성을 위한 수단을 구함	· 목적에 상관없이 무조건적으로 '해야만 하는 것'이 무엇인지 명령
타율적	자율적

포이에르바흐는 "인간은 그가 먹는 그 자체이다"(Man is what he eats)[31] 라고 함으로써 18~19세기 물질주의 비판과 자신의 철학을 보여준다. 봉건주의 사회나 계급사회에서는 신분에 따라 먹는 것에 차이가 났다. 먹는 그것이 그 사람을 결정한다고 여겨졌다. 오디세이, 일리아드에서 신(神)도 먹는 것과 연관지어 이야기되고 있다. 신은 넥타와 같은 죽지 않게 하는 음료를 마시며, 인간은 죽을 수밖에 없는 것을 먹는 데 차이가 있다. 신은 또한 그가 먹는 것 그 자체가 된다. 포이에르바흐는 성경에서 희생 제물은 결국 신에게 먹는 것을 주는 것이라 하고 있다. 신은 아무거나 먹지 않으며 정결하게 구별된 것을 먹는다. 그러나 인간은 다르다. 인간에게서 보는 것은 눈으로 먹는 것이며, 듣는 것은 귀로 먹는 것이 된다. 이를 소화하는 것은 뇌의 작용이다. 윤리적 존재로서 인간은 그가 먹는 것에 대한 책임을 져야 한다. 오늘날 이런 미식학(Gastrophie)이 주는 의미는 "사람은 떡으로만 살 것이 아니라"(마태복음 4:4)라는 말씀을 뒤집어, 떡에 의해서 실존이 결정될 수밖에 없는 사회가치를 밝히고 있다고 봐도 크게 무리는 아닐 것이다.

---

31) Ludwig Feuerbach, Das Geheimnis des Opfers oder der Mensch ist was er isst, Gesasmmelte Werke, Vol.11, Akademie Verlag Berlin, 1990, 26~52.

자연적 존재는 자신의 행위의 자극들(eigen Handlungsimplusen)을 따른다. 이는 자연의 의지를 따르는 것이다. 하이데거는 『존재와 시간』에서 일상적인 세상 사람은 세 가지 특징을 가진다고 보았다. 잡담(빈말)(Gerede), 호기심(Neugier), 모호성(Zweideutigkeit)이다.[32] 이 세 가지의 특징은 사태의 핵심을 파악하지 않는 '가볍다'는 특징을 가진다. 미디어가 발달하고, 미디어의 소비에 더 많은 시간을 빼앗기는 현대인은 겉으로 맴도는 잡담이나 호기심에 빠지며 결국 세상은 여전히 모호한 상태로 남을 수밖에 없다. 그래서 하이데거는 이런 '비본래적'(uneigentliches) 삶을 '퇴락'(verfallen, 무너져 내림)이라고 불렀다. 이는 참된 나의 삶에서 멀어진 삶이며, 외부 행위의 자극에 매인 삶이다. 참된 나의 삶에서 멀어진 현대 인간은 소비사회에서 그만큼 부정과 부패에 더 많이 노출되어 있다.

다산 정약용은 조선조에서 청백리로 뽑힌 사람이 통틀어 110명이었다고 하고 있다. 태조 이후 45명, 중종 이후에 37명, 인조 이후에 28명이었다. 경종 이후로는 청백리를 선발하는 것조차 단절되어 나라는 더욱 가난해지고 백성은 더욱 곤궁해졌으니 어찌 한심한 일이 아닌가 탄식한다.[33] 이는 부패윤리가 조직과 조직문화의 문제가 된 것임을 말한다. 한국은 국제투명성기구(TI)의 국가별 청렴도 조사에서 2000년 48위, 2014년 43위(55점)였다. 2014년에 싱가포르 7위(84점), 덴마크와 뉴질랜드가 91점으로 1위였다.

거짓(부정과 부패)은 우리 사회의 일반 계약과 관습을 해치며, 반사회적인 해악을 가져온다. 거짓과 부정이 일반화된다면, 사회의 기초는 박탈당한다. 이런 세계에서 삶은 동물적이며, 혐오스러울 뿐이다. 정의는 개인과 국가 모두에게 진실을 추구하며, 거짓을 내려놓도록 촉구한다.

---

32) Heidegger, Sein und Zeit, Elfte Auflage, Max Niemeyer Verlag, Tübingen, 1967, 175.
33) 정약용, 목민심서, 고려원북스, 2004, 74.

제2장 좋은 정부와 정의

1. 좋은 정부가 추구하는 가치

로렌제티가 보는 좋은 정부는 어떠한가? 먼저 좋은 정부의 그림을 보면, 오른쪽에 군주(집정관)가, 왼쪽에 정의 여인이 통치자로서 그려져 있다 (당시 시에나 시 정부는 프랑스와 달리 왕정체계가 아니므로 통치자는 왕이 아니라 집정관 내지 군주로 지칭하는 것이 옳다).

나이가 들어 보이는 집정관은 통치자의 상징으로서 백성을 보호하는 의미의 둥근 방패(orb)와 최고 권위의 상징인 봉(scepter)을 들고 있다. 방

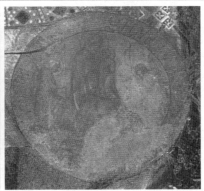

패에는 시에나 시의 수호자로 정한 성모의 이미지의 흔적이 남아 있다. 방패안의 성모와 아기 예수의 모습은 시모네 마르티니(Simone Martini)의 '마에스타'(Maestà)에서 잘 보여준다. 방패의 둘레에는 '마에스타'에서 보여주는 글귀가 새겨져 있다. SALVET VIRGO SENAM VETEREM QUAM SIGNAT AMENAM(성모여 시에나를 구하소서···).[34]

집정관이 입은 옷은 금무늬가 들어가며, 보석이 박힌 예복으로 마치 제국의 황제와 같다. 옷의 흑색과 백색은 시에나를 상징하는 색이다. 그의 다리 아래에는 늑대와 쌍둥이가 그려져 있는데, 이는 오래전부터 시에나가 로마의 후예임을 가리킨다. 늑대와 쌍둥이는 시에나 시의 문장이다. 통치자의 머리는 좌우로 믿음과 소망의 천사의 높이에까지 거의 닿아 있다. 이로써 지상의 통치자의 권위가 천상의 권위와 연계(associate)하고 있음을 보여준다.

근엄한 모습을 한 통치자 위에 날개를 가진 3명의 천사가 있다. 이들은 믿음(Fides), 소망(Spes), 사랑(자비)(Caritas)으로서 통치자가 추구하는 가치이다. 이들의 출생은 신의 세계에서 왔음을 암시한다.

---

34) Nicolai Rubinstein, Political Ideas in Sienee Art: The Frescoes by Ambrogio Lorenzetti and Taddeo di Bartolo in the Palazzo Pubblico, Journal of the Warburg and Courtauld Institues, Vol. 21, No. 3/4(179~207), 181f.

왼쪽이 믿음(Fides)이다. 믿음은 흰 색의 천으로 둘러싸여 있으며, 가슴에 그리스도 십자가를 들고 있다.

오른쪽이 소망(Spes)이다. 소망(Spes)은 옷과 날개가 부드러운 핑크로 물들어 있다. 두 손은 기도하는 모습을 보여주며, 하늘을 향하여 응시하고 있다. 하늘의 문을 통해 그리스도가 그 여인을 내려다보고 있다.

믿음과 소망 위에 사랑(Caritas)이 위치하고 있다. 통치권자가 추구하는 가치로서, 또는 그의 통치에 가장 최우선으로 두어야 하는 가치가 사랑/자비(Caritas)이어야 함을 보여준다. 사랑은 그리스도교의 최고의 덕목이다(고린도전서 13,13: 그런즉 믿음, 소망, 사랑, 이 세 가지는 항상 있을 것인데 그중의 제일은 사랑이라). 토마스 아퀴나스는 사랑의 실천(habit)은 하나님[35]에 대한 사랑뿐만 아니라, 이웃에 대한 사랑으로 향한다고 본다(II-II Question 25. The object of charity).

사랑(Caritas)천사는 도시 정부의 가장 상단 위를 날고 있다. 여자(천사)는 불에 비유되며, 몸은 불로써 환하게 비추고 있다. 불은 오렌지색으로 꼬부려진 머리를 비춘다. 상체 부분의 실루엣은 부드러운 천으로 싸여 드러난다. 화살이 오른손에서 나오며, 왼손에는 붉고 빛나는 심장을 들고 있다.

지배와 통치에서 사랑은 무엇인가? 여기서 사랑은 먼저 이웃에 대한 사랑과 같이 종교적인 사랑을 전면에 내세우는 것은 아니다. 그림에서 기독교적인 이웃에 대한 사랑을 표현할 때는 과일 바구니, 풍요의 뿔, 꽃, 또는 아이들이 드러나는데, 여기서의 사랑은 그것과는 다르다.

여기서 사랑은 조국에 대한 사랑(amor patriae 아모르 빠트리애)이다. 로렌제티는 도시 정부의 위에 '조국애'로서의 사랑을 그리고 있다. 도시 정

---

35) 성경 인용은 개역개정판을 주로 하며, '하느님', '하나님'의 표기는 '하나님'으로 통일함.

부의 정의와 자유 그리고 명예를 위해서 죽음에 맞서기를 두려워하지 않는, 기꺼이 죽음의 위험을 무릅쓰는 용기를 가진 사랑이다. 사랑은 인간관계에서의 사랑이기도 하다. 참된 사랑은 인간을 고결하며 덕스럽게 만들어 준다. 자비로서의 사랑은 연민과 동정을 모두 포함한다.

신에 대한 사랑이 조국에 대한 사랑으로, 진정한 친교로 되며, 전체 공동체 이익을 추구하는 노력으로, 평화와 생존과 도시공동체의 통치를 보장한다. 로렌제티가 그리는 사랑에서 본다면, 정파적인 갈등은 정치적인 공동체를 위협하는 것이 된다.

통치자는 선한 군주 또는 도시의 대표자, 최고 재판관(judge)이 된다. 그는 더 나아가서는 공동선(the Common Good)이 된다.36) 로렌제티는 공동선이 통치자의 지위에까지 고양되어야 한다는 메시지를 준다.

2. 좋은 정부 통치 수단과 원리

집정관인 통치자는 백성에 대해 어떤 통치철학을 가져야 하며, 그의 통치는 어떠해야 하는가? 이는 통치자가 그 백성을 어떻게 다스려야 하는가에 대한 답이기도 하다.

---

36) Rubinstein, 184~185.

■ 평화, 용기, 분별

1) 평화

젊은 금발의 평화(Pax) 여인은 여유가 있는 모습을 보여준다. 여인은 자신의 갑옷을 벗어버리고 부드러운 옷을 입음으로써 여인의 몸을 보여준다. 이는 의인화된 여인 중에서 가장 부드러운 모습이다. 무장된 갑옷 위에 있는 넓은 방석에 기대어 있다. 투구와 방패는 바닥에 던져져 있으며, 맨발이 가지런히 그 위를 밟고 있다. 압제하는 무기들을 다시는 필요로 하지 않는 모습이다. 금색의 머리 위에 올리브 관이 씌워져 있으며, 얼굴은 환한 모습을 보여준다. 왼손에는 올리브 나뭇가지가 들려져 있다.

평화는 아우구스티누스에서는 신국(하나님의 나라)의 위대한 목표이며, 개별적인 인간의 삶의 목표이기도 하다. 통치는 평화를 이루어야 한다. 도시 정부는 칸트의 영구평화론과 같이 '평화의 협정'을 이루어야 한다. 사람들은 이 평화협정을 지켜야 하며 평화를 위해서 노력하여야 한다. 적대는 갈등과 재앙을 초래한다.

도시의 집권자는 자신의 권력을 통해 모든 가능한 갈등을 해결해야 한다. 왜냐하면 그의 본연의 임무가 모든 가능성을 통해서 자신이 통치하는 도시가 평화(peace), 침착(quietness), 평온(tranquility)하도록 해야 하기 때문이다. 1309년 시에나 헌법은 이 점을 가장 강조하였다. 1287~1355년 기간, 시를 통치한 상인 귀족(Nove Signori)의 의무에 관한 규정(rubrics)은 반복해서 이들의 의무는 도시를 영원한 평화와 완전한 정의로 유지하는 것임을 말하고 있다.[37] 이러한 평화의 강조는 국가가 지향하는 것은 공동선이며, 공동선을 이루는 상태는 평화에서 가능하기 때문이다. 평화가 없이는 공동체적인 삶이 유지될 수 없으며, 그런 삶에서 인간의 행복은 보장되지 않는다. 평화는 그 본질에서 다른 요소들과 달리 격하되거나 나쁠 수가 없다는 것이 토마스 아퀴나스의 견해이다. 평화는 어떤 면에서 공동체의 생명이다.

토마스 아퀴나스는 신학대전 Ⅱ-Ⅱ, 제29문제 제1절에서 평화문제를 논한다. 평화는 그에 따르면 본질에서 다른 것과의 합일(조화)이며 그 자체와의 합일이기도 하다. 이에 따라 토마스는 참된 평화와 거짓 평화를 구분한다. 참된 평화는 합의의 목적을 두고 쌍방이 자발적으로 이룬 것이고, 거짓 평화(위장된 평화)는 쌍방 간의 합의가 강압적으로 이루어질 때이다. 칸트도 『영구평화론』에서 실질적인 평화와 가짜의 평화를 구별하고 있다(예비조항1). 휴전은 단지 모든 적대적인 것을 미루는 행위에 지나지 않으므로, 진정한 평화가 될 수 없다. 평화는 모든 적대의 종식(Ende aller Hostilitäten)으로서 모든 전쟁의 완전한 종결일 때 만들어진다.

국가편에서 볼 때 로마인들에게 평화는 부조화에 대한 승리, 충돌하는 힘에 대한 승리, 공동생활을 파괴하고자 계속해서 위협하는 전쟁에 대한 승리였다.

---

37) Skinner, 44.

평화는 법질서의 준수와 연결된다. 로마 시대에 이미 알려진 바와 같이 평화(Pax)는 법과 평온(Frieden)의 연결에서 작용한다. 로마의 전통에서 평온은 법적 안정(Rechtssicherheit)으로 정의되었다. 법적 안정성은 법의 실정성(實定性)을 요청한다. 이는 법이 명확하여야 하고, 쉽게 변경되지 않아야 하며, 실제 시행되어야 하고, 일반인의 의식에 부합하여야 하는 것으로 요약할 수 있다.

법이 지켜져야 그 법은 시민으로부터 지지와 신뢰를 받으며, 시민들은 평화 가운데 살 수가 있다. 로마 시대의 동전을 보면, 보통 황제의 얼굴과 '안전'(securitas) 글귀가 둘레에 새겨져 있다. 평화와 안전은 로마의 정치 전통이었다.

또한 평화는 승리한 전쟁에서 승리한 여인으로 표현된다. 로마의 전통에서 평화는 항상 승리한 전쟁과 연결되어 있다. 전쟁행위의 목적은 적으로 하여금 법질서를 실현하는 조건을 수용하는 조약을 체결하는 데 있다.

정치적 평화는 개개인의 행복을 위한 조건을 결정한다. 따라서 평화는 개인 영혼의 평화가 된다. 인간 영혼의 싸움(프코마키아, Psychomachia)은 악에 대한 덕의 승리가 되며, 평화는 지상 낙원의 행복을 준다.

푸루덴티스 '영혼 싸움'에서 평화는 이렇게 불린다.[38]

"완전한 덕은 평화를 만든다.
평화는 모든 노력의 목적이다.
평화는 종결된 전쟁의 값이며,
위험한 노동 삯이며,
평화에서 별이 빛나며,
평화에서 지상은 존속한다"(Psychomachia, 770~772)

2) 용기

이탈리아 예술가들은 용기를 사자의 가죽을 두른 헤라클레스 영웅과 같은 것으로 그렸다. 로렌제티는 이와는 다르게 용기를 그리고 있다.

용기(Fortitudo)여인은 평화 여인과는 대조적으로 집중하여 응시하며, 중무장을 하고 있다. 붉은 치마 위로 검은색 동으로 된 장식된 옷이 걸쳐져 있으며, 무릎 아래로 내려져 있다. 상체는 갑옷으로 가슴을 둘러싸고 있다. 무거운 방패와 검은 색의 방망이(곤봉)로 무장하고 있으며, 이는 오른손에 위협적으로 꽉 쥐어져 있다. 머리 위에 투구를 쓰고 있고, 다이아몬드가 박혀 있으며 가시관으로 장식되어 있다.

용기는 전쟁과 관련된다. 여기서 전쟁은 폭동, 혼란 또는 내란(guerra)과 같은 것이 아니라, 시 정부가 합법적으로 결정하여 수행하는 전쟁

---

38) 알레고리에 쓰여 있는 글의 인용과 해석은 다음 글을 참조함: Dagmar Schmidt, Der Freskenzyklus von Ambrogio Lorenzetti über die gute und die schlechte Regierung- Eine dankteske Vision im Palazzo Pubblico von Siena, Disseration der Universität St. Gallen; Riklin, Alois(1996): Ambrogio Lorenzettis politische Summe, Bern, 2003.

(bellum)을 말한다. 용기는 옳음에서 확신을 얻는다. 용기는 무모함이나 만용과 다르다. 무모함은 용감한 체하는 것이며, 용감함을 모방하는 것이다. 아리스토텔레스는 용기를 두려움과 대담함에 관련된 중간 성품으로 다룬다(니코마코스 윤리학, 1107a, 1115a). 용감한 사람은 수많은 두려운 것이 존재하지만, 오직 두려워할 만한 상황에서만 두려움을 느낀다. 무지에서 행하는 사람들이 용감해 보일 수 있다. 대담함이 지나쳐 무모한 사람은 허풍선이라 여겨지며, 용감한 체하는 사람이거나 용감함을 모방하는 사람이다. 이들에게는 무모함과 비겁함이 혼합되어 있다. 토마스 아퀴나스는 용기는 기꺼이 공격하며 싸움을 하는 용기보다, 오히려 인내하는 용기를 중요하게 여긴다(Summa Theoligica, II-II, Q.123 Fortitude).

로렌제티는 용기를 평화와 분별 사이에 놓았다. 분별이 용기 있게 싸움에서 앞서 나가게 한다면, 전쟁은 궁극적으로 평화로 이끌어야 한다고 보는 것이다.

3) 분별

분별(신중)(Prudential) 여인은 파란색의 바로크식으로 짜인 옷을 걸치고 있다. 머리에는 금과 많은 보석으로 장식된 관을 쓰고 있다. 분별 여인은 흰색 수건으로 머리를 싸고 있는데, 이는 머리에서 어깨로 내려오고 있다. 이는 그 여인의 성숙함을 보여준다. 손에는 기름등잔이 들려져 있으며, 세 개의 밝은 불꽃이 피어 있다. 무릎 위에 걸쳐져 있는 부채에 세 개의 단어가 쓰여 있다. 과거(Praeteritm), 현재(Praesens), 미래(Futurum)다. 여인은 집게손가락으로 이를 의도적으로 주목하여 가리키고 있다.

분별을 가지고 행동한다는 것은 무엇인가? 분별(prudentia)은 미리 앞서 본다는 의미로서, 어떤 구체적인 사안에서 윤리적으로 옳음과 그름(악)

을 구별하여 판단할 할 수 있는 것을 말한다. 분별은 기억하는 능력, 구분하는 능력, 앞의 일을 내다보는 능력이 중심이 된다. 이탈리아 출신 티치아노 베첼리오(Tiziano Vecellio, 1480/1490년경~1576년)의 '사리분별의 알레고리'(The Allegory of Prudence)는 한 인간의 3가지 얼굴과 짐승의 머리를 그리고 있다. 이는 과거 현재 미래의 모습을 보여준다. 그림에 분별에 대해 쓰고 있다. "과거 경험으로 현재 분별 있게(prudently) 행동하라. 그렇지 않으면 미래 행동을 망친다"(EX PRAETERITO/PRAESENS PRUDENTER AGIT/NE FUTURA ACTIONĒ DETURPET). 분별은 그 자체가 행동이 아니다. 행동에의 방향을 조정한다. 전술적으로 행동하는 것은 약삭빠른 간사한 행동이지, 분별 있는 행동이 아니다. 분별은 현재에서 옳음과 그름(잘못)을 구별하는 것이다. 이러한 결정과정은 과거뿐만 아니라, 미래까지도 고려할 수 있어야 한다.

로렌제티는 정치적 덕목의 어머니로서 분별을 지혜(Spaientia, wisdom)의 신적 덕목과 연결한다. 분별이 개별적인 행동에서 요구되는 것이라면, 지혜는 인간 삶 전체에서 찾아진다.

정치적인 덕목에서 이런 분별은 도시 정부의 정치에 참여하는 시민들에게뿐만 아니라, 통치에 나서는 사람에게도 똑같이 요구된다. 분별 있는 사람은 충고를 들으며, 비판을 기꺼이 받아들인다. 이로써 분별은 아첨꾼으로부터 보호를 받게 해준다. 또한, 분별 있는 사람은 말을 할 때와 말을 하지 않을 때를 안다. 말을 가려서 하는 사람은 분별 있는 사람이다.

다음은 집정관 오른쪽에 있는 3개의 덕목이다.

■ 관대, 절제, 정의

4) 관대

관대(관후)(Magnanimitas)는 위대하다(great)는 magna와 마음(mind)이라는 animusdm의 결합이다. 이는 문자적으로는 위대한 마음(greatly gen-erous), 아량이 넓음을 말한다. 관대는 마음, 심장, 영혼이 위대함(generosity, highmindedness, loftiness of spirit)을 말하는 덕이다.

관대 여인은 오른손으로 관(crown)을 들고 있으며, 다른 왼손으로는 무릎 위에 놓여 있는 바구니를 붙잡고 있다. 바구니 안에는 많은 금화가 들어 있다.

관대 여인이 바구니에서 나누어주는 금은 관대한 사람이 세상의 재물을 어떻게 대하는가를 보여준다. 아리스토텔레스에게서 관대함(후함)은

재물에 관련된 중용이다(니코마코스 윤리학, 119b20). "돈 거래에서 중용은 후(厚)함이고, 지나침과 모자람은 방탕과 인색(吝嗇)이다"(니코마코스 윤리학, 1107b10). 후함은 당연한 때에 당연한 사람에게 주는 것이 특징이다. 아리스토텔레스는 재물에 화폐뿐만 아니라 소유물과 시간을 모두 포함한다. 그 가치가 돈으로 측정될 수 있는 모든 것이 재물이 된다. 관대한 사람은 재물의 가치를 정당하고 참되게 평가할 줄 아는 사람이다. 그래서 잘못된 곳으로부터 재물을 받지 않는다. 부정한 재물은 고귀한 것이 못 되기 때문이다.

관대한 사람은 사람들에게 베푸는 아량을 갖고 있다. 관대한 사람은 돈과는 거리를 두지만, 그럼에도 돈이 유용한데 쓸 수 있는 수단임을 안다. 자신의 재산에 따라 마땅히 써야 할 곳에 쓰는 것이다. 그래서 관대하다고 할 때 이는 주는 양이 아니라, 주는 사람의 품성을 먼저 가리킨다. 주면서 괴로워하는 사람을 후하다고 하지는 않는다(니코마코스 윤리학, 1120a30). 자신이 가지고 있는 것이 적음에도 불구하고, 내어주는 것이 있다면 그는 많은 데서 할 수 있는 만큼 내어놓는 사람보다 더 관대한 것이다. 반대로 베푸는 일에는 모자라고, 받는 일에는 지나친 사람을 인색하다 한다.

용기가 죽음의 영역을 포괄한다면, 관대는 명예의 영역을 다룬다. 관대의 범주에서 명예는 도덕 크기의 판단 기준이 된다. 위대한 일을 하기에 두려워하는 것은 관대에 반대되는 행동이다. 관대한 사람은 행동하는 데 고귀한 것을 목표로 한다(아리스토텔레스). 성자는 마음의 위대함을 실천한 사람이다. 도덕적인 사람은 명예가 많고 적음에 관계없이, 명예를 가져오는 목표에 자신의 행동을 맞춘다. 관대한 사람은 정의, 전 사회의 복지, 또는 신에게 영광을 돌리는 영역에 위대성을 부여한다. 관대는 또한 남을 재판(judgement)하는 사람에게 맞는 덕이다. 관대는 모든 덕목에서 가장 영광스러운 것이며, 위대한 일을 시작하려는 사람에게 용기를 주는 덕이 다름 아닌 관대이다.

니체에게 있어서 관대한 사람은 복수심, 후회 또는 죄의식을 넘어서 사는 사람이다. 고매한(noble) 인격을 가진 사람은 자신을 존경하며, 자기 존재(his own being)의 충만함으로 살아가며, 이런 충만함은 다른 사람에게 나누어진다.

5) 절제

절제(Temperantia) 여인은 모래시계를 보여
준다. 모래시계는 오른손 위에 세워져 있다. 모래는 이미 절반이 위쪽에서 아래로 흘러갔다.

로렌제티는 모래시계를 가지고 절제를 다른 방식으로 설명한다. 13세기나 14세기 초에 절제의 알레고리는 뜨거운 물과 차가운 물로 채워진 두 개의 물병을 각 손에 들고 있는 모습이었다. 두 물병을 서로 채우게 되므로, 너무 뜨겁거나 차가워서는 안 된다. 그래서 절제한다는 것은 균형을 맞추는 순간이 강조된다.

플라톤은 절제(self-restraint, sôphrosune)는 일종의 화성(harmony)을 닮았다고 보며, 이상국가의 지혜, 용기, 절제, 정의 4개 덕 중의 하나로 옹호한다. 절제는 다른 덕들과는 달리 다스리는 자와 다스림을 받는 자 양쪽에서 요구되는 덕이다(니코마코스 윤리학, 432a). 아리스토텔레스에게 있어서 절제는 쾌락과 고통에 대한 중용이다. "지나침은 방종이며, 모자람은 무감각이다"(니코마코스 윤리학, 1107b5). 여기서 쾌락은 육체적인 쾌락에만 해

당이 된다. 학문을 좋아하는 사람에게서 그 지나침을 방종이라고 부르지
않는다.

키케로는 절제를 행위의 적절한 시간과 연관 짓는다. 즉 너무 천천히
또는 너무 빠르게 행동하지 않으며, 중요한 것은 우리의 영혼의 움직임이
자연과 조화를 이루도록 하는 것이라 하였다.[39]

■ Temperantia, Giotto di Bondone,
Cappella degli Scrovegni (Arena
Chapel), 1306

조토 디 본도네(Giotto di Bondone, 1266~
1337)가 파두아(Padua)에 있는 아레나 성당
(Arena Chapel)에 그린 절제는 한 여인이 묶
여진 칼을 가슴 밑에 붙잡고 있는데, 그 입
에는 재갈이 물려져 있다. 절제되지 않은
칼이 휘둘러진다거나, 절제되지 않은 입에
서 나오는 말이 주는 상처가 어떠한가를 보
여준다. 묶여진 칼이나, 재갈이 물린 입은
바로 인간의 감정에 대한 자기 통제인 절제
를 강조한다. 절제는 성령의 열매(갈라디아서
5:23)로서 자기통제와 규율이다.

절제는 아리스토텔레스 윤리에서 볼
때 중용을 지향한다. 중용은 그 중간이지
만, 이는 기계적인 중간이 아니다. 중용은
인간의 행동에서 주요 지침으로 고려되어야 한다. 절제는 중용으로 비이
성적 부분의 덕이다. 로렌제티의 시기에도 이러한 원리가 적용되었다.
중용은 당시 시대 사람들에게 덕으로서 간주되었고, 이는 행위에 적용되

---

39) Skinner, 86.

었다. 중용은 많음과 적음, 지나침과 부족함의 중간에 위치한다. 토마스 아퀴나스의 경우에 중용은 이성을 통해서 결정된다. 그에 따르면 절제의 영역에서 특히 인간의 욕심이 억눌리거나 고삐가 풀리지 않도록 중용을 취해야 한다.

아리스토텔레스가 강조하였듯이, 아량 있는 사람은 낮게 평가하는 것과 높게 평가하는 것에서 중용을 취할 줄 알아야만 교만하지 않게 된다. 중용을 지킬 때, 낭비와 인색함을 피하게 된다.

로렌제티의 모래시계는 그 절반을 가리키고 있다. 흐르는 모래시계는 바로 순간적인 중용을 보여준다. 관대가 지나쳐서는 안 되고, 정의가 지나쳐서도 안 된다. '올바름'이란 도대체 무엇인가? 올바름은 무엇에 의해서 인식될까? 절제는 분명 관대, 정의를 올바름으로 이끈다. 로렌제티는 관대 여인과 정의 여인 사이에 '절제'를 밀어 넣고 있다.

3. 사회에서의 정의

시 정부 그림에서 맨 오른쪽 끝에 정의(Justitia) 여인이 있다. 정의 여인은 매우 엄격하고 진지한 모습으로 오른손에 칼을 똑바로 세워 들고 있다. 턱수염이 있는 목이 베인 남자의 머리가 오른쪽 무릎 위에 놓여 있다. 정의의 단호함을 보여준다. 반면 정의 여인 왼손에는 관(crown)이 놓여 있다. 시 정부에서 정의 여인은 왼쪽에 있는 정의 여인과 모습이 다르다. 시 정부에서 정의 여인은 분별, 절제, 용기 여인들과 같은 크기로, 같은 위치에 앉아 있다. 이는 정의를 반복하는 것이라기보다, 정의의 다른 모습을 강조하는 것이다. 시 정부에서 정의 여인은 시민이나 시정부에서의 정의를 다루지만, 왼쪽 그림에서 정의는, 정의가 전체 사회와 시정부, 즉 국가와 사회에서 갖고 있는 역할과 가치를 보여주고 있다. 정부에서 정의가 갖는 중요성과, 국가 전체에서 정의가 갖는 중요성을 정의 여인을 두 번 형상화함으로써 강조하였다.

시 정부 그림에서 정의 여인이 가지고 있는 똑바로 세워진 칼은 정의의 요구를 묘사한다. 즉 공동체에서는 누구나 법적으로 정의에 따를 의무가 있으며, 이런 의무를 수행하지 못하는 경우에 국가의 제재가 따른다는 것이다. 따라서 법에 따른 행동은 법에의 순종과 관련되어 있다. 다른 한편에서 상(償)으로서의 관은, 도덕적 의무에 대한 보상으로서의 정의를 보여준다.

칼과 관은 공동체에서 법적인 기능을 수행하는 것을 보여준다. 칼은 정의의 전통적인 상징성이다. 법집행에서 사적인 권력의 적용은 금지된다. 관은 정의의 실현이 어떤 덕의 실현보다도 더 명예로움을 보여준다.

■ 지혜·정의·조화 여인(위에서부터).

1) 지혜

시 정부 그림 왼쪽에는 따로 정의(Justitia) 여인이 그려져 있으며, 정의 여인 위에는 지혜(Spaientia) 여신이 있다.

먼저 정의 여인의 위치를 보면, 오른쪽의 남자 집정관보다 약간 낮게 그려져 있다. 그럼에도 정의 여인 위에 있는 지혜 여신은 집정관보다 높은 위치에 그려져 있다. 정의 여인을 주관하는 지혜 여신은 세상의 통치자보다 우위에 있음을 보여준다. 지혜는 13세기에 널리 퍼진 정부의 지도원리(guiding principle)였다.

두 천사 아래에 붉은 옷을 입은 정의 여인이 널찍하고 여유롭게 장식된 의자에 앉아 있다. 정의 여인도 금발의 머리에 왕관을 쓰고 있다.

정의를 구현하기 위해서는 그 위에 신의 지혜가 있어야 함을 로렌제티는 보여주고 있다. 여기서도 토마스 아퀴나스의 지혜에 대한 견해가 드러나 있다. 지혜는 성령의 은사(dona Spiritus Sanctus, 야고보서 3:17)로서 철학자들이 덕으로서 보는 지혜를 넘어서는 지혜이다. 아리스토텔레스는 니코마코스 윤리학에서 지혜를 덕이나 지적인 습성으로 규정하였다(1140a). 5가지 덕은 (직관적) 지성(nous), (학문적 인식) 지식(episteme), 이론적 지혜(sophia), 실천적 지혜(phronesis), 기예(techne)로 구성된다. 실천적 지혜는 "사람에게 좋은 것이나 나쁜 것과 관련하여 행동할 수 있는 참되고 이성적인 마음가짐"이 된다. 실천적 지혜가 있는 사람은 인간에게 선한 사물이 무엇인지 알아야한다. 실천적인 지혜는 인간의 좋음과 관련하여 행동할 수 있는 이성적이고 참된 마음가짐이어야 한다(니코마코스 윤리학, 1140b20).

지혜(sophia)는 모든 학문적 인식 가운데서 가장 완성된 것이라고 할 수 있다. 따라서 지혜로운 사람은 제1원리들(근본명제)로부터 도출된 것을 알 뿐만 아니라, 근본전제들 자체에 대한 진리를 파악하고 있어야 한다.

그러므로 철학적인 지혜는 직관과 학문적인 인식을 합친 것이며, 최고의 것을 지향하고 있는 최고의 덕으로 간주되며, 이러한 지혜는 실천적 지혜보다 우월하다(니코마코스 윤리학, 1141a).

인간이 습득하는 지식(Knowledge)은 문자 그대로 사실이나 경험 등을 통해서 얻게 되는 무엇인가를 아는 상태이다. 그래서 지식은 과학, 예술, 기술 등과 친숙해 있다. 사실이나 어떤 것(something)을 인지하고 있는 상태이다. 지혜는 이와 같이 습득된 사실이나 지식을, 바르게 적용하는 어떤 능력으로서 올바른 방식으로 질서 지울 수 있다.

사람들로부터 발생하는 문제를 해결하는 데는, 인간 스스로 하는 인위(人爲)와 신의 지혜를 통한 해결인 신위(神爲)로 구분해 볼 수 있다. 정의 여인보다 우위에, 지혜의 신을 위치하게 한 것은 정의는 인간의 지식이 아니라, 신의 지혜를 통해 해석되며, 인도되어야 함을 보여준다. 지혜의 여신은 책을 가지고 있다. 정의의 여인이 살짝 양 저울을 건드리고 있다. 이는 신적인 법으로서 자연법이 인간의 법과 서로 관계를 맺고 있음을 보여준다.

토마스 아퀴나스는 인간의 실증법이 자연법을 해석해 놓은 것으로 본다. 이를 통해 인간은 스스로의 참된 본질과 고귀한 삶으로 인도된다. 토마스 아퀴나스는 법은 정의로워야 하고(자연법칙에 맞아야 하며), 도덕적이어야 하며, 물리적으로 적용 가능해야 한다. 그리고 또한 시간과 공간에 적응해야 하고, 필연적이어야 하며, 목적에 맞아야 한다(Summa Theologica, 1.II, Q. 90 the essence of law).

인간은 왜 법이 필요한가? 토마스 아퀴나스는 인간은 법률을 가지고 있으면 고귀한 존재이지만, 법률이 없으면 가장 거친 동물이라는 아리스토텔레스의 견해를 취한다. 그러나 인간의 모든 법이 진정으로 정의로우며 단순한 강제처분이 안 되려면, 인간의 지혜를 넘어서는 법칙에서 이끌어내져야 한다고 토마스 아퀴나스는 보고 있다. 로렌제티의 법에 대한 관념은 이런 스콜라적인 법사상에 기초하고 있다.

로렌제티는 잠언을 염두에 두고 있다. "나로 말미암아 왕들이 치리하며 방백들이 공의를 세우며 나로 말미암아 재상과 존귀한 자 곧 모든 재판관들이 다스리느니라"(잠언 8:15~16). 여기서 '나'는 의인화된 지혜를 말한다. 신의 지혜를 가지고 있는 정의가, 굽지 않은 정의가 된다.

2) 정의

정의 여인은 두 천사의 도움을 받는다. 왼쪽의 천사는 붉은 옷을 입고 있으며, 두 남자는 그 앞에 무릎을 꿇고 있다. 붉은 천사는 심판을 상징한다. 천사는 무릎을 꿇은 자에게는 관을 씌워주며, 다른 오른쪽 사람의 머리에는 칼을 얹고 있다. 피가 남자의 목에서 흘러내리며, 목은 기울어져 있다. 그 남자 옆에는 무기가 바닥에 놓여 있다. 천사로부터 왕관을 받는 남자의 손에 야자나무 잎이 들려져 있다.

반대쪽에는 흰옷을 입은 천사가 무릎을 꿇고 있다. 그의 머리 위에는 교환(comutativa) 글씨가 쓰여 있다. 두 남자가 그 앞에 무릎을 꿇고 있으며, 무언가를 제공하고 있는 모습이다. 한 남자는 상자를 내밀고, 천사는 이를 받고 있다. 다른 남자는 자신의 무기를 넘겨준 인상을 주고 있다. 그 남자는 천사에게 창을 넘겨주며, 단창이 같이 들려져 있다. 여기서 로렌제티는 아리스토텔레스의 정의를 그리고 있다. 지배자는 정의의 수호자여야 하며, 정의의 수호자는 균등의 수호자이어야 한다.

시정 정의

로렌제티는 천사의 상벌 집행을 통해 정의 구현을 보여준다. 시정(교

정) 정의에서 천사는 명예를 나누며 또한 벌을 가한다. 한 남자에게 관을 씌워 주지만, 다른 남자에게는 목에 칼을 대고 있다. 명예를 부여받는 남자는 야자수 잎을 갖고 있다. 이는 비폭력을 보여준다. 반면 다른 남자는 그렇지 않다. 칼은 바닥에 놓여 있으며, 이는 그가 저지른 폭력적 행동을 보여준다. 이 두 사람에 대한 정의는 시정의 정의가 어떠한지를 보여준다. 시정은 사람 사이의 관계를 조정하거나 바로잡는 것을 말한다. 정의는 이런 면에서 공평을 지향하는 시정자이다. 시정의 정의는 이익과 손해의 균등을 회복시켜준다.

아리스토텔레스나 토마스 아퀴나스의 분배 정의에서 시정 정의로서 '징벌'이 포함되어 있지 않지만, 로렌제티는 시정 정의로 당시 이탈리아의 '징벌적 정의'(punitive jurisdiction)에 대한 견해를 그리고 있다.[40]

이러한 정의는 국가에서 볼 때 국가가 권위에 대한 책임을 지는 중요한 행위이다. 정당성과 지지는 바로 법에 충실한가, 아니면 법을 어기는가에 있다. 국가가 개인이나 기업, 또는 그외 집단들과 차이가 나는 것은 국가가 권력을 독점하고 있다는 점이다. 국가는 유일하게 사람을 사형에 처하며, 사형을 집행할 권력을 가진다. 좋은 정부에서는 이런 국가의 권력

---

40) Skinner, 74~75; Starn, 45.

이 공정하게 집행되어야 함이 강조되어 있다.

그림은 정의가 법으로서, 어떻게 국민에게 공평하게 시행되는가를 보여준다. 약자에게만 법이 집행되고, 권력자나 부자에게는 법이 집행되지 않는다면, 이는 정의가 아니다. 정의의 기본 전제는 선은 선으로, 악은 악으로 대하는 것이다. 의인을 악하다 하며, 악인을 의롭다 하는 것은 정의의 기본을 부정하는 것이다.[41]

분배적 정의

분배적 정의에서 천사는 아리스토텔레스의 입장에서 보자면 시민을 상호 규제하며, 자유로운 통상을 제한한다. 비자발적인 교환은 가령 판사를 통해 보상하도록 한다. 판사를 통해 분배적 정의가 이루어지도록 한다. 두 남자는 각각 손에 물건을 가지고 있다. 이는 한 상품단위로 해석할 수 있다.

한 명은 두 개의 서로 다른 긴 창을 가지고 있다. 다른 사람은 그릇 모양의 물건을 가지고 있다. 그럼에도 이 두 물건은 서로 교환되며 거래된다. 천사가 두 물건에 손을 댐으로써, 신으로부터 정의의 가치를 부여받는다. 이는 물건의 교환에서 신뢰와 믿음이 어떠한가 보여준다. 이는 매매, 교환, 거래 체결 등 상거래에서 나타나

---

41) 이사야 5:20(악을 선하다 하며 선을 악하다 하며 흑암으로 광명을 삼으며 광명으로 흑암을 삼으며 쓴 것으로 단 것을 삼으며 단 것으로 쓴 것을 삼는 자들은 화 있을진저); 잠언 17:15(악인을 의롭다 하고 의인을 악하다 하는 이 두 사람은 다 여호와께 미움을 받느니라).

는 일이다. 분배적 정의는 경제활동에서 기초가 된다.

이러한 시정의 정의와 분배의 정의가 제대로 이루어질 때 어떠한가? 시에나의 법질서가 서며, 경제가 번창하게 되는 바탕이 된다. 정의로운 질서는 모든 부패, 타락에 대한 예방이다.

3) 조화

정의 여인 바로 아래 또 한 명의 '조화 여인'(Concordia)이 있다. 이 이름은 무릎 위에 있는 농기구(Hober)에 쓰여 있다. 조화 여인은 나무로 된 의자에 앉아있으며, 그 높이는 우측 시 정부의 땅 위에 있는 단상 높이이다. 조화 여인은 부드러운 시선으로 일련의 24명의 남자를 바라본다. 이 여인의 크기는 다른 형상들의 크기인데, 머리에는 관을 쓰고 있지 않으며, 다른 모양의 머리를 하고 있다. 다만 금으로 된 머리띠가 은혜롭게 보이는 얼굴을 강조해준다. 입고 있는 흰색계통의 단순한 옷은 금장식으로 되어 있다.

로마 전통에서 보면 정의 여인의 딸이 조화이다. 이 그림에서도 조화 여인은 정의와 직접 연결되어 있다. 조화 여인은 두 개의 끈을 천사에게 받고 있다. 하나는 붉은 끈이며, 다른 하나는 흰색 끈이다. 이 두 끈의

색은 천사의 옷 색과 같다.

끈은 문학에서 비유적으로 사용되었으며, 로렌제티 시대에는 정의로서 여겨졌다. 이는 인간사회를 연결하는 끈으로 사회의 개개인을 하나로 묶는 끈이 된다. 그래서 시에나 시민들이 이 끈을 붙들고 있으며, 이들은

하나로 통일되어 있다. 좋은 정부에서 끈은 정의와 도시 정부를, 정의와 시민을, 시민과 정부를 잇는 연결고리이다. 좋은 정부에서 사회를 조화롭게 하는 통합의 기초는 다른 어떤 사회가치, 부의 증가 또는 이데올로기가 아니라 정의임이 강조되어 드러난다. 그러나 나쁜 정부에서 보면, 이 끈은 정의 여신을 포획하는 데 이용되어 있으며, 사회는 분열되어 있다.

단테도 연옥 16장에서 정의를 주요 주제로 삼는다. 정의는 법 제정과 법 집행에서 통치자의 의무가 된다. 단테는 입법자는 신이 원하는 신의 정의에 귀를 기울여야 한다고 본다.

정의는 전체 의인화에서 가장 크며 웅장한 형상으로 되어 있음을 볼 수 있다. 정의에 법철학이 들어 있으며, 아리스토텔레스의 정의의 요소, 로마법의 구속이 들어 있다. 신 플라톤적 법철학은 인간의 법을 신의 정의의 개념에 연결한다. 이런 생각은 조화의 여인에 표현되어 있다. 인간의 법 제정이 신의 지혜와 연결되어 있다.

위 그림을 보면 24명은 12명씩 쌍을 이루어 나타난다. 24명은 여러 가지 의미를 갖는다. 먼저 이들 24명은 기독교적인 면에서 천국 법정의 24명의 장로들의 모습을 보여준다(요한계시록 4:4).

24명의 모습을 보면 이들은 서로 다른 사회계층 출신임을 보여준다. 남자들은 앞을 보며 얼굴은 진지한 모습을 하고 있다. 좀 떨어져서 그림을 보면 24명의 남자는 한 단위를 이루고 있다. 같은 보폭으로 당당히 행진하는 모습이다. 이들은 허리띠를 하지 않은 단색의 옷을 걸치고 있다. 머리에는 모자를 쓰고 있다.

남자들을 좀 더 자세히 들여다보면 상세한 것을 더 많이 알 수 있다. 이는 마치 화가가 이들 모두를 자세히 알고 있는 모습이다. 어떤 남자는 코가 크거나 작다. 어떤 이는 주름이 있으며, 둥근 얼굴 모습을 하기도 한다. 머리는 부분적으로 희기도 하고, 일부는 좀 마르고, 일부는 약간 뚱뚱한 모습이다.

이들 모두는 모자를 쓰고 있는데, 이는 당시 도시의 유행으로 보인다. 맨 앞의 두 명은 두꺼운 소재로 된 값이 나가는 옷을 입고 있다. 옷의 색은 서로 차이가 난다. 이들이 입고 있는 옷을 보면, 부자인 장사하는 사람에서부터 단순한 옷을 입은 평범한 사람까지 시 정부에 참여하고 있음을 보여준다. 이들의 키는 놀랍게도 부자나 가난한 자나 똑같다. 이들의 시정부 참여나 권리는 높고 낮음의 사회적 지위에 관계없이 차이가 없다.

맨 뒤의 사람에게 조화 여인은 끈을 넘겨주고 있다. 그는 이를 동료에게 다시 넘겨주며, 이 모든 남자는 이 끈을 단단히 붙들고 있다. 이들은 끈으로 포획된 것이 아니라, 스스로 끈을 붙잡고 있다. 끈은 12명 쌍의 중간을 가로질러 가며, 왼쪽에 있는 남자는 오른손으로, 왼쪽에 있는 남자는 왼손으로 잡는다. 맨 앞의 두 사람은 위에 있는 군주를 바라보며, 이들의 손에 마지막 줄 끝이 있다.

4. 좋은 정부의 효과

정의가 사회제도의 제1덕목으로 되며, 정의가 강물같이 흐르는 좋은
정부의 효과는 어떠한가? 좋은 정부 효과를 보여주는 그림 전체는 도시,
거리, 사람들이 사는 모습을 담고 있다. 로렌제티가 보여주는 그림은 정의
에 의해 통치되는 사회가 어떤 완전한 이상사회도 또한 완전한 평등사회
도 아님을 보여준다. 그림의 왼쪽 건물의 거리에 한명의 거지가 앉아 있
다. 그럼에도 어떤 종교적인 자선이나 사회부조하는 모습은 보이지 않는
다. 도시의 삶에는 어떤 어둠이나 피폐의 모습은 보이지 않는다. 부와 직
업의 차이가 어떤 사회가 불평등하여 정의롭지 못하다는 것을 보여주지는
않는다. 사람들은 자유와 자신의 권리를 가지며 이를 누리고 있다. 억압이
나 공포의 그림자가 없다.

시에나 9인 정부는 1287년에 구성되어 1355년 3월까지 계속되었으
며, 이 기간에 최고의 전성기를 맞이했다. 법률은 정비되었고, 그 삶은 가
장 풍요로운 시기였다. 로렌제티의 프레스코는 공화국의 경험에 대한 중

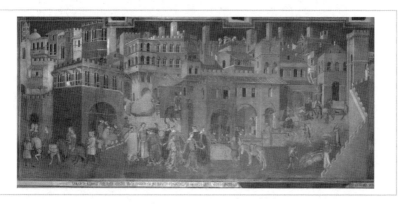

■ 좋은 정부에서 도시 일상의 모습

명이 된다. 중세 이탈리아의 위대한 정치적 실험이 어떠했는가를 보여준다.[42] 이는 롤즈의 정의의 원리가 어떻게 사회의 제도와 실제 삶으로 구현되는가를 보여준다.

로렌제티는 도시 정부의 건물을 그리지 않았다. 다만 그림 왼쪽 위로 돔 일부가 보인다. 돔은 보행자들에게 방향과 위치를 알려주는 길 안내자 역할을 한다. 시민들이 사는 공간과 모습을 전면에 내세웠다.

◇ 도시의 건축, 집들, 거리 등 생활환경은 어떠한가?
건축물 하나하나가 좋은 상태에서 잘 유지되고 있으며, 도시 전체의 미적인 아름다움을 더해준다. 이는 시 정부가 도시계획, 위생, 관리 등의 정책을 잘하고 있다는 증거이다.

---

42) Starn, 58.

◇ 사람들의 일상의 삶과 직업에서의 삶은 어떤가?

그림의 왼쪽으로 결혼한 신랑 신부가 말을 타고, 사람들과 같이 이동

하는 것이 보인다. 도시 전체 그림에서 보면, 위쪽으로 귀족이 사냥하러 가는 모습이 그려져 있다. 그 옆에는 집 모퉁이에 앉아서 구걸하는 사람도 그려져 있다. 그림 아래쪽으로 돼지를 몰고 가는 모습도 있다. 사람들이 자기의 수준에 맞게 살아가는 모습이다.

◇ 경제는 어떠한가?

직물을 생산하는 모습이 있다. 당시에 직물은 주요 수출품일 뿐만 아니라, 고가품인 명품에 속하였다. 주요 산업이 발달하였고, 상업이 번창하고 있으며, 장사가 잘되고 있음을 보여준다.

건축경기도 활발하다. 지붕위에서 노동자들이 열심히 일하는 모습을 통하여 일자리와 고용관계를 보여준다. 노동과 고용도 정의와 매우 밀접

하게 관련되어 있다.

◇ 교육은 어떠한가?

아래 그림 왼쪽을 보면 붉은 옷을 입은 법학자(또는 의사)가 수업하는 모습을 보여준다. 시에나는 새로 대학을 설립하고 볼로냐에서 교수를 초빙하며 학생들을 유치하였다.

◇ 여가는 어떠한가?

거리에서 9명의 여자가 손을 잡고 춤을 추고 있는 그림이 여가생활을 잘 보여주고 있다. 중앙에 있는 여인은 탬버린을 들고 노래를 부르고 있다. 여자들이 입고 있는 옷은 단정하며, 머리도 깔끔하게 잘 다듬어져 있고, 춤은 여유가 있다.

춤을 추는 사람들이 모두 여자로 그려져 있지만, 이들이 단지 여자만을 의미하지는 않는다. 왜냐하면 공공의 무도회에 참여하는 사람들은 남성이기 때문이다. 왼쪽의 마지막 사람의 춤사위는 다르며, 머리의 모양도 다르다. 남성의 모습을 보여준다.[43] 춤추는 자들은 남녀의 구분을 넘어서

■ 교육   ■ 여가

43) Bridgemann, Jane, 'Ambrogio Lorenzetti's Dancing "Maidens": A Case of Mistaken Identity', Apollo 133, 1991, 245~251.

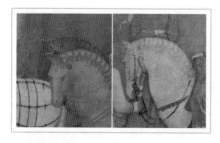

당시의 청소년의 단면을 보여준다 하겠다.

말은 교통수단이나 수송 수단이다. 오늘날 자동차와 같다. 말들이 한결같이 잘 돌보아지고 있다.

◇ 시골의 삶은 어떠한가?

도시 왼쪽의 성문을 나가면 농사를 짓는 모습이 나온다. 씨를 뿌리는 농부, 수확하고 이동하는 모습이 나온다. 밭은 잘 가꾸어져 있다. 그림은 서로 다른 계절에 하는 일을 동시에 보여주고 있다. 즉 씨를 뿌리고, 곡식을 가꾸며, 수확하고, 탈곡하며, 그리고 탈곡한 것을 옮기는 일들이다. 또한 수확을 한 후에 밭을 가는 모습도 보여준다. 다음 농사를 준비하는 것이다.

농촌의 모습은 산업과 노동이 분화되어 있음을 보여준다. 이런 노동의 분화와 상거래는 교환적인 정의질서가 확립되어 있음을 보여준다. 정의로써 통치되는 도시와 농촌은 번창하며, 법질서가 잘 지켜지고, 안전이 확보되어 있으며, 기근과 배고픔이 없다. 농촌에서 사람들의 노동 행위는 유용하며 필요한 몸짓이다.

■ 좋은 정부의 농촌 모습

　시에나는 평화와 축복을 누리는데, 이는 통치체제가 전제가 아닌 공화적 자치정부에서, 통치자가 시에나 시민들을 진정으로 대표하고 있을 때, 그 통치자 자신이 공동선으로 될 때이다.

　사람은 자유하며 두려움을 느끼지 않는다. 성문을 떠나는 사냥하려는 사람은 무장하지 않고 평화롭게 가고 있다.

　"누구나 어떤 두려움 없이 자유롭게 간다"(SECVRITAS)

좋은 정부에서 농촌의 모습을 보여주는 풍경의 상단에 다음과 같은 글귀가 있다.

"두려움 없이 모든 사람이 자신의 길을 간다.
씨를 뿌리고 밭은 경작된다.
정의 여인의 통치가 도시를 받들고 있는 한.
왜냐하면, 정의 여인은 악에게서 모든 권력을 빼앗았기 때문이다."

제3장 나쁜 정부와 정의

어두운 쪽으로 나쁜 정부 벽화가 있다. 그림 상태는 별로 좋지 않아 많이 훼손되어 있다. 나쁜 정부도 좋은 정부와 같이 비유로 구성되어 있다.

1. 나쁜 정부의 통치자

나쁜 정부에서 통치자는 마귀의 뿔을 가지고 있는 모습이다. 전제군주(참주, tyrant)는 절대 통치자로서 법이나 헌법에 매이지 않는다. 플라톤이나 아리스토텔레스는 참주는 자신의 이익을 추구하며 자신의 국민이나 다른 사람에 대해 극단적인 잔인한 책략을 거리낌 없이 사용한다. 참주의

눈은 사시이다. 통치자의 눈이 사시라는 것은 모든 것이 제한되어 있어 소통에 문제가 있음을 말한다. 왕좌에 앉아서, 발은 사치의 상징인 염소에 올려놓았으며, 그의 손에는 단검이 들려 있다.

참주의 머리 위에 3개의 형상이 그려져 있는데, 이는 탐욕(Avarita), 교만(Superbia), 허영(Vanagloria)이다. 이는 전제 군주가 추구하는 가치이다. 이 가치는 어디서 오는가? 로렌제티는 성경에서 나타나는 인간 타락의 세 근원인 가치가 무엇인가를 보여준다. 창세기에 여자가 나무를 본 즉 그 나무는 "먹음직도 하고 보암직도 하고 지혜롭게 할 만큼 탐스럽기도 하여" 나무의 열매를 따 먹었다. 이 알레고리는 인간의 자기중심성을 추구하는 가치를 보여준다. 타락한 인간으로서 통치자 전제 군주가 추구하는 것은 결국 사적인 이익의 추구이다. 사적인 이익을 추구하는 동기는 결국 육신의 만족, 안목의 만족, 이생의 자랑(요한일서 2:16)에 뿌리를 두고 있다.

1) 교만

중앙 상단에 '교만'(Superbia, Pride)의 형상이 있다. 중앙 상단의 가

장 높은 위치에 교만을 놓음으로써 그 비중이 상대적으로 큼을 보여준다. 교만은 토마스 아퀴나스에게 있어서 자신의 탁월함에 대한 지나친 사랑(the excessive love of one's own excellence)이다(Summa Theologica, II-II, Question 162. Pride). 교만은 하나님을 대적하는 첫째의 악으로 지적된다.[44] 교만은 당시에 '모든 악의 여왕'(the queen of all the vices)으로 여겨졌다.[45] 교만(pride)은 금발이며, 매우 잘 다듬어진 머리를 가진 젊은 여인이다. 머리에는 두 개의 뿔이 있다. 옷은 화려한 황금색이며, 많은 금으로 장식된 옷이다. 무거운 옷이 살짝 바람에 날리는 물결 모습이다. 자태(姿態)와 바라보는 모습은 자부심을 보여준다. 칼을 가슴 쪽으로 끌어당기고 있으며 허리에 묶여 있다.

2) 탐욕

두 번째로 왼쪽에 탐욕(Avaritia)이 있다. 탐욕(avarice)은 부에 대한 만족할 수 없는 욕망이다. 탐욕은 또한 인색과 통한다. 탐욕 형

---

44) 잠언 6:16~17(여호와께서 미워하시는 것 곧 그의 마음에 싫어하시는 것이 예닐곱 가지이니 곧 교만한 눈과 거짓된 혀와 무죄한 자의 피를 흘리는 손과).
45) Skinner, 94.

상은 노파로 그려져 있다. 영양부족으로 얼굴에 살이 없어 보인다. 볼은 찌그러들어 있다. 옷의 소재는 매우 얇다. 흰색의 모자를 쓰고 있다. 모자는 바로 쓴 것이 아니라, 어깨에 걸쳐져 있는 모습이다. 머리는 다듬지 않은 모습이다. 앙상한 손으로는 길고 앞으로 구부러진 자물쇠를 들고 있다. 어깨에는 맹 조류의 두 날개를 갖고 있다. 이 날개는 강탈의 상징을 갖는다. 자신의 사리사욕에 매어 있는 사람은 어떤 것을 감수하고서라도 자신의 이득을 취한다. 탐욕한 사람은 주는 데서 인색하다. 아리스토텔레스는 인색을 방탕보다 더 큰 악덕으로 본다. 방탕한 사람은 그래도 혜택을 베풀지만, 인색한 사람은 심지어 자신에게도 인색하다.

3) 허영

세 번째 오른쪽에 여자가 있으며, 이는 허영(Vanagloria, Vainglory, empty pride)을 나타낸다. 허영은 욕심과 자기 영광을 추구하는 모습이다. 여자는 금으로 된 거울을 갖고 있으며, 붉은 옷을 입고 있다. 옷은 금색으로 되어 있으며, 잘 만들어진 모습이다. 옷에는 금과 보석이 달려 있다.

머리는 다른 여인들과는 달리 매우 공을 들여서 빗고 다듬은 모습이다.

금 거울을 쳐다보고 있는 모습은 자기 사랑과 자기도취에 빠져있음을 보여준다. 여자는 자기도취에 빠져 갈대가 바람에 약간 흔들리며, 자신의 오른손이 이미 회색으로 노화된 것을 보지 못한다.

2. 나쁜 정부의 통치 수단과 원리

전제군주를 둘러싸고 있는 보좌관은 6명으로 되어 있다. 이는 전제군주의 통치 수단이기도 하다. 왼쪽에 잔인(Cruelty), 배반(Deceit) 사기(Fraud), 오른쪽에 분노(Fury), 분열(Division), 전쟁(War)이 위치한다.

1) 잔인

잔인(Crudelitas)이다. 잔인은 나이 많은 여인으로 표현되어 있다. 머리는 길고, 흐트러져 있으며 어깨너머까지 걸쳐져 있다. 오른손으로는 갓난아이를 잡아 허공에 들고 있다. 뱀한 마리가 잔인 여인의 왼손에 들려져서 아기에게 다가오며, 갓난아이는 허둥대며 두려움에 떨고 있다. 얼마나 잔인하고 비인간적인 행위인가? 잔인 여자는 이를 즐긴다.

잔인의 모습은 다양하게 그려진다. 특히 아래 그림인 리차드 롤랜즈(Richard Verstegen Rowlands)(c. 1550~1640)의 '우리시대 이단의 잔인극장' (Theatrum Crudelitatum haereticorum nostri temporis, Theatre of the Cruelties of the heretics of our time)(1583)은 중세시대의 잔인한 행위를 고발한다. 일부 그림에서 보이는 잔인의 모습이다.

Schifmaticorum in Anglia crudelitas.

29

Ille vir, ad dominam quem Corduba miferat vr-
Vt daret ingrato vitæ præcepta Neroni, (bene,
Præmia pro meritis indigna morte recepit:
Sic quoque depofitum qui mentis, & intima Regis
Vifcera fcrutator pius obferuabat, eodem
More, fub ingrato pænas dedit ille Britanno.

D 3

HORRIBILIA SCELERA AB HVGONOTTIS
IN GALLIIS PERPETRATA.

Supplicij genus infolitum delectat acerbos
Tormenti artifices, nihil inclementia pæna
Linquit inexpertum, laniatáque funere longo
Vifcera crudeles explent dulcedine mentes.
Nec lethi repetunt genus, vt faftidia tollant
Cædis, & in varias fatiuntur lumina mortes.

55

HORRIBILIA SCELERA AB HVGONOTTIS
IN GALLIIS PERPETRATA.

Nec terris folum graffatur, at inuia reddit
Aequora, confcenfáque furit fauiffima claffe
Impietas, fluctufque facro fcelerata cruore
Inficit, externis Chriftum vt procul arceat oris.
Scilicet, vt genio quæ negligit ipfa nefando,
Per cædes adimat populis en dona remotis.

67

Horrenda tyrannidis genera à Geufijs
Belgicis peracta.

Non Scytha, Caucafeus nec qui tenet incola rupes,
Effera gens, tantum feritatis pectore geftat
Barbarico, non Etrufci tam dura tyranni
Jmperia, horrendo qui funere mortua viuis
Corpora iungebat; tua quàm, Caluine, tyrannis,
Et portenta tui finxerunt quanta Miniftri.

▪ Theatrum Crudelitatum Haereticorum nostri temporis. Permalink: http://www.mdz-nbn-resolving.de/urn/resolver.pl?urn=urn:nbn:de:bvb:12-bsb10005769-4.

2) 배반

잔인 여인 옆에 배반(Proditio) 형상은  잘 차려입은 시민의 모습으로 앉아 있다. 이 남자는 모자를 쓰고 있다. 모자는 매우 섬세하게 짜여 있다. 그의 무릎에는 양 새끼가 있으며, 양의 털은 부드럽게 보이지만, 그러나 꼬리는 전갈의 무시무 시한 독침이 달려 있다. 양의 탈을 쓴 이리 모습이다. 배신은 전갈의 독침 을 갖고 있다.

3) 사기

사기(Fravs, Fraud 詐欺)는 특이한 모습이다.  긴 금발을 하고 있어 여자 같은 모습이지만 오 른쪽으로 들려진 얼굴을 보면 남성에 가깝다. 또한, 양 턱수염은 여자에게 맞지 않는다. 사기 인간은 남자도 아니며, 여자도 아닌 모습이다. 이런 유형은 사람이 아니라, 동물과 인간의 중 간 유형에 속한다. 사기의 한 손은 옷 안으로 가려져 있다. 다른 한 손은 사람의 손이 아니 라, 털이 난 갈색의 말굽을 보여준다. 등 뒤에 있는 박쥐 날개는 그가 지옥에서 나왔음을 보여준다.

4) 분노

인간은 다양한 감정적 욕구를 가지고 있다. 사랑과 미움, 기쁨과 슬픔 등이 있는 반면, 희망과 절망, 담대함과 두려움 그리고 분노가 있다. 토마스 아퀴나스는 각 전자를 호의적 욕구로, 각 후자를 적대적 욕구로 구분하였다. 상대가 나를 경시할 때 분노가 일어나며, 분노의 양태는 격분, 원한, 앙심 등으로 나타난다. 분노는 신체의 증상을 유발하여 말과 신체의 폭력을 수반한다.[46]

로렌제티가 나쁜 정부에서 보여주는 분노는 어떠한가? 그림 오른쪽으로 전제 군주 바로 옆에 한 상상의 동물이 있다. 분노(Fvror, Furor)는 사람이라기보다 짐승이다. 몸은 갈색 털로 덮여 있으며, 4개의 발로 서 있다. 하체는 말과 비슷하며, 앞 두 발에서 하나는 구부러져 있지 않고 반듯하다. 그러나 뒷발은 늑대와 같이 두 개의 발톱이 달린 발이다. 꼬리도 동물에서 보는 그런 정상적인 꼬리가 아니라 독침이 달려 있다. 앞가슴 쪽으로는 두 팔이 있는데 사람의 팔 모습이다. 머리는 사람도 아니고 말도 아닌 멧돼지 얼굴이다. 가슴은 갑옷으로 되어 있으며, 짧은 단창이 들려 있다. 분노가 힘의 사용으로 나타나는 폭력을 보여준다. 동물같이 일어나는 분노는 부정의에 대해 분노하는 것이 아니라, 인간을 대상으로 하는 폭력이다.

---

46) 서병창, 토마스 아퀴나스의 분노 개념, 인간연구 제19호, 2010, 47~76.

5) 분열

분열(Divisio, Divisio)은 긴 금발 머리를 한  젊은 여자모습이다. 단순한 옷은 흐트러져 아래로 걸쳐져 있으며, 두 가지 색이다. 반은 흰색이며, 다른 반쪽은 검은색이다. 흰색 옷 부분에 단어 Si(Yes)가, 검은색 부분에는 No(No)가 쓰여 있다. 분열은 나무토막을 자르고 있다.

6) 전쟁

전쟁(Gverra, Guerra, riot, disturbance) 여인도  역시 젊은 여인이다. 투구, 칼 그리고 둥근 방패로 무장하고 싸움에 준비된 모습이다. 방패와 들어올린 칼은 공격하는 모습을 보여준다. 오른쪽 그림에서 분노는 분열을 낳으며, 분열은 전쟁을 이끌고 있음에 주목해야 한다.

3. 나쁜 정부 효과

나쁜 정부에서 도시는 파괴되었으며, 사람들은 위층에서 아래로 기왓장을 던진다. 이런 도시에서 시장은 형성되지 않는다. 상업이나 수공업은 번창하지 못한다. 이곳에서 이익을 내고 생산되며 거래되는 것은 단지 무기와 갑옷들이다. 대장장이는 농기구를 만드는 것이 아니라, 싸움 무기를 만들고 있다.

타락한 군주는 자신에게 만족을 하지 못한다. 그는 포악과 겁탈을 행하고, 정의와 공의를 발로 밟고 일어서며, 백성을 속여 빼앗고, 백성을 두려움에 몰아넣으며, 백성의 산업을 빼앗아 자신의 아들에게 준다.

◆ 평화의 파괴

전제 군주인 참주의 통치하에서의 모습을 보면 그 발아래에 우리에게 익숙한 여인이 바닥에 끌려 내려와 있다. 이 여인은 선한 군주 아래서

는 우아한 자태를 갖고 있던 바로 그 '정의 여인'이다. 앞에서는 통치 의자에 앉아서 우아한 모습을 보여주었다. 여기서는 애처로운 모습을 보여준다. 왕관은 벗겨져 있고, 포승으로 묶여져 있으며, 옷은 벗겨져 있다. 머리는 흐트러져 있다. 손만 묶여 있는 것이 아니라, 발까지도 묶여 있어서 움직일 수 없다. 백성과 연결된 끈은 아무 쓸모없이 되어 있다. 사회를 통합하는 조화의 끈은 정의 여인을 묶는 데 쓰이고 있다.

오른쪽과 왼쪽으로 바닥에 떨어진 접시들이 뒹굴고 있다.

◆ 폭력과 살인

포박되어 바닥에 내팽개쳐진 정의 여인 옆에서는 무슨 일이 일어나고 있는가? 살인과 폭력이다. 그림(상태가 좋지 않음)에서 턱수염이 난 관료는 무장하지 않은 두 명의 시민을 찌르고 있다. 그 관료는 빼든 칼로 쳐다

보는 시민을 위협하고 있다.

앞쪽으로 방향을 돌리면 길바닥에 한 사람이 내동댕이쳐져 있다. 한 젊은 여인이 자신의 집 문 쪽을 바라본다. 자기 남편의 시체가 발 앞에 놓여 있다. 그는 살해를 당했고, 모자는 땅에 떨어져 뒹군다. 피는 여전히 생생하게 흐른다. 땅은 붉게 물든다. 이런 모든 불행한 장면을 보고서도 중앙의 옆에 있는 한 쌍은 아무렇지도 않은 듯이 지껄인다.

오른쪽 옆으로는 창과 방패로 무장하고, 귀족 같이 옷을 입은 두 남자가 한 젊은 여인의 팔을 붙잡고 있다. 여인은 붉은 옷을 입고, 머리에는 금으로 된 화관을 쓰고 있다. 금발로 빗은 머리가 흐트러져 있고, 힘없이 대낮에 성폭력을 당하고 있다.

로렌제티는 여기서 하박국 선지자의 외침을 들려준다. 하박국 선지자는 내가 내 눈으로 패역을 볼 수밖에 없고, 겁탈과 강포가 내 앞에서 일어나고 있다고 탄식한다. 이 모든 패역은 정의가 전혀 시행되지 못하며, 정의가 굽었기 때문이다(하박국 1:3~4).

포박된 정의 여인 아래에 이를 해석하는 글귀가 쓰여 있다. 그 첫 문장은 다음과 같이 시작한다.

"정의가 포박된 곳에서는 결코 어느 누구도 안녕(安寧)을 가질 수 없다"

◆ 환경파괴와 피폐

도시와 마찬가지로 들판은 경작되지 않았고, 마을은 불에 타서 연기가 나는 모습이다. 광포함이 휩쓸고 지나간 자리에는 농사짓는 사람들을 볼 수가 없다. 모든 것이 잿더미가 되어 있다.

좋은 정부에서는 자연 환경이 지속적으로 관리되고 있는 반면에 나쁜 정부에서는 그렇지 않다. 나쁜 정부는 환경과 생태계를 파괴한다.

◇◆ 로렌제티의 경고

도시로 가는 입구에는 다음과 같은 글귀가 쓰여 있다.

"모두가 지상에서 자신의 이익에만 관심을 두기 때문에, 정의는 전제군주에게 던져졌다. 그러므로 거리에서는 어느 누구도 자신의 생명에 대한 두려움을 느끼지 않고 지나갈 수 없다. 성문 안이나 밖에서나 모두가 강도를 당한다."

제4장 로렌제티, 왜 정의인가?

암브로조 로렌제티의 좋은 정부와 나쁜 정부는 통치자가 추구하는 가치와 통치원리에서 그리고 통치의 효과에서 대조가 된다. 좋은 정부의 제1 가치는 정의이다. 정의는 좋은 정부에서는 분명히 우선적 위치를 차지한다. 좋은 정부에서 정의는 두 번 등장한다. 정의는 먼저 시 정부의 통치구조에서 구성요소가 된다. 정의는 통치자에게는 본인의 의지이며 책임이다. 다음은 사회전체에서의 정의이다. 국가와 사회에서의 정의이다.

좋은 정부와 나쁜 정부의 구분은 롤즈가 말하는 사회제도의 제1덕목으로 정의가 채택되었는지의 여부에 달려있다. 전제군주는 정의를 배척한다. 전제군주는 모든 수단을 동원해 정의를 포박하여 바닥에 내팽개친다.

한나 아렌트는 전체주의의 기원을 분석하면서, 좋은 정부와 나쁜 정부에 따른 통치형태의 분류는 플라톤에서 칸트 사이의 2500년 동안 거의 변한 것이 없었다고 본다. 반면 20세기의 나치즘과 스탈린주의의 전체주의 체제는 인류가 경험해보지 못한 완전히 새로운 통치형태라고 본다. 전체주의는 독재 전제정치에서 낯익은 통치수단을 가져와 정교하게 체계적으로 응용하였다 ― 잔인(Cruelty), 배반(Deceit), 사기(Fraud), 분노(Fury), 분열(Division), 전쟁(War).

전제정치의 지속은 전체주의 정치로 이어진다. 전체주의 지배 원리와 수단은 다음과 같은 특징을 갖는다.[47]

- 한 사람(One Man)의 지배이다.
- 전체주의 지배는 모든 자유의 전제가 되는 것을 파괴하며, 행동할 수 있는 인간 자체의 능력을 제거한다.
- 전체주의는 법치주의를 초월하는 통치형태이다. 법치의 정당성을 부정한다.
- 실정법의 합법성을 무시하고, 법적 합의를 파괴한다.
- 테러는 전체주의의 본질이다.
- 전체주의는 이데올로기이다.
- 전체주의는 사회적, 법적, 정치적 전통을 파괴한다.
- 전체주의는 군대의 권력을 경찰(비밀경찰) 권력으로 바꾼다.

나쁜 정부의 최극단에 전체주의가 있으며, 그 통치의 수단은 테러이다. 그 테러는 목적을 실현하는 수단을 넘어 목적 없는 과정이 된다. 아렌트는 『전체주의 기원』 서문에서 '절대 악'(absolute evil)에 대해 다음과 같이 쓰고 있다. "절대주의의 마지막 단계에서는 절대악(인간적으로 이해할 수 있는 동기에서 추론해낼 수 없기 때문에 절대적이다)이 출현한 것이 사실이라면, 마찬가지로 이 절대 악 없이 우리는 결코 악의 진정한 근본 성격(the truly radical nature of Evil)을 알지 못했으리라는 것도 사실이다."

잔인은 테러와 폭력의 심리적 속성이다. 권력은 목적 자체이며, 언어

---

47) 한나 아렌트, 이진우·박미애 역, 전체주의 기원 2, 한길사, 2006, 257~284.

행위로 나타나지만, 폭력은 목적을 달성하는 수단으로 작동된다. 테러나 폭력은 근본적으로 정당하지 않기 때문에 사후적으로 이를 정당화하고자 한다. 폭력이 정당화되는 경우에는 전쟁이나 혁명에서와 같이 다만 그 정당화하는 것이 정치적 한계를 구성할 때(가령 새로 시작함)이다. 폭력 자체가 정당화되거나 미화된다면 그때 폭력은 더 이상 정치적이지 않으며, 반정치적(antipolitical) 의미를 갖게 된다.[48]

한나 아렌트는 권력과 폭력은 교환될 수 없다고 본다. 권력과 폭력은 대립적이고, 폭력은 소유의 가능성을 가지며, 한 개인이나 소수의 현상으로 나타난다. 권력의 근원은 사람들 사이에 벌어지는 공동행위이기 때문에, 권력은 다원성이라는 연대가 전제된다. 폭력의 특성은 그 비언어성에 있다. 그래서 정치적 행위에서 말이 사라지면 이는 타락하여 폭력으로 나타난다.

벤야민은 모든 폭력은 수단으로서 법정립적이거나 법보존적이라고 본다.[49] 경찰은 법적 목적을 위한 강제력(처분권)을 갖지만, 이와 동시에 광범한 영역에서 스스로 설정하는 권한(명령권)을 가진다. 그래서 문명국가들의 생활에서 경찰은 포착할 수 없으면서도 도처에 퍼져있는 유령으로 출현하는 것과 마찬가지로, 경찰의 폭력도 무형적이다. 나쁜 정부에서 경찰은 법의 권리를 가로채고, 법을 침탈한다. 이런 경찰의 폭력은 정당성이 취약한 권위주의 국가에서 더욱 그러하다. 왜냐하면 경찰이 존재하는 곳에 법정립적 폭력과 법보존적 폭력이 정확히 분간되지 않기 때문이다. 그래서 근대 경찰은 벤야민이 폭력의 비판이라고 부른 담론을 구조 짓는 두 가지 폭력 사이의 구분을 소멸(해체)시킨다. 이는 권위주의 국가에서 폭력이 최대한 타락한 모습이다.[50]

---

48) 한나 아렌트, 홍원표 역, 혁명론, 한길사, 2004, 10.
49) 발터 벤야민, 최성만 역, 역사의 개념에 대하여 폭력비판을 위하여 초현실주의 외(발터 벤야민 선집 5), 길, 2008, 96.
50) 자크 데리다, 법의 힘, 진태원 역, 문학과 지성사, 2004, 97.

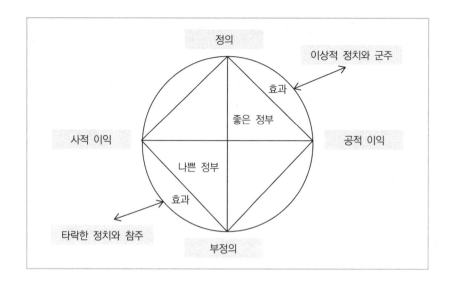

정의

이상적 정치와 군주

효과

좋은 정부

사적 이익

공적 이익

나쁜 정부

효과

타락한 정치와 참주

부정의

좋은 정부에서 군주는 1) 정의와 2) 공적 이익을 추구한다. 반면 나쁜 정부에서 전제군주인 참주(僭主)는 1) 정의를 부정하며 2) 개인의 사적인 이익을 추구한다. 나쁜 정부에서는 자신의 좋음(가령 권력유지)에 도움이 된다면, 이를 추구하기 위해서 기꺼이 정의를 버리며, 정의를 부정한다. 군주가 사적인 이익을 추구하는 참주로 될 때 시 정부, 기관의 관료(magnate), 지배 엘리트들도 서로 결탁하여 집단적인 억압(collective op-pression)을 행사하는 군주체제(Signoria)[51]로 타락한다.

나쁜 정부의 통치형태는 오늘날 다수의 아프리카의 국가에서 찾을 수 있다. 아프리카의 다수 국가들은 여전히 사적 이익을 추구하는 통치를 특징으로 한다. 아프리카 집권자들은 금, 다이아몬드, 석유, 광물들을 '나의 재산'으로 여긴다.[52] 국민재산을 나의 소유물로 여기는 타락한 아프리카 지도자들은 뱀파이어로 비유되기도 한다.[53] 아프리카의 저발전과 부

---

51) Signoria(lordship)는 이탈리아 중세에 나타난 시정부의 형태이다. 이는 통치에서 공화체제(republican institutions)와 대비된다.
52) 윤상욱, 아프리카에는 아프리카가 없다, 시공사, 2013, 145.

패는 유럽의 식민지 지배와 영향도 있지만, 현지의 부패한 지도자의 책임 또한 결정적이다.

로렌제티의 좋은 정부와 나쁜 정부 알레고리는 당시의 시에나의 정치현실보다, 정치적 이상과 방향을 제시하였다. 그의 메시지는 지배 계급과 지배 엘리트에게로 향한다. 그의 좋은 정부와 나쁜 정부에의 접근은 덜 신학적이며, 사람 중심적이다.

로렌제티의 좋은 정부와 나쁜 정부의 알레고리에서 보여주는 정의의 효과는 다음과 같이 정리할 수 있다.

1) 정의와 평화

정의와 평화는 불가분의 관계다. 정의가 보장되는 좋은 정부에서는 모두가 안심하고 평안히 걷는다. 좋은 정부에서 정의는 인간 사랑으로 나타나며, 삶에 평화와 평온을 가져다준다. 전체주의 체제에서는 참주 한 사람만 빼고 모두 평안히 다닐 수 없다.

2) 정의와 법질서

좋은 정부에서는 분배적 정의(iustitia distributiva)와 교환적 정의(iustitia commutativa)가 해석되어 있다. 법의 준수와 차별 없는 집행이 정의이다. 법은 재벌이나 가난한 자나, 힘 있는 권력자나 힘없는 자 모두에게 평등해야 한다. 시민의 올바른 행위는 법에 대한 준수로 나타난다. 정의 여인

---

53) 로버트 게스트, 김은수 역, 아프리카, 무지개와 뱀파이어의 땅, 지식의 날개, 2009.

위에 있는 지혜의 신은 신의 법과 인간의 법 간의 관계에 대한 묘사이다. 신의 법(자연법)이 인간이 만든 법에서 실현되는데, 신의 지혜를 통해 정의가 해석되며, 신의 지혜는 인간의 정의를 인도한다.

정의는 반드시 찾아온다. 이것이 또한 정의에서 진리이다. 사람들은 정의에서 시간적 요소를 고려하지 않는다. 그러나 신은 정의에 시간을 고려한다. 인간의 불의는 시간이 지나면 드러나게 되어 있다. 신은 심판을 하되, 정의로 심판을 한다.

3) 정의와 사회통합

정의 여인을 돕는 두 천사에서 내려오는 끈은 조화 여인을 거쳐 사회를 대표하는 24명에게 연결되어 있다. 끈은 그들 중앙으로 지나며 모두가 이 끈을 붙잡고 있다. 전체 사회를 연결하고 있는 정의의 끈은 사회통합을 이룬다. 사회통합도 정의에서 시작하며, 정의로 마무리된다.

4) 정의와 사회복지

좋은 정부와 나쁜 정부의 효과는 당시 시대의 사회복지를 보여준다. 좋은 정부하에서는 도시와 시골을 포함하여 전체 사회가 번성하지만 나쁜 정부에서는 파괴되었다. 나쁜 정부에서 인간의 삶은 끊임없이 위협을 받는다. 무기를 만들고, 이를 사고파는 장사만 잘 된다. 사회복지의 기초가 정의이다. 정의가 부정된 가운데에서는 개별적 이익이 우선하여 추구되며, 그 결과는 부패다. 사회 복지의 토대는 정의이다. 로렌제티의 좋은 정부의 알레고리는 경제 살리기, 민생 챙기기가 정의를 부정하는 변명이 될 수 없음을 보여준다.

5) 정의와 인권

칸트 실천 윤리의 결론은 사람을 수단이 아닌 목적으로 대하는 것이다. 사람을 신분의 높고 낮음에 관계없이, 모두를 동일하게 존중(respect)하는 것이다. 사람이 사람을 사람으로서 존중해야 하며, 존중을 받아야 하는 것이다. 이는 사람은 모두가 자율적 결정을 할 수 있는 이성을 가진 존재이기 때문이다. 자본주의 사회에서는 자본을 가진 사람이 사람 대접을 받는다. 자본은 사회적 지위로 평가된다. 그래서 자본주의 사회에서 자본의 많음과 존경은 비례한다. 이는 자본주의의 역기능으로서의 '나쁨'이며 '악'이다.

정의는 일반적으로 강하고 큰 어떤 것에만 관여하는 이미지가 강하다. 특히 민주화 과정이나, 부당한 국가의 권력이나 정치권력에 대한 대항이나 또는 시민 불복종이 일어날 때 그러하다. 정의는 또한 사람에게만 관여하는 것으로 생각하기 쉽다. 그러나 정의는 인간과 더불어 사는 모든 피조물과 환경에도 관여한다.

좋은 정부의 효과에서 보면 새장이 창에 걸려있다. 새장은 장식으로만 존재하는 것이 아니다. 새장 안의 작은 새는 한 사회에서 약자이며 존재감이 없는 사람이 될 수 있다. 이들을 먼저 생각하고, 생존을 보장하고 존경을 하게 하는 것은 정의가 아닌가?

"내가 주릴 때에 너희가 먹을 것을 주었고, 목마를 때에 마시게 하였고 나그네 되었을 때에 영접하였고 벗을 때에 옷을 입혔고 병들었을 때에 돌아보았고 옥에 갇혔을 때에 와서 보았노라" (마태복음 35:36)

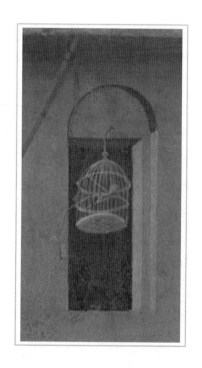

제2편

———

롤즈의 정의론

나쁜 정부와 정의

제1장 개관

나쁜 정부와
정의

1. 롤즈의 철학적 배경

존 롤즈(John Rawls 1921~2002)는 미국 정치철학자이다. 그는 1957년 "Justice as Fairness"(공정으로서의 정의)라는 논문을 발표하였다. 이 논문을 기준으로 한다면 그는 하나의 주제를 가지고 40년이 넘도록 연구한 학자이다.

롤즈는 1921년 볼티모어에서 태어났고, 1950년 프린스턴 대학에서 철학박사학위를 받았다. 학위를 받은 뒤 코넬 대학과 MIT 대학에서 연구와 강의를 하였다. 1960년 코넬대학에서 하버드 대학 철학과로 자리를 옮겨, 이곳에서 30년 이상 강의하였다. 롤즈는 2002년 11월 24일 매사추세츠 주 렉싱턴(Lexington)의 자택에서 사망했다.

롤즈의 생애는 미국의 정치사와 윤리철학, 미국사회의 변화에서 중요한 시기와 겹쳐진다. 그의 업적의 하나는 철학적 부분이다. 당시 정치철학, 윤리철학 등과 같은 분야는 하향 내지는 쇠퇴의 학문으로 여겨졌었다.

1950년대에 정치철학은 사망하였다는 판단이 일반적이었다. 이처럼 죽은 것처럼 보였던 정치철학이 롤즈를 통해서 다시 소생하게 되었다. 후대의 정치 철학가들과 이론가들은 롤즈에서 깊은 영향력을 받았다. 롤즈의 견해가 모두에게서 합의된 지지를 받지 못할 때에도, 당시 논쟁의 용어나 사용된 개념은 궁극적으로 그의 견해에서부터 나온 것이었다. 이런 이유로 오늘날의 정치 철학은 많은 부분에서 존 롤즈에 빚을 졌다고 말하는 것은 과장이 아니다.

롤즈의 학문적 업적을 살펴보기에 앞서 미국사회와 정치에 대해서 간단히 살펴볼 필요가 있다.

시대배경

롤즈는 프린스턴 대학교에 진학하였을 때에, 2차 세계 대전이 발발하자 군에 입대하였다. 그는 태평양의 뉴기니와 필리핀에서 복무를 하였다. 제대 후 복학하여 "인간의 특성에 의한 판단"으로 윤리철학 분야에서 철학박사학위를 받았다. 그는 2002년 81세로 사망하기까지 몇 번의 심장마비가 일어나 연구에 어려움을 겪었다.

『정의론』(A Theory of Justice)의 기초가 되는 핵심 사상은 1950년대 롤즈가 코넬 대학에 재직할 때 만들어졌으며 체계화되었지만, 실제 책은 1960년대에 쓰였다. 그리고 이는 1971년이 되어서야 출판되어 세상에 모습을 드러냈다. 당시의 시대적 상황을 보면, 미국사회는 1950년대 초반의 극단적 반공 운동의 부정적인 상황을 경험하였다. 이를 통해 사람들은 개인 권리의 중요성에 대한 공약이 지켜져야 함을 알게 되었다. 개인권리에 대한 공약은 미국 남부에서 커졌던 시민권 운동과의 연대감에 의해 더욱 강화되었다.

노예해방은 링컨 대통령을 통해서 법적으로는 이루어졌지만, 미국사회는 흑인들의 자유를 제한하였다. 흑인들은 다만 형식적인 법의 범주에서 머물면서, 여전히 온갖 차별을 받았다. 버스에서 좌석의 이용, 식당사용, 화장실 이용 등 일상생활에서 백인으로부터 차별적인 대우를 받았다. 로자 파크스(Rosa Lee Louise McCauley Parks, 1913. 2. 4.~2005. 10. 24.)가 '현대 민권운동의 어머니'로 불리게 된 계기는 다름 아니라 백인 승객에게 버스 자리를 양보하기를 거부한 데서 연유한다. 그녀는 백인 승객에게 자리를 양보하라는 버스 운전사의 지시를 거부한 죄목으로 경찰에 체포되었다 (1955. 12. 1.). 이 사건은 앨라배마주 몽고메리에서 382일 동안 버스 보이콧운동으로 이어져, 인종 차별에 저항하는 큰 규모로 커졌다. 마틴 루터 킹 목사도 이 운동에 참여하게 되었다. 그의 비폭력 운동은 미국사회에 큰 반향을 불러왔다. 마틴 루터 킹은 1968년 4월 테네시 주(州)의 멤피스 시(市)에서 흑인 청소부의 파업을 지원하다가 암살당하였다.

당시 미국사회가 또 다른 격랑에 빠지게 된 사건은 베트남전이다. 미국은 첩보활동 중이던 구축함이 격침되는 통킹 만 사건을 빌미로 1964년 8월 7일 북베트남에 폭격을 감행함으로써 전쟁에 개입하였다. 미국 내 베트남 반전운동은 1960년대 후반에 확산되었다. 1969년 10월 15일 수백만 명이 참여하는 반전 시위가 열렸다. 오하이오 주 켄트 주립 대학교에서는 대학생 네 명이 시위 진압부대의 총격으로 사망하는 사고가 발생했다. 반전 운동은 미국이 베트남 철군을 결정한 주요 원인 중 하나가 되었다.

롤즈는 이런 사회적 격랑기에 청년시절을 보냈다. 흑인을 중심으로 한 인종차별을 둘러싼 사회분쟁, 베트남 전쟁, 대학생 시위 등의 사건들은 분명 롤즈의 사상에 뚜렷한 영향을 끼쳤다. 비록 이러한 사건들과 동시대의 정치 사회적 사건들이 정의론 안에 명시적으로 언급되고 있지는 않지만, 그 흔적들은 시민 불복종에 대한 논의에서 보여주는 것처럼 책의 곳곳에 숨겨져 있다. 역사적 사건들과 사회문제들에 대한 롤즈의 고민이 그 연구에 들어 있다.

미국사회에서 복지 논의

롤즈는 단일하고 일관된 철학적 이론으로부터 개인권리와 사회경제적 공평성에 대한 강한 논쟁을 이끌어냈다. 롤즈는 개인 권리와 복지의 근대 자유주의의 지지에 대한 철학적 근본적 논거를 제공하며, 이를 본격적으로 논의하였다. 이와 관련하여 미국에서 사회정책을 살펴볼 필요가 있다.

미국에서 복지정책은 뉴딜정책시기에 많이 도입되었고, 복지기관들이 제도화되었다. 이는 복지제도에 대한 인식의 확산을 가져왔다. 흥미로운 것은 그때까지 서유럽과는 달리 미국사회에서는 사람들은 어떻게 이런 개인적 권리와 복지의 공약을 하나의 일관된 정치적 사상에서 정립시켜야 하는지 알지 못하였다. 반대로 복지주장은 전통 자유주의와 좌파적 사상(사회 민주주의, 사회주의 등)의 어떠한 것으로 여겨졌다.

롤즈는 실제 미국이 취한 특정 복지유형의 형태를 지지하지는 않았다. 롤즈의 생각은 단순히 특정 정당에 어떤 이념을 제공하는 것 이상으로, 철학적 문제에 더 깊이 연관되어 있었다. 당시 사회학적으로 지배적인 이론은 공리주의였다. 그러나 공리주의는 사회의 정의가 될 수 없었음에도, 공리주의에 대한 어떤 체계적인 비판이 부재하였으며 대안이 제시되지 못하였다. 이런 상황들에서 롤즈는 현실을 비판적으로 볼 수 있으며, 정의이론으로 내세울 수 있는 기준 갖춘 사회제도를 찾았다.

2. 롤즈의 저작에 대한 개요

- 『정의론』 개정판, 한국어·독일어·이탈리아어 번역서

롤즈의 가장 중요한 업적인 『정의론』은 1971년에 출간되었고, 개정판은 1999년에 출간되었다. 롤즈는 『정의론』 외에 다른 많은 저술들을 남기고 있다. 그의 주요 논문 중에 관심을 끄는 것은 다음과 같은 것이 있다.

「윤리학의 결정 과정 개요」(Outline of a Decision Procedure for Ethics) (1951)
롤즈는 이 논문에서 도덕과 정치 철학에 대한 정의의 기초적 설명을 발전시켰다. 그가 반사적 평형(reflective equilibrium)이라 부르는 기초 사상이 여기서 소개되었으며, 이는 그의 도덕과 정치 철학에 대한 저술의 초석이 되었다.

「규칙의 두 개념」(Two concepts of Rules) (1955)
롤즈는 이 논문에서 공리주의 비판의 틀을 만들었다.

「평등으로서의 정의」(Justice as Fairness) (1958)

롤즈는 공리주의를 대신하는 주장의 핵심을 제시했다. 이 글은 정의론의 윤곽을 보여준다.

『정의론』이 1971년에 출간되고 어느 정도 지났을 때, 롤즈는 그의 이론의 중요한 부분들을 재고하기 시작했다. 롤즈의 재의를 다루는 중요한 세 가지 논문은 'Kantian Constructivism in Moral Theory'(1980), 'Social Unity and Primary Goods'(1982), 'Justice as Fairness: Political Not Metaphysical'(1985)이다.

롤즈의 정의론에 대한 비판과 그의 새로운 견해들은 종합되어, 두 번째 책『정치적 자유주의』(Political Liberalism)(1993)로 출간되었다. 이 책은 78개 절로 구성되어 다루는 내용이 방대할 뿐만 아니라, 이해하기도 쉽지 않은 것으로 정평이 나있다.

3. 롤즈의 영향과 평가

롤즈의 학문적인 기여는 다음과 같으며, 그의 『정의론』은 고전의 반열에 올라있다.[54]

첫째, 롤즈의 『정의론』은 현대 도덕철학의 기념비적인 시도이다. 이는 20세기 중반에 정치철학의 학문영역을 도덕적인 면에까지 확대시키면서 이를 부흥시켰다. 1950년대에 정치적 철학은 가히 사망선고를 받은 상

---

54) Thomas Nagel, "John Rawls and Affirmative Action," The Journal of Blacks in Higher Education, Vol. 39(Spring, 2003), 82~84; Martha C. Nussbaum, "Conversing with the Tradition: John Rawls and the History of Ethics," Ethics 109(January, 1999), 424; Eric Gregory, "Before the Original Position: The Neo-Orthodox Theology of the Young John Rawls," Journal of Religious Ethics, Vol. 35. No. 2(2007), 180.

태로 여겨졌다. 이런 가운데 정의론은 이런 상황들을 반전시켜 놓았다. 정의론은 현재 전문 분야가 되었으며, 대학에서도 열띤 호응 가운데 강의되고 있다. 아마 대표적인 것이 한국에 알려진 하버드 대학 샌들 교수의 정의론 강의일 것이다.

둘째, 정의론이 공리주의의 도덕과 정치 철학 사이의 주도권 싸움을 결정적으로 종식시킨 것이다. 공리주의는 자유 민주주의 가치질서와도 부합하고, 정책 결정에서도 강력한 신뢰를 받는 이론이었다. 그러나 이런 공리주의의 독주는 롤즈를 통해서 제지되었다.

셋째, 정의론의 개념적 장치들이다. 정의론에는 새로운 개념들과 사상들이 나온다. 물론 롤즈가 책의 서문에서 자신의 독창적인 작품이 아니라고 하였음에도, 그를 통해서 많은 새로운 개념들이 만들어졌다. 가령 절차적 정의, 원초적 상황, 반성적 평형, 기본구조, 기본 가치, 공정한 상호관계 등의 정치 철학 개념들이다. 사람들은 처음에 롤즈가 무엇을 말하고자 하는지를 잘 이해하지 못하였다. 이런 오해는 초기 그의 책에 대한 비평에서 잘 드러난다.

넷째, 롤즈의 정의론을 통한 학문의 심화이다. 정의론을 중심으로 일어난 주요 논쟁의 하나는 1980년대의 공동체적 자유주의 논쟁이다. 이런 학문적 논의를 통해 정치철학은 사회과학의 분야에서 지평선을 넓혀갔으며, 많은 사람의 관심을 끌었다. 정의론의 적용과 응용 면에서도 모호성이 극복되어지며, 사람들은 지혜를 얻었다. 롤즈에 대한 관심은 철학자에 국한된 것이 아니라, 경제, 사회, 법학자들의 폭발적인 관심을 받고, 찬반을 이어갔다. 이런 이유로 사람들은 롤즈를 20세기의 가장 위대한 사상가로 칭송한다.

4. 정의론의 구성

책 『정의론』은 원 저서를 보아도 분량이 600페이지에 달하며, 그 내용을 처음부터 끝까지 일관되게 읽기가 쉽지 않다. 보통 집중력과 인내심으로는 독파하기 쉽지 않다.[55] 이는 특히 제3부 목적론에서부터 더욱 그러하다.

『정의론』 본문은 3개부로, 그리고 각 부는 다시 3개장으로 나누어져 있지만, 주제는 일관되게 논의되거나 배열되어 있지 않다. 여러 주제가 동시에 다루어지고 있는 것은 이 책이 쓰인 기술적인 방법에도 원인이 있다. 롤즈는 1960년대 중반쯤 『정의론』의 초고를 완성하였으며, 원고 분량도 훨씬 적었다. 롤즈는 여러 해 동안 강의와 동료들과의 학문적 대화를 통해 자신의 이론을 정교화시켰다. 이런 과정에서 롤즈는 원고를 교정하였고, 그 교정은 본문을 조정하기보다, 기존의 내용에 덧붙여 쓰거나, 새로 독립된 절로 보완하여 나갔다. 이런 작업방식으로 인하여 분량이 늘어났으며, 『정의론』은 총 87절로 완성되어 출간되었다.

- §§ 1~9 : 책 『정의론』의 주요 주장을 소개하고, 공정으로서의 정의와 공리주의를 대조한다. 이 서론에서 정의론의 주요 개념들이 설명되어 있다.
- §§ 11~17, 68 : 공정으로서의 정의 이론을 구성하는 정의의 두 원칙을 자세히 기술한다.

---

55) 롤즈의 『정의론』을 분석하여 이해에 도움이 되는 책으로 장동익, 롤즈(서울대 철학사상사연구소, 2005, 철학사상 별책 제5권 제14호)가 있으며, 이한의 『정의론』 공개강의(시민교육센터 www.civiledu.org)가 있다. 안내서로는 F.러벳, 김요한 역, 『롤스의 정의론 입문』(서광사, 2013)이 있다.

• §§ 20~26, 33, 29, 40 : 공정으로서의 정의의 기본적 주장을 제시하며, 동시에 공리주의 한계를 비판한다. 여기서 원초적 입장이 상세히 기술된다.

• §§ 31, 34~37, 43, 47~48 : 제2부 제도론를 이루며, 여기서 어떻게 공정으로서의 정의가 주요 사회적·정치적 기관의 제도 도안이 성립되는지를 논한다.

• §§ 44, 46, 18~19 : 세대간의 정의 문제를 다룬다.

• §§ 55~59, 87 : 정의와 시민 불복종의 문제를 논한다.

• §§ 60~87 : 제3부 목적론으로 3개의 장으로 구성되어, 합리성으로서 선, 정의감, 정의는 선인가 등을 다룬다.

롤즈의 『정의론』은 28개 언어로 번역되었다. 정의론이 출간되고 10년이 안되어 롤즈와 관련한 글이 2,500개나 발표되었다.[56] 이는 그의 학문적인 영향력과 그에 대한 관심을 보여주는 단적인 예가 된다. 북미와 유럽 대학에서 주요 교재로 채택되어 강독된다. 롤즈의 정의론은 명실상부한 고전이며, 앞으로도 읽히고 가르쳐질 것이다.

정의	원초적 입장 ⇨	공정한 합의	민주주의적 평등주의 ⇨	정의로운 사회
	⇧ 무지의 베일		⇧ 제1원칙: 자유의 원칙 제2원칙: 기회균등과 차등의 원칙	
	공리주의와 직관주의 배격		기본적 자유의 우선성	

■ 롤즈의 정의론의 구성

제2장 공정으로서의 정의

나쁜 정부와
정의

『정의론』의 1장에서 첫 3절은 정의의 역할(1절), 정의의 주제(2절), 정의론의 요지(3절)를 담고 있다. 여기서 롤즈는 자신의 정의에 대한 사상의 윤곽을 다루며, 소개하고 있다. 도입 부분은 전체 본문의 안내 역할을 하므로, 책 전체에서 논의되어 전개되는 주요 개념과 내용이 담겨 있다. 따라서 본 장에서는 정의론을 논하는 데 있어 소개되는 주요 개념들을 정확히 이해해야 한다.

1. 정의의 역할 (§1)

제1절에서 롤즈는 정의의 역할에 관해 기술한다. 첫 단락은 롤즈에게 있어서 '정의의 헌장'이라 불릴 만큼 정의의 중요성과 롤즈의 사상을 집약하여 동시에 보여준다.

사회제도의 제1덕목으로서 정의

"사상 체계의 제1덕목을 진리라고 한다면 정의는 사회제도의 제1덕목이다. 이론이 아무리 정치(精緻)하고 간명하다 할지라도 그것이 진리가 아니면 배척되거나 수정되어야 하듯이, 법이나 제도가 아무리 효율적이고 정연하다 할지라도 그것이 정당하지 못하면 개선되거나 폐기되어야 한다. 모든 사람은 전체 사회의 복지라는 명목으로 유린될 수 없는 정의에 입각한 불가침성(inviolability)을 갖는다. 그러므로 정의는 타인들이 갖게 될 보다 큰 선을 위하여 소수의 자유를 뺏는 것이 정당화될 수 없다고 본다. 다수가 누릴 큰 이득을 위해서 소수에게 희생을 강요해도 좋다는 것을 정의는 용납할 수 없다. 그러므로 정의로운 사회에서는 평등한 시민적 자유란 이미 보장된 것으로 간주된다(36)."[57]

1. THE ROLE OF JUSTICE

Justice is the first virtue of social institutions, as truth is of systems of thought. A theory however elegant and economical must be re-jected or revised if it is untrue; likewise laws and institutions no matter how efficient and well-arranged must be reformed or abol-ished if they are unjust. Each person possesses an inviolability founded on justice that even the welfare of society as a whole can-not override. For this reason justice denies that the loss of freedom for some is made right by a greater good shared by others. It does not allow that the sacrifices imposed on a few are outweighed by the larger sum of advantages enjoyed by many. Therefore in a just society the liberties of equal citizenship are taken as settled;[58]

---

57) 이하 글에서 인용은 『정의론』(황경식 역, 이학사, 2003) 번역서에 따랐으며, 해당 쪽을 표기하였다.
58) John Rawls, A Theory of Justice, 3revised edition, Harvard University Press, 1999, 3.

롤즈의 정의에 대한 선언은 다음과 같다.

첫째, 정의는 사회제도의 제1덕목이다.

둘째, 정의의 우선성(우위성)이다.

정의가 사회제도의 제1덕목이라는 것은 롤즈의 기본 사상이다. 하나의 사상체계가 아무리 심오하고 명료하게 제시되었어다 해도, 그것이 진리가 아니라면 배척될 수밖에 없다. 마찬가지로 법이나 제도가 아무리 효율적이라 하더라도, 그것이 정당하지 못하다면 폐기되거나 개선되어야 한다. 정의는 법과 제도의 정당성을 평가해주는 제1기준이 된다. 이런 정의에 대한 사상은 사상체계의 진리와 비교된다. 사상이 진리가 아니라면 쓸모없는 것처럼, 사회제도도 정의롭지 못하다면 받아들여질 수 없다.

두 번째 정의의 우선성에 대한 선언은 공리주의에 대한 분명한 반대 견해를 취한다. 개인은 정의에 입각한 불가침성(inviolability)을 가진다. 이는 국민 행복을 우선시하는 어떤 사회 복지의 명목으로도 정의를 넘어 우위에 설 수 없다. 즉 타인들이 갖게 될 보다 큰 선(이득)을 위하여 소수의 자유를 빼앗는 것은 정당화될 수 없다. 다수가 누릴 더 큰 이득을 위해 소수에게 희생을 강요해도 좋다는 정의는 용납될 수 없다. 정의는 사회 복지라는 명목으로도 유린당할 수 없는 불가침성을 가진다. 정의로운 사회에서는 평등한 시민적 자유가 보장된다. 이 모두는 정의의 우위성에 대한 신념의 표현이다.

위와 같이 정의와 관련된 가장 좋은 논의는 노예제도이다. 노예제도가 과거에서와 같이 어떤 사회에서(가령 플라톤의 이상국가에서) 노동 형태를 경제적이며 효과적으로 할당하는 제도라고 가정해보자. 롤즈는 이런 경제적인 문제는 문제대상이 아니라고 본다. 왜냐하면, 정의는 경제 능률보다 더 중요하기 때문이다.

법이나 정책을 논할 때 항상 따라다니는 문제 중의 하나가 합법성 (Legalität)과 정당성(Legitimaität)이다. 합법성은 형식과 과정에 관련된 문제라면, 정당성은 정의와 관련된 문제이다. 정당성은 제도, 법률, 인물에 대해 피치자가 '수용하고 인정하여 받아들이는 것'(Anerkennungswürdigkeit)을 말한다. 정부는 법과 정책에 대해 과정이나 형식을 통해 합법성을 내세우며 정당성을 갖는다고 주장한다. 그러나 정당성은 당사자가 주장한다고 하여 주어지는 것은 아니다.

나치시대에 독일 제국의회는 1935년 9월 15일에 만장일치로 일명 '혈통보호법'(Blutschutgesetz)을 통과시켰다. 이 법의 취지는 독일인의 순수한 혈통을 보존하며 독일 가정을 보호한다는 것이었다. 유대인과 독일혈통을 가진 독일인간의 결혼과 성관계를 금지하였었다. 독일 영토 밖에서 이루어진 결혼도 무효로 되었다. 유대인은 45세 이하의 독일 여성을 가사일에 고용할 수 없도록 하였다. 이 법률에 저촉하는 자는 감옥에 갈 각오를 해야 했으며, 당시 일부 학자들은 이 법이 합법(legal)하다고 평가하였다. '혈통보호법'과 같은 인종차별적인 법이나 제도는 법의 절차나 형식을 떠나 정당성을 갖지 못한다. 이는 인간의 기본권리를 침해하는 것으로서 부정의(不正義)하기 때문에, 당연히 버려져야 한다.

정의는 사회제도의 제1덕목이라는 것이 롤즈의 첫 번째 주장이다.

2. 사회 (§1)

롤즈는 정의가 수행하게 될 역할을 규정하기에 앞서 먼저 사회에 대해 기술하고 있다. 왜냐하면, 정의가 작동되는 곳은 바로 사회이기 때문이다. 롤즈는 사회를 어떻게 보는가? 사회는 "그 성원 상호 간에 구속력을 갖는 어떤 행동 규칙을 인정하고, 대부분 그에 따라서 행동하는 사람들로 이루어진 것"(36~37)이다. 사회를 일종의 '협력체계'로서 설명한다.59) 롤즈의 사회에 대한 개념규정은 구성원, 구성원의 행동 규칙을 주요 요소로 들고 있다.

롤즈의 사회에 대한 이해에 한 예를 보자. 누군가 IT 기업을 창업한다고 하자. 여기에는 자본조달, 기술개발, 마케팅 등 최소 전문 인원 세 명이 필요하다고 하면, 세 명은 기업의 창업에서 성공을 위해서 상호간 협력이 필요하다. 이런 방식으로 롤즈는 규모가 크고 복잡한 사회를 협력체계로 정의하고 있다.

공정한 협력체계(a fair system of cooperation)로서 사회의 개념에서 롤즈는 '협력'의 특성을 보여주고 있다.60)

• 협력은 사회적으로 조정되는 것과 다르며, 협력 당사자에 의해서 조정되는 것이다.

• 협력은 공정한 조건(terms)의 개념을 포함한다. 협력에 종사하는 모든 사람은 규칙과 절차에 따라 적절한 방식으로 이득을 얻어야 한다. 이 상호성은 정의의 원칙에 의하여 표현된 시민간의 관계가 된다.

• 사회적 협력 개념은 각 참여자의 합리적 이익 또는 선(good)의 개념을 요한다.

롤즈의 사회에 대한 개념규정은 우리가 보통 이해하고 있는 사회개념과 크게 다르지 않다. 다만 롤즈가 보는 사회는 구성원 상호 간의 이득을 위한 협동체로서만이 아니라 다른 특성이 있음을 강조한다. 즉, 사회는

---

59) John Rawls, Erin Kelly, Justice as Fairness: A Restatement, Harvard University Press, 2001, 5
60) 정치적 자유주의, 장동진 역, 동명사, 1998, 18~21; John Rawls, Erin Kelly(ed.), 2001, 6.

이해관계의 일치뿐만 아니라 이해관계의 상충이라는 특성도 갖고 있다.

이해관계가 상충하는 이유는 1) 서로 추구하는 목적과 자원이 비슷한데, 이에 공급할 자원은 충분하지 않으며 2) 사람은 본능적 이기심을 갖고 있기 때문에 누구나 자신의 노력으로 얻어지는 산출을 분배하는 방식에 대해 무관심하지 않기 때문이다. 사람들은 또한 자신들의 목적을 추구하기 위해 적은 몫보다 큰 몫을 원한다(37). 이는 이해관계가 상충하는 이유를 설명해주며, 다른 한편에서는 정의가 요구되는 주관적 상황이 된다.

롤즈는 정의가 인간사회가 존립하기 위한 유일한 선결 조건은 아니라고 본다(39). 왜냐하면, 사회가 사회로서 유지되며 지속되기 위해서는 조정, 효율, 안정과 같은 기본적인 조건도 갖고 있기 때문이다. 이런 주제는 이미 파슨즈(T. Parsons)의 기능주의 이론에서 논의되어 오고 있다. 그러나 정의관은 기본적인 권리와 의무를 구체적으로 명시해주고, 배분의 몫을 정해주며, 이런 방식은 효율·조정과 안정의 문제에 영향을 미친다.

기업을 창업한 3명이 후에 이익을 나눈다고 하자. 이들은 어떻게 나눌 것인가에 대한 분배의 원리를 가지고 있어야 한다. 분배의 원리에 서로 합의하지 못한다면, 이들은 더는 공동으로 회사를 운영하지 못하게 되므로 헤어질 것이다. 여기서 3명으로 구성된 기업을 사회 전체로 확대하여 적용하면 어떻게 될까? 기업인, 공무원, 정규직, 실업인, 비정규직, 노인, 주부, 어린이 이 모두를 포함하는 전체 사회가 된다. 모든 사회 구성원들도 당연히 서로 협력을 통해 산출된 것에 대해, 어떻게 분배할 것인가에 대한 큰 관심이 있다. 어떤 분배방식을 택할 것인가에 따라 자신에 할당될 몫은 달라진다. 어떤 사회체제를 택하는가에 따라서 그 사회 구성원의 분배 몫은 달라진다.

협력체계인 사회는 당연히 상충하는 이득의 분배를 조정하고 결정해줄 어떤 원칙들의 체계를 요구하며 필요로 한다. 이러한 원칙이 바로 정의의 원칙이다. 정의의 원칙은 사회제도 내에서 권리와 의무를 할당하는 방식을 제시해준다.

3. 정의의 주제 (§2): 사회의 기본구조

우리는 일상적으로 법, 제도, 의사결정, 판단, 비난 등이 정의롭다거나 부당하다고 말을 한다. 롤즈가 다루는 정의의 대상은 이런 개별적인 특정행위에 대한 것이 아니라, '사회의 기본구조'(basic structure of society)이다. 사회의 기본구조는 "사회의 주요 제도가 권리와 의무를 배분하고 사회 협동체로부터 생긴 이익의 분배를 정하는 방식"이다(40).

여기서 간단한 사례를 통해 롤즈가 의미하는 바를 보자. 로빈슨 크루소가 표류하여, 무인도에 당도하였을 때이다. 로빈스 크루소 무인도 살아남기이다. 어느 누구도 자신의 행동에 간섭하는 사람은 없다. 여기에는 사회적인 행동이나 관계는 없다. 반면 난파한 배에서 두 사람이 살아남아 무인도에 당도했다고 보자. 이제는 불을 피운다든지, 고기를 잡는다든지 등의 역할분담이 있어야 한다. 즉, 주요 사회제도는 권리와 의무를 배분하고 사회협동체로부터 생긴 이익의 분배를 정한다.

왜 기본구조가 다른 제도들, 법 또는 경제나 문화와 같은 구성요소들보다 중요한가? 이는 각 개인의 행복에 자신의 노력, 행운 등이 작용하지만, 그럼에도 사회의 기본구조가 더 큰 역할을 하며 영향을 미치기 때문이다. 예를 들어 타임머신을 타고 시대를 거슬러 올라가다가 조선 시대에 태어났다고 가정해보자. 나의 삶과 운명은 어떠한가? 나의 삶은 누구의 집에 태어났는가에 따른 신분에 의해 결정된다. 서자로 태어난 홍길동을 여기서 떠올리는 것으로 족할 것이다. 마찬가지로 노예제가 있던 미국에서 노예의 딸이나 농장주인의 딸로 태어나는 경우, 그 인생은 과연 어떠한가? 하늘과 땅의 차이이다. 한국에서 영어 구사능력은 과연 개인적 노력에 의해서만 결정될까? 한국에서 영어 구사능력은 신분적 특권으로까지 여겨지기도 한다. 대학진학을 앞둔 두 사람이 있다고 하자. 한 명은 가난한 농부의 자녀이며, 다른 한 명은 해외 근무경험이 있는 다국적 기업(대기업) 임원의 자녀라고 해보자. 누가 영어를 더 잘할까? 누가 사회진출에 더 유리할까? 영어는 대학진학(특히 영어나 다른 외국어 특기로 전형하는 경우), 기업취업에 이어 사회적 지위에까지 영향을 미친다. 산업노동자 자녀와 재벌 자녀 간에 이들의 출발선은 다르다.

우리의 삶이 윤택해지는가 또는 성공하는가는 오직 우리 개인의 노력이 전부는 아니며, 그 외의 사회적인 요소가 있다는 것을 알 수 있다. 어떤 면에서 이런 사회적 요소가 결정적일 수도 있다.

우리나라 대기업 임원에서 여성이 차지하는 비율은 얼마나 될까? 미국의 기업지배구조 분석기관 GMI Ratings 조사에 따른 언론발표에 의하면, 노르웨이는 여성임원 비율이 36.1%, 스웨덴은 27.0% 등이고 선진국은 평균 11.8%이다. 한국은 조사 대상국가 45개국 중 두 번째로 낮은 1.9%로 조사되었다(한국경제 2003. 7. 7). 공기업에서 여성임원 비율은 이보다 더 낮은 0.6%이다. 한국 인구 구성에서 여성은 절반임에도 이와 같은 극히 낮은 여성임원의 비율은 어떻게 설명될 수 있을까? 여성들의 실력이 그만큼 낮아서일까? 그러면 골프 같은 스포츠에서 여성들의 활동은 어떻게 평가되는가? 결국 사회구조에서 그 원인을 찾을 수밖에 없다.

이에 대해 롤즈는 다음과 같이 말한다.

"이런 식으로 사회제도로 인해서 어떤 출발점에는 다른 출발점보다 유리한 조건이 부여된다. 이러한 것들은 특히 뿌리 깊은 불평등이라 할 수 있다. 그러한 것들은 지배적일 뿐만 아니라 인생에서 최초의 기회를 좌우하게 되는 것이다. 그러나 그것은 능력이나 공적이라는 개념에 의거해서도 정당화될 수 없는 것이다. 사회정의의 원칙들이 제일 먼저 적용되어야 할 부분은 어떤 사회의 기본구조 속에 있는 이와 같은 거의 불가피한 불평등인 것이다."(40)

우리는 롤즈의 주장과 우리가 이를 이해하며 받아들이는 것의 차이를 분명히 할 필요가 있다. 왜냐하면, 일부 사람들은 롤즈가 의도한 것 이상으로, 그의 주장을 과장하기 때문이다. 이런 오해는 마치 롤즈가 우리가 얼마나 잘 살 수 있는가는 전적으로 우리 사회의 기본구조에 의해 결정된다고 운명적으로 보았다고 판단할 수 있다. 그리하여 개인적인 공로를 논하는 것은 의미 없다고 보는 것이다. 그러나 이런 견해는 롤즈가 말하고자 하는 것과는 거리가 멀다. 앞으로 차등의 원리에서 보여주듯이 롤즈 자신은 그렇게 보지 않았다. 롤즈의 견해는 사회의 기본구조가 분명 어떤 영향력이 있으며, 그 영향력이 어떠하든 이는 개인적인 노력이나 공로의 범위를 넘어선다는 것이다.

사회의 기본구조가 우리 자신이 책임질 수 없는 방법으로 영향을 주기 때문에, 기본구조를 옳게 하는 것은 특히나 중요하다. 과거 노예제도에서 또는 성차별적 제도하에서 수많은 사람이 자신들이 인정받아야 할 가치에 훨씬 못 미치는 대우를 받았다. 이는 결국 자신의 운명이 사회의 구조에 의해서 나쁘게 결정되는 것이다. 그러면 어떠한 기본구조가 옳은 것인가?

아리스토텔레스에게 있어서 정의란 '각자에게 정당하게 속하는 바대로 의무를 이행하고 권리를 취하는 것'이다. 즉, 사람들에게 그들이 마땅히 받아야 할 것을 주는 것을 정의라 본다. 그러면 누가 무엇을 받을 자격이 있는가를 결정하려면, 이에 대한 기본구조가 있어야 한다. 가령 어떤 미덕에 영광과 포상을 주어야 하는가를 정하는 것이다. 이런 기본구조의 논의가 정의의 일차적 주제가 된다.

4. 철저한 준수론 (§2): 정의 연구의 제한

롤즈는 정의의 연구를 공공 정의에 의해 규율되는 사회 정의의 원칙을 검토하는 것으로 제한하고 있다. 개별적인 제도나 어떤 법이 정의로운가에 대한 논의는 제외된다. 가령 어떤 사람이 정의롭다든가, 또는 이혼, 낙태, 일부일처제 등과 같은 개별적인 논의는 제외된다. 사적인 모임, 또는 소규모 집단에서의 규칙이나 규범, 국제법이나 국제간의 정의, 또는 비공식적인 관습이나 습속은 의도적으로 제외된다. 롤즈는 이런 것은 정의론에서 간단히 다루며, 후기의 저서에서 더 상세히 다루고 있다. 롤즈는 이런 개별적인 문제들은 잠시 옆으로 미루어 놓고, 한 나라의 사회의 주요한 제도와 관행들에 집중한다.

롤즈는 연구범위를 "특수한 경우의 정의"만을 문제 삼는다고 하는데 이를 오해하면 안 된다. 여기서 특수하다는 것은 "폐쇄체제로 생각되는 사회의 기본구조"의 정의를 말한다(41). 또 다른 연구제한은 정의에 대한 논의 대부분은 앞으로 설명되는 '질서정연한 사회'를 규제하는 정의의 원칙에 국한된다는 점이다.

사회가 정의로운가에 대해서는 '철저한 준수론'(strict compliance theory)과 '부분적 준수론'(partial compliance theory)으로 나누어 논할 수 있다. 철저한 준수 이론은 사회의 기본구조가 협동의 이익과 배분을 모든 사람에게 그들이 노력하여 생산한 것들에 따라 배분한다. 이는 이익과 부담이 정당하게 분배되는 것이다. 가령 악한 자는 처벌되어야 하며, 피해자는 보상을 받아야 하고 어느 사람도 절도나 뇌물을 통한 부당이득을 가져서는 안 된다는 것이다.

부분적 준수론은 부정의(不正義)를 처리하게 될 방법을 규제하는 원칙들을 연구한다. 그래서 부분적 준수 이론은 사후 조정(ex post adjust-ment)의 것들을 말한다. 가령 이에는 처벌론, 정의로운 전쟁론, 시민 불복종, 양심적 거부, 무력적 항거나 혁명 등이 있다. 롤즈는 정의 연구에서 부분적 준수론의 문제도 다루지만(가령 시민 불복종), 기본구조를 다루는 정의, 즉, 철저한 준수론에 대해 가치를 두고 있다. 롤즈는 이런 기본구조로부터 출발하면서, 그 구조의 중요요소가 적용되는 데까지 넓혀 가면 된다고 본다.

롤즈는 정의 연구를 철저한 준수이론에 제한시켰고, 이것은 많은 독자로 하여금 그의 이론이 비현실적이라 비판받는 요인이 되기도 한다. 철저한 준수이론이 부분적 준수이론을 뛰어넘는 논리적 우세를 가진다는 것에는 또 다른 의미가 있다. 가령 어떤 특정 재산 일부가 도둑맞았다는 경우이다. 이를 판단하기 위해서는, 먼저 누가 그것의 합법적인 소유자인가를 확립해야 한다. 이는 다시 말해 첫 번째로 아무도 규칙을 깨지 않았다는 것을 확인하는 것이다. 이는 바로 철저한 준수이론이 하는 역할이다. 롤즈는 철저한 준수이론으로 연구를 제한하며, 정의에 대한 논의를 전개해 나가는 방법론을 취한다.

철저한 준수론을 먼저 연구하는 것은 시장의 특성을 연구하는 것과 같다. 시장의 특성을 연구하기 위해서 완전경쟁시장 모델을 먼저 연구하는 것이다. 완전경쟁시장은 경제학에서 가장 기본이 되는 시장 모델이지만 실제로 존재지지는 않는다. 완전경쟁의 조건은 첫째, 무수히 많은 생산자와 소비자가 똑같은 종류의 상품을 사고판다. 둘째, 거래를 위한 정보는 모두가 공유한다. 완전경쟁에서는 소비자끼리도 경쟁한다. 셋째, 생산자의 신규 진입과 퇴출도 자유롭다. 완전경쟁시장의 핵심은 개별 공급자와 개별 수요자가 전혀 가격에 영향을 미치지 못한다는 점이다. 이런 완전경쟁시장의 반대가 독점경쟁시장이다. 그 중간에 독점이나 과점시장이 있다. '슈퍼갑'이 왜 문제가 되는가?

이와 같이 완전경쟁시장의 상품의 공급자 숫자와 경쟁을 보면 다른 시장모델의 특성을 알 수 있다. 독점이나 과점 같은 불완전 경쟁시장을 연구하기 위해 먼저 완전경쟁시장을 먼저 연구하는 것이다. 이는 마치 롤즈가 철저한 준수론을 연구하고, 그 다음에 부분적 준수론으로 연구를 옮겨가는 것과 같다. 철저한 준수론을 먼저 살펴보고, 이를 기초로 시민 불복종과 같은 부분적 준수론을 나중에 다시 연구하는 방식이다. 이는 연구의 방법론인 것이다.

5. 질서정연한 사회 (§1)

모든 사회는 나름대로 질서를 가지고 있다. 규모가 작은 집단도 마찬가지이다. 롤즈는 질서정연한(well-ordered) 사회를 소개하고 있다. 질서정연한 사회는 "어떤 사회가 그 성원들의 선(good)을 증진해줄 뿐만 아니라, 공공적 정의관에 의해서 효율적으로 규제되는 사회"를 말한다. 질서정연한 사회는 공공적 정의관이 유효하게 규제기능을 수행하는 사회이다.[61] 질서정연한 사회의 개념이다.

첫째, 질서정연한 사회는 모든 구성원이 '동일한 정의 원칙'을 받아들이며, 다른 사람들 또한 이 원칙을 받아들인다는 것을 모두가 알고 있

---

61) John Rawls, Erin Kelly(ed.) 2001, 8.

는 사회이다.

둘째, 사회의 기본제도가 일반적으로 이러한 원칙을 충족시키고 있으며, 그 사실 또한 공적으로 알려져 있거나, 그렇게 믿을 만한 좋은 이유를 가지고 있다(37).

셋째, 이 사회의 시민들은 정상적인 효과적인 정의감을 갖고 있어서 이들이 정당하다고 생각하는 사회의 기본제도에 일반적으로 순응한다는 것이다(정치적 자유주의, 44).

사람들은 이런 정의 원칙들과 이 원칙이 사회에서 원리로서 인정되며 채택되는 것을 인식하며 공유한다. 사회 구성원들은 도덕적인 인격체로서 '사회정의'감을 가진다. 질서정연한 사회는 모든 것에서 조화를 이루고 있다고 말하는 것은 아니며, 상당할 정도의 수준에서 정의가 달성된 사회를 말한다.[62]

질서정연한 사회에서 공적인 정의감이 가져오는 유익은 구성원 상호 간의 굳건한 결합, 유대감, 사회통합이며, 사회의 제반 요구들의 한계를 정해주는 것이다.

"사람들은 상호 간에 비록 과도한 요구를 하게 될지도 모르나, 그 요구를 판정하게 될 공동의 입장을 인정하게 된다."(37)

---

62) 롤즈는 『정치적 자유주의』에서 '질서정연한 사회'의 개념을 수정하고 있다. 롤즈는 질서정연한 사회는 '고도로 이상화된 개념'이었다고 본다(45). 즉, 질서정연한 사회를 기본적 도덕적 신념을 공유하며, 무엇이 좋은 삶을 형성하는가에 대하여 '광범한 합의'가 존재하는 사회로 가정한 것이었다. 그러나 현재 우리가 사는 다원적인 민주적 사회는 이와 다르다. 현대 민주주의 사회에서 보여주는 포괄적인 종교적, 철학적, 도덕적 교리들의 다양성은 곧 사라질 성질의 것이 아니며, 민주주의 공적 문화의 영구적 특징을 이룬다. 합당하나 양립이 불가능한 교리들로 분열된 사회에서 '자유롭고 평등한 시민들의 화합(unity)'을 어떻게 이룰 수 있는가에 대한 질문에서 '질서정연한 사회'를 재정의(redefinition)하고 있다. 즉 질서정연한 사회는 더 이상 기본적인 도덕적 신념에 의해서 통합된 사회가 아니라, '정치적 정의관'에 의해서 통합된 사회이다. 이 통합문제에서 포괄적 교리들 간의 '중첩적 합의' 개념이 등장한다. 질서정연한 민주적 사회는 협회도 아니며, 공동체(community)도 또한 아니다. 공동체는 공유된 포괄적인 교리에 의해서 지배되는 사회이다.

질서정연한 사회에서 정의와 관련하여 주목해야 하는 사안은 사회의 합의 가능성이다. 사회는 자신에게 더 많은 이익을 가져오는 분배의 몫을 요구하는 사람들로 구성되어 있다. 이들도 자신들의 요구에 따른 서로 다른 정의관을 가지고 있다. 따라서 이런 상충하는 요구, 서로 다른 정의관을 조정해줄 필요가 있다. 롤즈는 바로 이러한 상충하는 요구들을 적절하게 조정해주는 규칙들이 정의로울 수 있는 조건을 갖춘 정의관을 제시한다.

"상이한 정의관을 가진 사람들은 개인들 간의 기본적 권리와 의무를 할당함에 있어 어떤 부당한 차별이 없을 경우, 사회생활의 이득에 대한 상충되는 요구를 적절하게 조정해줄 규칙들이 있을 경우 제도가 정의롭다는 점에 합의할 수 있다."(38)

롤즈의 견해로 볼 때, 사회통합은 이런 상이한 요구들을 조정해줄 정의관이 전제되어야 가능하다. 사회 구성원에서 합당하다고 인정되는 공통된 정의관은 개인 간의 권리와 의무뿐 아니라, 이득과 부담을 적절히 배분해준다. 이런 사회는 당연히 질서정연한 사회이다.

6. 고전적 공리주의 (§5)

§§5~6은 공리주의(utilitarianism)를 다루고, §§7~8은 직관론(intuitionism)을 다룬다. 롤즈가 이 두 경쟁이론을 선택한 것은 저서를 집필할 당시의 역사적 맥락에서 볼 때 충분히 이해가 된다.

롤즈가 『정의론』을 쓰기 시작한 것은 1950년대 말경부터이며, 1960년대까지 연구를 계속하였다. 당시 공리주의는 도덕과 정치적 철학을 지배하였고, 이는 한 세기 가량 지속하였다. 롤즈는 이런 공리주의를 주적으로 삼고 비판한다. 공리주의는 롤즈에게 있어 왜 주적이 될 수밖에 없는가?

제1덕목으로서 합리주의의 극대화

공리주의 원리는 매우 단순하면서도 설득력이 강하다. 왜 그런가? 공리주의는 정의를 논하는 데서 사회적 이해관계, 관습, 전통, 자연법 등에 대한 신의 뜻에 대한 어떠한 관계를 고려하지 않으며 다 배제하기 때문이다. 공리주의 앞에서 사회구성원은 부(富)나 신분과 관계없이 동일하다.

공리주의는 모든 사람의 행복을 완전히 동일한 것으로 계산한다는 점에서 중세의 질서에서 보면 가히 혁명적이기도 하다. 왕이나 귀족의 행복은 피지배층인 상인이나 농부의 행복보다 더하지도 덜하지도 않다. 선거에서 1인 1표 원리를 고려한다면, 공리주의가 갖는 가치는 압도적인 설득력을 가지며, 민주주의 원리에도 부합한다. 1편에서 본 로렌제티의 좋은 정부와 나쁜 정부에서 정치에 참여하는 24명이 나온다. 이들은 서로 다른 사회계층을 대표하는데, 이들의 키는 모두 똑같게 그리고 있다. 이는 시정부에 참여하는 권리는 사회적 신분과 관계없이 동일하다는 것을 보여준다. 로렌제티의 혜안(insight)이다. 공리주의의 장점은 국가의 행정, 법의 시행과 같은 것들에서 각 사람의 행복을 동등하게 여기며, 개인 행복의 총계를 판단의 기준으로 삼는 데 있다.

이런 정책 접근은 과정에서 매우 합리적이며, 이를 충족시킨 결과 또한 합당하지 않을 수 없다. 공리주의는 이처럼 도덕적·정치적 혹은 사회적인 어떠한 질문에도 답을 주며, 최소 원리를 제공하는 데에서도 확실하고 모순 없는 대답을 주지 못할 것이 없다. 이는 공리주의를 매우 강한 이론으로 만든 배경이며, 다른 잠정적인 경쟁 이론이 오랫동안 넘지 못할 높은 장벽이었다.

롤즈는 공리주의가 "한 사회의 중요 제도가 그에 속하는 모든 개인이 만족의 최대 순수 잔여량(the greatest net balance of satisfaction)을 달성하도록 편성될 경우 그 사회는 질서정연하며 따라서 정의롭다"고 규정한다(59). 따라서 가장 합리적인 정의관은 공리주의적이라고 쉽게 생각하는 어떤 사회관이 있게 된다.

사람들이 적어도 타인에게 영향을 끼치지 않는 한에서 자신의 최대 선을 성취하고자 하며, 가능한 자기의 합리적인 목적을 실현하도록 행동하리라는 것은 지극히 당연한 일이다. 바로 이런 개인적 수준에서의 합리적 행동이 큰 규모의 사회에 확대 적용되지 않을 이유는 없다. 개인의 행복과 마찬가지로 사회의 행복도 같은 논리에서 이해하는 것이다.

일반적으로 목적론에서 이목을 끄는 결정적인 것 한 가지는 공리주의가 매우 높은 수준에서 합리성을 구현하고자 한다는 점이다. 그래서 롤즈는 먼저 공리주의가 가진 합리성에 주목한다(60). 가령 우리는 현재의 작은 행복과 미래의 더 큰 행복 사이에서 어떻게 선택을 하며 결정하는가? 사람들은 왜 보험을 들며, 보험을 들 때 어떻게 결정하는가? 이런 문제들은 우리의 일상에서 쉽게 경험하는 사례들이다.

한 가지 단순한 예를 보자. 사람들은 일반적으로 미래의 행복이 현재의 행복보다 더 크다고 가정한다. 이런 가정은 물론 미래의 행복을 경험하기 전에 죽을 수 있다는 것과 같은 부정적인 요소들도 고려된 것이다. 사람들은 이 경우에, 대부분 현재의 작은 행복보다 미래의 큰 행복을 선택하게 된다. 물론 우리가 항상, 혹은 자주 이와 같은 선택을 하는 것은 아니다. 그럼에도 우리가 즉각적인 만족을 위한 선택을 한다면, 대부분 사람들은 이를 비이성적으로 여길 것이다. 저축은 그래서 합리적 미덕으로 칭찬받는다. 이와 같은 판단을 하면서 합리성은 전체 행복을 최대화하는 선택을 하는 데 있다.

공리주의와 같은 목적론은 이러한 추론을 개인으로부터 사회적 관점으로 확대했음을 알 수 있다.

"공리주의에 도달하는 가장 자연스러운 방법(물론 유일한 방법은 아니지만)은 개인에 있어서의 합리적인 선택 원칙을 사회전체에 대해서도 채택하는 일이다."(64)

그러나 여기에서 '합리적인 것'과 '합당한 것'의 기본적인 차이점이 있다. 칸트에서 보면 합당한 것은 순수실천이성을 표현하고, 합리적인 것은 경험적 실천이성을 표현한다. 합당한 것은 공정한 협력조건을 기꺼이 제시하며 공적인 반면에, 합리적인 것은 그렇지 않다는 점이다. 합리적 행위는 수단-목적을 계산할 뿐만 아니라, 최종의 목적도 저울질할 수 있다. 롤즈는 합리적인 것으로부터 합당한 것을 도출하려고 시도하지 않는다(정치적 자유주의, 60~68). 공리주의에는 사회의 최대 행복을 위한 작동을 위해서는 개인의 희생을 요구하는 전제가 들어 있다. 이런 전제는 극한 상황에서 도덕적으로 허용할 수 없는 딜레마이다.

좋음과 옳음의 구별

롤즈는 두 번째로 공리주의를 윤리관과 연계하여 더 깊게 고찰하고 있다(61). 옳음(정당성, the right)과 좋음(선, the good)의 두 구조를 갖는 윤리설을 통해 공리주의를 고찰하는 것이다. 이는 목적론에서 옳음과 좋음을 관련짓는 방식이다. 목적론은 합리성을 추구한다. 그래서 목적론은 좋음을 먼저 선택하며, 이는 옳음과는 상관없는 규정이다. 따라서 목적론인 공리주의에서는 옳음은 그 좋음을 극대화하는 것이 된다. 공리주의는 앞서 언급한 바와 같이 어느 경우에서나 최대의 만족만 산출한다면, 즉 개인들의 합리적 욕구의 최대 만족 총량을 달성해준다면, 좋음을 극대화할 때 그것이 옳음이 된다. 이는 바로 공리주의가 지향하는 최대의 만족과 옳다고 보는 분배이다. 목적론이 일반적으로 호소력을 갖는 것은 합리성에 근거하고 있기 때문이다.이러한 목적론은 그리스 철학의 전통에 속하며, 행복설, 쾌락설, 진화설, 자아실현설 등의 유형으로 나뉜다. 선이나 인생의 목적에 중점을 두는 목적론은 근세에 영국의 공리주의자들에 의해 강력히 옹호되었다.[63]

그러나 의무론은 이와는 다르다. 좋은 것과 옳은 것은 같지 않으며, 이 둘을 구별한다. 옳은 것에 위반되는 것은 무가치한 것으로 판단되며, 옳음이 좋음에 먼저 우선한다. 그러므로 목적에 따른 좋다고 보는 수단을 수용(인정)하지 않는다.

공리주의 : 목적론	칸트주의 : 의무론
좋은 것 = 옳은 것	좋은 것 ≠ 옳은 것
좋은 것을 극대화함: 만족도의 극대화가 제1덕목이며, 좋은 것의 극대화가 옳은 것이며 정의가 됨.	좋은 것과 옳은 것을 구별 좋은 것이 옳은 것이 될 수 없음.
목적이 좋으면 수단은 용인됨.	목적에 따른 수단을 수용하지 않음.

■ 목적론과 의무론 차이

공리주의 논리는 사회로 옮겨와서 그대로 논의된다. 만약 개인의 합리성이 각각의 단계에서 전체 삶의 행복의 합계로 구성된다면, 사회적 합리성은 마찬가지로 각 사회 구성원들의 행복을 완전히 동등하게 본다. 이

---

63) 황경식, 사회정의의 철학적 기초, 철학과 현실사, 2013, 20ff.

에 공리주의는 전체 사회의 행복 합계로 구성되는 것을 지지하게 된다. 이 견해에 따르면, "개인들의 조직체에 있어서 선택의 원칙은 한 개인에 있어서의 선택 원칙의 확대로 해석된다. 따라서 사회 정의란 집단의 복지라는 집합적 개념에 적용된 합리적 타산(rational prudence)의 원칙인 것이다."(60~61)

목적론의 한계

공리주의의 한계는 롤즈가 관찰한 바와 같이, 모든 목적론은 배분문제에 무관심하다는 점이다. 바꿔 말하면 목적론은 행복의 합이 가능한 한 많이 제공되기만 하면, 사회에 이 행복이 어떻게 배분될 것인가는 문제가 되지 않는다. 누가 특별히 행복한가는 상관이 없다는 것이다. 이런 공리주의에서는 최대의 만족과 옳은 분배에 대한 무관심의 정의관으로, 소수의 자유를 빼앗음으로써 다수가 누릴 선을 정당화하지 않을 이유가 없게 된다(63). 사회 부의 증가와 사회의 정의로움이 반드시 일치하지 않는다. 이는 바로 롤즈가 보는 공리주의의 배분의 원칙에 문제가 되는 치명적인 약점 중의 하나이다.

신약성경을 보면 대제사장들과 바리새인들은 공회에서 이런 말을 한다. "이 사람이 많은 표적들을 행하고 있으니 우리가 어떻게 하면 좋겠습니까? 만약 이대로 내버려두었다가는 모든 사람이 그를 믿게 될 것입니다. 그러면 로마 사람들이 와서 우리의 땅과 민족을 빼앗아 버릴 것입니다. 그러자 그중 가야바라는 그해의 대제사장이 말했습니다. 당신들은 아무것도 모르고 있소! 한 사람이 백성들을 위해 죽어서 민족 전체가 망하지 않는 것이 당신들에게 유익한 줄을 깨닫지 못하고 있소."(요한복음 11: 47~49)

이런 공리주의 정의관에 따른 사회의 모습은 어떠할까? 소수자들이 다수의 행복을 위해 소수의 행복을 희생해야만 하는 경우가 된다. 결과적으로 사회의 다른 모든 구성원은 더 행복할 것이다. 이는 받아들이기 어려운 사회 모습으로 다가올지 모르나, 우리가 상상하는 것보다 훨씬 그렇게 심각하지는 않게 보인다. 왜 그런가? 공리주의에 우리가 익숙해져 있는 경우에 그렇다.

소수의 부자와 가난한 다수가 살아가는 사회구조를 예로 들어보자. 그 다수는 그들의 운명에 익숙해져 살아간다. 그리하여 다수는 나름의 적절한 수준과 방법으로 행복을 감당한다. 반면에 소수의 재벌은 슈퍼-쾌락주의자(super-hedonists)가 될 것이다. 선을 쾌락주의(hedonism)로 규정한다면, 공리주의는 행복주의(eudaimonism)가 되며(62), 그러할 때 행복의 총합은 분배와 상관없게 된다. 이런 가치로 굴러가는 사회의 치명적인 약점이 무엇인가? 부의 불평등적 분배는 문제가 되지 않는다는 점이다. 빈부의 격차도 마찬가지이다.

롤즈의 공정으로서 정의이론은 공리주의와 같이 분배문제를 무시하며 편파적이지 않을 것임은 분명하다. 또한, 사회정의는 단순히 어떤 선의 극대화로 정의될 수는 없다. 목적론은 독립적으로 좋음(good)을 정의로 특성화시키고, 정의를 '좋음의 최대화'로 정의한다. 롤즈는 자신의 정의론에서, 정의의 개념에서 목적론을 버리고 '의무론'(deontological theory)을 취한다. 롤즈가 말하는 공정으로서의 정의는 '의무론'이다. 이는 이익 극대화의 원칙을 거부한다(68). 롤즈는 목적론적 구조를 버림으로써, 그의 공정으로서의 정의 주장은 필연적으로 공리주의와는 훨씬 다른 모습을 가진다.

이에 대해 롤즈는 다음같이 분명히 선언한다. 사회의 구성원들은 "정의에 입각한, 또는 어떤 사람이 말했듯이 자연권에 입각한 불가침성을 지니고 있으며, 이는 다른 모든 사람의 복지라는 명목으로도 유린될 수 없는 것이다."(65)

여기서 다시 노예제도나 또는 테러리스트를 재판 없이 감금하거나 고문하는 것을 생각해보자. 일부 사람을 노예화하여 그 사회의 행복 총합이 증가한다 해도 왜 이런 노예제도가 정당화되지 않는가? 이는 개인 기본권리를 침해하는 것이 되기 때문이다. 다음 문제는 어떠한가? 대량살상을 계획하는 테러리스트를 재판 없이 감금하거나 고문하는 것을 통해, 그 사회의 행복과 안정을 지키며 배가시킬 수 있다면, 사람들은 이를 허용할 것인가? 이런 질문으로 여론조사를 하면 대부분 고문을 통해서 테러계획을 알아내고, 전체 사회의 고통을 줄일 수 있는 가능성이 있다면, 그 사회 구성원은 이를 기꺼이 수용하려고 한다.

정의의 우선성에 대한 공리주의는 다음과 같이 설명된다.

"엄밀히 말해서 공리주의자가 그의 학설이 이러한 정의감들과 상충된다는 것을 스스로 인정하더라도, 그는 상식적인 정의관들과 자연권 관념들은 2차적인 규칙으로서 부분적인 타당성만을 갖는다고 주장한다. 즉 그것들은 문명화된 사회적 조건에서는 예외적인 여건 아래에서만 위반이 허용될 뿐, 대체로 그것들을 따르는 경우에 큰 사회적 유용성이 있다는 사실에서 생겨난 규칙이라는 것이다. 우리가 이러한 신조들을 주장하게 되고 그러한 권리를 호소할 수 있게 되는 대단한 열성 그 자체까지도 어떤 유용성이 인정된다. 왜냐하면, 그것은 유용성의 측면에서 허용될 수 없는 방식으로 그러한 신조들을 깨뜨리려는 인간의 자연적 성향을 균형 잡게(counterbalances) 견제해주기 때문이다."(66)

그래서 롤즈는 정의관의 상호비교를 통해 이렇게 결론을 맺는다. "계약론은 정의의 우선에 대한 우리의 신념을 대체로 타당한 것으로 받아들이지만 공리주의는 그것을 사회적으로 유용한 착각으로 설명하고자 한다."(66)

공리주의의 개인주의적 한계

이에 덧붙여서 생각해볼 점은 공리주의가 갖는 개인주의적 한계이다. 공리주의는 개인 수준에서 그 개인의 권리를 옹호하며, 이에 대한 분명한 정당한 근거도 갖고 있다. 이는 공리주의가 자유 권리와 사상의 자유를 강력히 옹호하는 것에서도 분명하게 드러난다. 또한 공리주의자들은 사회의 선은 '개인들이 누리는 이득'에 의해서 구성된다고 보았다. 이는 자유주의적 개인주의를 강력히 주장하는 입장이다. 그럼에도 "욕구의 체계를 융합함으로써 보다 자연스러운 사유과정을 거쳐 한 개인의 선택 원칙을 사회에 적용하는 것에 이르러서는, 적어도 공리주의는 개인주의적이지 않다"(67)는 점을 기억해야 한다.

예를 들어 보자. 미국 사회에서 백인 여성의 강간범의 용의자로 청년 흑인이 체포되었는데 그럼에도 결정적인 단서가 없다. 본인은 무죄를 주장하지만, 인종편견을 가진 사람들은 유죄판결이 나오지 않으면 폭동을 일으킬 것처럼 위협한다. 이에 공리주의자들은 폭동이라는 결과를 피하기 위해 유죄판결을 내릴 수 있다. 흑인의 개인의 권리는 보장되지 않는다.(64) 민란을 두려워한 빌라도가 예수에게 사형선고를 한 것처럼 말이다.

이런 공리주의적 관념은 정책에서 어떻게 작용하는가? 비슷한 예는 사업이 철회되었지만, '용산국제업무지구 개발사업'(용산 개발사업)의 접근 방식에서 볼 수 있다. 용산국제업무지구 개발사업은 한국철도공사 부지와 서부 이촌동 지역을 통합 개발하여 용산을 국제 업무기능을 갖춘 한국을 대표하는 명품수변도시로 조성한다는 청사진을 갖고 있으며, 2007년 7월 통합개발 계획이 발표되었다. 개발을 추진하는 정책의 정당성은 사회전체의 이익(효용성)이 증가하는 데서 찾는다. 즉, 이해당사자들의 행복 총합이

---

64) 이와 반대로 백인 경찰의 직무수행에서 흑인이 살해되는 경우이다. 억울한 흑인의 죽음에도 불구하고 백인은 무죄로 선고된다.

세입자의 고통을 압도한다. 세입자 개개인의 불행은 사회전체의 이익(행복)에 의해 압도된다. 이는 공리주의에 터잡은 척박(瘠薄)한 이해당사자들의 사유이다.

쾌락(+): 용산개발을 통해 이익을 보는 그룹	고통(−): 용산개발을 통해 고통을 받는 그룹
서울시(시장), 용산구, 코레일, 땅 소유주, 사업 참여 기업(궁극적으로 한강르네상스 계획이며, 서울이 수도여서 대한민국도 포함)	세입자(생계대책과 보상수준의 미흡)

■ 용산개발 추진의 공리주의 입장

노동자들의 파업에 대한 반대는 어떠한가? 파업은 종종 나쁜 것이라 비판받는다. 왜 그러한가? 노동자의 파업이 더 큰 집단인 국가와 사회에 손해를 끼친다는 단순 논리가 작용하기 때문이다. 한국사회에서 노동자들의 파업은 사회 전체이익을 침해하고, 그래서 그 주모하는 사람은 암적 존재로 낙인되며, 비판받는다.

7. 직관주의 (§5, §7)

인간은 대상을 인식하며, 판단하게 된다. 철학은 크게 관념론, 인식론, 가치론, 논리학 영역으로 나뉜다. 이 가운데 가치론은 다시 객관주의와 주관주의로 나눈다. 객관주의에는 직관론, 합리론이 있다. 직관론은 가치를 직관을 통해 단번에 알아낼 수 있다고 보며, 합리론은 가치를 이성을 통해 알아낼 수 있다고 본다. 윤리학적 직관주의는 옳고 그른 것을 즉각적으로 파악할 수 있다는 이론이다. 따라서 직관론에 의하면 옳음, 선,

의무, 정의 등은 직접 파악된다. 도덕적인 진리는 도덕적 직관의 방법을 통하여 자명한 진리로 파악되는 것이다.

직관주의 정의

직관은 간섭이나 이성의 이용 없이 지식을 얻는 능력을 말한다. 직관 'intuition'은 라틴어 'intueri'에서 유래하며, 이는 '들여다보다'(look in-side) 또는 심사숙고하다(contemplate)의 뜻을 갖는다.[65] 직관은 우리가 정당화할 수 없는 믿음을 제공한다. 직관주의는 따라서 직관을 사고를 초월한 유일 최고의 인식능력이라고 보는 입장이다. 직관주의에 따르면 도덕성은 전적으로 개인의 내부에 있으며, 도덕적인 가치가 행위보다는 개인의 의지와 의도로부터 생긴다고 본다.

직관론(intuitionism)은 공리주의에 매우 불만족하는 사람에게 대안이 된다. 그리고 이는 20세기 초반에 어떤 이들이 왜 직관론에 끌리게 되었는지를 설명해준다. 그러나 직관론이 주요 이론으로 공리주의를 대신할 수 없다는 것은 쉽게 드러난다. 예를 들어 약속을 지켜야 하는 우리의 의무와 다른 사람에게 해를 끼치지 않는 의무가 충돌할 때 어떻게 해야 하겠는가? 이에 대해 직관론은 우리에게 분명한 방향이나 우선순위를 정하여주지 않는다. 이는 롤즈가 직관론에 대해서 반복하여서 지적하는 점이다.

직관주의 두 가지 특성

롤즈는 직관주의의 두 가지 특성을 지적한다. 첫째로 직관론은 특정한 유형의 경우에서, 상반되는 지침을 주는 상충하는 제1원칙의 다원성으로 이루어진다. 둘째로 직관주의에는 이러한 원칙들의 순위를 가려줄 명

---

65) Carlin Flora, Gut Almighty, Psychology Today, Vol 40, Issue 3:68~75, 2007.

확한 방법이나 우선성 규칙이 없다(73). 우리는 직관을 통해서 가장 그럴 듯하게 옳다고 여기는 조정점을 발견한다. 그러나 여기에 우선성의 문제가 필요하다면 직관주의는 이에 관해 판단을 내릴 말한 실질적인 도움을 주지 못한다.

우리는 직관주의를 세밀히 살펴볼 필요가 있다. 롤즈는 정의론을 전개하면서 직관주의 한계를 지적하고 있지만 이에 대한 설명은 충분히 하고 있지 않다.

현상과 직관

직관주의는 인간이 보는 현상을 기초로 한다. 아래 그림을 보자.

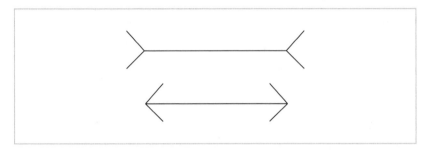

위 그림에서 어느 선이 길게 보이는가? 두 선의 실제 길이는 같음에도 위 선의 길이는 아래 선보다 더 길게 보인다. 왜 그런가? 이는 현상 (appearance)에 따른 인간의 지적 판단 때문이다. 나에게 현상이 A로 보이면, 이를 나타나는 A로 판단한다. 현상은 우리로 하여금 실제와는 다르지만, 형식적 믿음(formal beliefs)으로 이끈다. 현상은 인식, 기억, 해석이나 지적활동에서 정신적 상태를 포괄한다. 현상은 위 그림에서처럼 속임이 될 수 있으며 서로 갈등을 일으킬 수 있다(뮐러─라이어 착시(Müller─Lyer Illusion)).

이는 현상에 대한 우리의 인식과 판단이 어떻게 이루어지는가를 보여준다. 즉 첫 번째 현상은 다음의 현상에 의해서 압도된다. 이는 첫 현상이 사라지는 것을 의미하는 것이 아니라, 우리가 첫 현상을 믿지 않는 것이다. 또한 이는 어떤 현상은 다른 현상보다 강할 수 있음을 말한다. 즉 어떤 현상은 더 두드러지게 특징되어서, 갈등관계에서 지배적인 현상이 될 수 있다. 많은 현상이 동시에 나타나는 경우에는 갈등은 더 복잡하게 된다. 그럼에도 우리는 이런 현상에서 두드러진 것을 진실(truth)로서 받아들인다. 이런 점에서 현상 인식은 감각에 대비하여 지적이며, 연상적이며 또는 성찰적이다.[66]

가령 두 점을 가장 짧게 연결한 선은 직선이라는 진술이 있다. 이런 진술도 지적인 근거를 바탕으로 두고 있다. 우리가 눈으로 보는 것이 아니라 우리가 획득하거나 경험한 지성이나 사유를 가지고 본다. 우리는 이와 같은 현상을 두고 사유를 시작하기 때문에, 그 이전의 현상을 초기현상(initial appearance)이라고 부르면, 직관(intuition)은 바로 이 초기의 지적 현상이다.[67]

윤리적 직관은 판단하는 성격을 갖게 된다. 많은 철학자는 직관이 도대체 무엇인지 알 수 없다거나, 그 용어는 공허한 것이며, 알 수 있는 그 어떤 것도 제공하지 못한다고 비판을 한다. 또는 직관의 존재를 의심하기도 한다.

여기서 몇 가지 직관에 대한 예를 보자.

---

66) Michael Huemer, Ethical Intuitionism, Palgrave Macmillan, 2005, 100.
67) Michael Huemer, 102. 후설의 현상학의 방법으로 본질 직관의 방법이 있다. 본질은 특수나 개별과 대립되는 개념이다. 후설에게 있어서 본질은 그 자체로 존재하는 객관적 대상이라기보다 나 자신에 의해 파악되어야 할 인식의 대상이다. 본질직관 방법은 가령 개별적 대상으로 부터 시작하여 여러 상상의 변형들에서 그 공통적인 본질에 합치되는 것을 직관으로 포착한다. 이렇게 하여 파악된 것이 본질이다. 본질은 따라서 직관대상이다.

- 즐거움은 고통보다 좋다.
- 죄를 짓지 않은 사람을 벌하는 것은 부당하다.
- 용기, 자비, 정직은 덕이다.
- 만약 A가 B보다 좋고 B가 C보다 나으면 A는 C보다 낫다.

이런 단선적인 선언은 진실이다. 각 선언은 지적인 판단이다. 따라서 이와 관련된 선언은 윤리적 직관이 된다. 반면에 위와는 다른 진술이 있다.

- 미국은 2003년에 이라크를 침공하지 말았어야 했다.
- 우리는 철도를 민영화해야 한다.
- 낙태는 나쁘다.

이런 진술은 사실이나 나타나는 현상들은 직관으로 여겨지지 않는다. 왜냐하면 이런 진술은 또 다른 믿음에 근거하고 있기 때문이다.

미국이 이라크를 침공하지 말았어야 하는 경우에, 전쟁을 반대하는 주장은 전쟁으로 인하여 수많은 사람이 목숨을 잃었다는 믿음이나 또는 전쟁은 살상이므로 악이라든가 하는 믿음에 근거할 수 있다. 이는 미국이 전쟁하지 말았어야 하는 결론을 이끄는 데 있어 직관의 역할을 부정하는 것이 아니다. 오히려 사람을 죽이는 것은 잘못되었다고 말하는 것이 직관이다.

직관 간의 경쟁과 갈등

직관은 경쟁하는 가치를 저울질하는 데 관여한다. 그런데 문제는 직관이 서로 간에 있어서 갈등을 빚는다는 점이다. 이는 다음과 같은 가정에서 볼 수 있다.

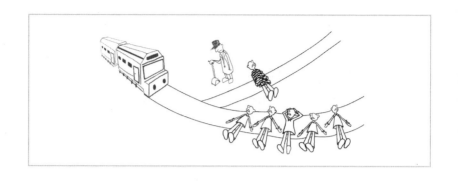

　사례 1: 병원에 5명의 환자가 입원해 있으며 각자는 기관 이식을 필요로 한다. 기관 이식을 받지 않으면 죽게 된다. 이들은 신장, 간 등 각기 다른 기관이 필요하다고 가정하자. 그런데 마침 건강 검진을 마치고 나온 한 건강한 사람이 있는데, 이 사람의 장기는 우연히도 모두에게 이식 가능하다. 그렇다면 이 건강한 사람을 살해하여 그 장기를 각각 다른 5명의 환자에게 이식하는 것에 동의하겠는가? 모두가 아니라고 답한다.

　이 사례를 든 것은 공리주의 관점이 아니라 직관주의 입장에서 논하고자 하는 가정이다.

　사례 2: 브레이크가 고장 난 전철이 역으로 들어오고 있다. 마침 전철이 들어오고 있는 철로에 5명의 인부가 작업한다. 이들은 피할 길이 없다. 반면에 기차가 들어오는 방향에서 왼쪽으로 돌려 전철을 유도할 수 있다. 그런데 그 철로에는 불행히도 1명 근로자가 있어 그 근로자가 죽게 된다. 당신은 철로를 왼쪽으로 틀겠는가?

　대부분 사람은 직관적 대답을 하게 되며, 예 1에 대해서는 부정하지만 예 2에 대해서는 긍정한다. 이와 같은 서로 다른 직관의 판단에 대한 설명은 다양하다.

사람들의 직관은 도덕에 대해 믿고 있는 것과 단순히 일치하지 않는다. 그래서 많은 사람은 위의 예에서 보듯이 예 1에서는 반대를 하지만, 예 2에서는 왜 찬성을 하는지 설명하는 데 있어 어려움을 가진다.

두 경우는 모두 다른 사람에 대한 희생의 가능성을 다룬다. 그럼에도 예 1에서는 희생이 가능하지 못하나, 예 2에서는 가능하다고 보며 왜 그런가를 설명하는 데는 여전히 어려움이 있다.

계속해서 직관과 관련하여 위의 예를 더 심화시켜보자.[68]

사례 3: 예 2에서와 같이 왼쪽에 사람이 있는 것이 아니라 모래 언덕이 있다고 보자. 그럼 왼쪽으로 스위치를 돌리겠는가? 모두가 주저 없이 긍정한다.

사람들은 예 3에서 행위를 합리화하는 분명한 정당성을 가진다. 따라서 일부는 이를 직관이 아니라고 할지 모른다. 그렇다면 만약에 예 1에서 건강한 사람이 청년 시절의 히틀러, 스탈린 또는 특히 김일성(김정일에 이어 김정은에 이어지는 전제적 폭압 통치를 고려하여)이라면 어떠하겠는가?

아니면 예 2에서 철로에 5명이 어떤 이유인지는 몰라도 기꺼이 세상을 뜨고 싶어 자살을 원해서 그 철로에 서 있고, 왼쪽 철로에 1명의 노동자가 있는 상황에서 브레이크가 고장 난 전차가 들어오고 있다면 어떠하겠는가? 예 2와 같이 주저 없이 스위치를 돌려 죽고 싶지 않은 1명의 노동자를 희생하겠는가? 아니면 자살을 원하는 5명이 그대로 죽도록 내버려두겠는가?

직관은 그 자체에 도덕적 판단이라는 진실을 품고 있다. 이런 직관은

---

68) Michael Huemer, 103f.

행동의 윤리에 방향이 되어준다. 합리적 직관주의는 도덕적 가치들의 독립적인 질서에 대해 참된 진술을 한다. 도덕적 지식(moral knowledge)은 일종의 지각과 직관에 의해 부분적으로 획득되어지며 적절한 반성에 의해 받아들여진다. 합리적 직관주의는 진리를 전통방식으로 이해한다. 즉 도덕적 판단들은 '독립적인 도덕적 가치질서'(the independent order of moral values)와 관계되고, 이와 정확히 부합될 때에 그 도덕적 판단들을 진리로 간주한다(정치적 자유주의, 114~115). 그러나 직관 모두는 동등하지 않다. 어떤 직관은 우세하며, 명확하다. 어떤 직관은 다른 직관을 압도한다. 같은 현상에 대한 지적인 직관도 서로 일치하지 못하고 갈등한다. 직관은 그 반대되는 직관에 따라 역전이 된다.

롤즈가 직관주의에 대해 지적하는 것은 서로 상반되는 갈등에 대해 직관은 서열을 매기는 데 한계를 가진다는 점이다.

롤즈가 지적한 대로 "우리의 일상적 정의관은(our everyday ideas of justice) 우리 자신의 처지에 의해 영향을 받을 뿐만 아니라 관습 및 통념적 기대에 의해서도 영향을 받는다."(75) 그런데 기존 관습이나 통념적인 기대의 수준을 넘어 어느 정도 합의에 이르기 위해서는 신조 간의 우선을 가려주거나 문제의 범위 등을 제한해줄 필요성이 있다. 즉 사회목적들의 우선순위 결정이다. 결론적으로 롤즈는 "직관주의가 우선성 문제에 대한 어떤 유용하고 분명한 해결책이 있다는 것을 부인한다"(81)고 본다. 그래서 8절에서 우선성의 문제를 다룬다.

8. 우선성 문제 (§8)

직관주의는 앞서 본 바와 같이 정의 여부에 지적인 판단을 준다. 그러나 대립하는 원칙들 간에 경중을 가리는 문제에 어떤 적극적인 해답을 줄 수 없다(81). 이는 우리가 어느 정도 직관능력에 의존해야 하는 것을 말한다. 롤즈가 볼 때 우선성의 문제에서 직관주의의 한계는 무엇인가? 이는 우리가 직관주의에 의존할 때 정의관도 이에 따라 달라지기 때문이다. 장애인 정책에서 한국에서 끊임없이 논란이 되는 사안이 있다. 안마사 자격의 시각장애인에 의한 독점이다. 시각장애인에 주는 안마사 자격의 독점이 왜 찬성과 반대로 나뉘는가? 이는 평등과 자유의 직관이 대립되기 때문이다.

시각장애인은 평등을 주장하지만, 다른 사람들은 이에 반해 자유를 들고 나온다. 여기서 자유를 앞세우는 자신의 직관에 따른 정의관이 다른 정의관보다 우선한다는 것을 증명할 길이 없다. "경중을 가리는 것은 정의관의 부차적인 부분이 아니라 본질적인 부분이다. 이러한 경중이 합당한 윤리적 기준에 의해 결정되는 방식을 설명할 수 없다면, 합리적인 논의의 길은 막히고 만다. 그래서 직관주의적 정의관은 만족스러운 입장이 되지 못한다고 말할 수 있다."(82)

우선성과 관련하여 사람들이 가진 직관적인 판단이 서로 비슷하다면 문제는 없다. 그러나 판단이 상반되는 경우에는 그 주장들 간에 경중을 가려 판단해줄 기준이 그만큼 어려워지는 것이다.

그러면 직관에서 공리주의는 어떠한가? 고전적 공리주의는 이런 직관능력에의 의존을 전적으로 피한다. 공리주의는 직관능력에의 의존을 가능한 줄이기 위해서, 하나의 원칙적인 입장을 이용한다.

공리주의가 의존하는 직관은 다음과 같다.
첫째, 정의에서 궁극적인 문제는 개인의 행복이다.
둘째, 각 개인에게서 행복은 동등하며 합계에서 동등한 가치로 계산된다.

셋째, 더욱 큰 행복의 총합은 적은 것보다 항상 나은 것이다.

직관에 대한 의존을 줄이는 이런 공리주의는 그래서 오랫동안 설득력을 가질 수 있었다. 공리주의는 이론상으로 공리의 원칙(행복의 총합)에 의해서 경중에 대한 판단이 이루어질 수 있다고 본다. 존 슈트어트 밀이나, 시즈워크의 주장도 이처럼 하나의 원칙이 있어야 하며, 그렇지 못하면 대립적인 기준들을 판정하는 것은 불가능하다는 점에 일치한다(81). 이런 논리는 우선성 문제(priority problem)를 해결하는 데 있어 공리주의가 반드시 불합리하지는 않음을 보여준다. 공리주의도 우선성에서 문제를 갖고 있다. 이는 공정으로서의 정의와 비교되는 것 중의 하나이다.

그러나 롤즈의 공정으로서의 정의에서는 직관의 역할이 제한된다. 그 제한은 크게 보면 두 가지에서이다.

첫째는 정의의 원칙들이 원초적 입장에서 선택되는 점이다. 합리적인 존재인 원초적 입장의 당사자들은 원칙들의 우선성을 고려해야 한다는 것을 알며, 이를 인정한다. 그래서 이들은 원칙들의 합의에 이르는 방법에 도달하고자 합의하는 노력을 하게 된다. 다시 말하면, 공정으로서의 정의에 있어서 정의의 원칙들이 자명한 것으로 생각되며 받아들여지는 것이 아니라, 이런 원칙들이 선택될 것이라는 과정과 사실에서 정당성의 근거를 가진다. 그러므로 우리는 이런 원칙들이 받아들여지는 근거에서 그 경중이 구분될 어떤 지침이나 제한을 볼 수 있게 된다(83). 여기서 직관은 제한된다.

두 번째는 이른바 서열적 또는 축차적 순서(serial or lexical order)로 배열된 원칙들을 발견하는 것이다. 축차적 순서는 '사전 자모 배열'과 같은 말이다. 축차적 순서는 그 서열상의 제1원칙이 충족된 다음에야 제2원칙으로 나갈 수 있다. 계속해서 제2원칙이 충족된 다음에야 제3원칙 등으로 계속해서 진행될 수 있다. 축차적 서열의 특징은 하나의 원칙은 그에 선행하는 원칙이 충족되거나 아니면 적용되지 않을 때까지 제 역할을 하지 못한다는 것이다(84). 이런 축차적 서열에서 제2원칙이 충족되기 위해서는 먼저 제1원칙이 선행하여 충족되어야하는 제한 조건이 있다. 그러면 이런 축차적 서열이 갖는 장점은 무엇인가? 이는 "서열적 배열을 함으로써 모든 원칙의 경중을 한꺼번에 가리지 않아도 되며, 그 순서상 앞선 것은 뒤따르는 것에 비하여 이른바 절대적 비중을 가지며 예외 없이 타당하게 된다."(84) 이런 축차적 서열에서 직관은 다시금 제한된다.

그러면 롤즈가 이런 축차적 방식을 통해서 이루고자 하는 목표는 무엇인가? 이는 경제적 사회적 불평등을 완화하거나 규제하는 원리를 찾는 것보다 평등한 자유의 원칙을 '우선'에 두고자 하는 것에 있다. 즉, 사회의 기본구조가 평등한 자유를 선행구조의 원칙으로서 받아들이게 하는 데 있다.

롤즈가 우선성에서 논의하며 증명하고자 하는 것은 평등한 자유의 원칙이 우선적인 위치를 차지해야 한다는 것이다. 이와 같은 사회적 여건 아래서 정의의 원칙들의 순서를 서열상으로 정하는 것이 바로 우선성 문제 대한 근접한 해답을 줄 수 있게 된다.

우선성 문제를 논함은 직관적인 판단에의 의존을 완전히 없애는 것이 아니라 감소시키는 것이다. 우선성 문제를 처리하는 다양한 방법들이 있겠지만, 롤즈는 이 문제를 축차적 서열의 논의에서 제한시키고 있다(87).

우선성이 논리적으로 확보가 가능한 가운데서 롤즈는 자유의 우선성을 논한다. 자유의 우선성은 정의가 타인들이 갖게 될 보다 큰 선(good)을 위하여 소수의 자유를 빼앗는 것을 정당화하는 것을 거부한다.

9. 정의론 요지 (§3): 계약론

롤즈는 '정의론'이 무(無)에서부터 창조된 것이 아니고, 자신의 이론이 독창적인 것이 아님을 밝힌다. 롤즈는 초판 서문에서 "내가 시도해온 것은 로크나 루소 그리고 칸트에 의해서 제시된 사회계약의 전통적 이론을 보다 일반화하고 추상화하는 일이었다"고 자신의 이론의 배경을 설명하고 있다.

롤즈는 사회계약론의 추상적인 전통 이론을 더 높은 수준으로 끌어 올리고자 하였다. 제3절에서 롤즈는 이렇게 적고 있다.

"나의 목적은 이를테면 로크, 루소, 그리고 칸트에서 흔히 알려져 있는 사회계약의 이론을 고도로 추상화함으로써 일반화된 정의관을 제시하는 일이다. 그러기 위해서 우리는 원초적 계약을 어떤 사람이 특정 사회를 택하거나 특정 형태의 정부를 세우는 것으로 생각해서는 안 된다. 오히려 핵심이 되는 생각은 사회의 기본구조에 대한 정의의 원칙들이 원초적 합의의 대상이라는 점에 있다. 그것은 자신의 이익 증진에 관심을 가진 자유롭고 합리적인 사람들이 평등한 최초의 입장에서 그들 조직체의 기본 조건을 규정하는 것으로 채택하게 될 원칙들이다. 이러한 원칙들은 그 후의 모든 합의를 규제한다."(45)

롤즈가 왜 사회계약론에 의존하고자 하는가에 앞서 사회계약론의 개요를 보고자 한다.

전통적 사회계약론

사회계약설은 신명론(神命論, Divine Command Theory)과 대비된다. 신명론은 인간의 행위가 윤리적으로 옳은가 그렇지 않은가를 결정하는 근거를 신의 명령(율법)에서 찾는다. 인간 행위에 대한 자신의 판단 전에 신의 계시와 명령을 우선한다. 가령 십계명의 이웃에 대한 법도(부모공경, 살인, 도둑, 탐심, 거짓 증거 등)는 신에서 나온다. 마찬가지로 성경 구약에서 보여지는 이스라엘의 가나안 정복전쟁의 정당성도 신에서 나온다.

롤즈의 정의론의 바탕이 된 사회 계약설은 17, 18세기에 주장되었다. 사회계약설은 사회와 국가 등장 이전의 '자연 상태'를 가정한다. 자연 상태는 사회계약설에서는 논의의 전제가 된다. 자연 상태는 실제로 인류역사에서 존재하였던 시대를 말하는 것이 아니라, 정치권력과 사회 기관들이 만들어지기 이전 상상의 시기이다. 이 자연 상태에서 인간과 인간사회를 놓고 볼 때 인간사회에서 무엇이 자연적이고, 인위적인가를 구분하는 데 유용성을 가진다. 가장 대표적인 것이 인간존재, 자유, 사유재산 문제이다.

두 번째로 자연 상태에서 관심을 가져야 하는 것은 사람들의 관계, 즉 지배와 피지배관계이다. 자연 상태에서 인간의 지배와 피지배관계가 어떻게 형성되었으며, 이에 정부가 등장하지 않으면 안 되었는가에 대한 필연성을 논하는 출발점이 된다.

이런 계약론의 필요성과 주장은 정치질서에 대한 정당화와 정치지배에 대한 정당성이 주요핵심이다. 어떤 조건에서 지배는 그 정당성을 가지며 권위를 가지는가의 질문에 대한 답이기도 하다. 홉스에서는 국가 외부와 내부의 안전, 로크의 경우에는 자유, 기본권, 사유재산, 루소의 경우에는 자율, 칸트의 경우는 법치 국가적인 자유기본권을 통한 국가법 질서와 체계를 볼 수 있다. 이런 정치질서의 정당성과 지배의 합법성은 계약에 근거한다.

자연 상태

우리는 자연 상태를 보통 정부가 없는 무정부 상태에서 사는 것으로 생각함으로써 출발한다. 그리고 이런 상황으로부터의 여러 가지 인간생존을 중심으로 사회문제와 불이익을 추가한다. 이런 자연 상태는 인간이 서로 공존하기 위해서는 해결되어야 하며, 극복되어야 할 대상이다. 사회계약론은 따라서 방법론에서 보면 3단계 과정을 가진다.

① 극복되어야 할 자연 상태,
② 자연 상태의 문제를 해결하는 계약의 단계,
③ 바람직한 계약 후의 상황이다.

자연 상태에서 인간의 삶과 재산은 매우 불안하다. 홉스에서 보면 자신의 존립에 대한 위협은 해결되지 않는다. 누구나 만인의 투쟁 상태에서 아무리 강한 자라도 자신의 존립 보장을 장담할 수 없다. 인간은 아무리 약한 자라하도 강자를 제거할 책략을 도모할 수 있기 때문이다. 사람들은 이런 불안전하며 생존을 위협하는 자연 상태를 끝내기를 원하며 서로 계약을 맺게 된다. 이 과정은 일종의 사회적 계약으로서 정부형성에 대한 조건들을 구성하며 이에 동의하는 과정이 된다. 자연 상태에서 사람들은 발생하는 문제들을 해결하고자 하므로 그 발생하는 문제해결에 부합하는 정부의 권위의 수준과 범위를 정하게 된다.

존 로크

로크(1632~1704)는 대표적인 사회계약론자로서 미국 헌법과 민주주의에 지대한 영향을 미쳤다. 자연적인 자유와 권리를 어느 정도까지 포기할 것인가의 문제는 사회계약론에서 결정적인 요소이다. 로크는 정부는 개인의 권리를 보장하기 위해서 권위를 갖지만 그 개인의 권리를 파괴하는 선을 넘어서는 안 된다고 본다. 로크의 영향을 받은 제퍼슨은 독립선언문에 정부는 양도할 수 없는 권리(unalienable rights)를 보장하기 위해 구축되었고, 정부 권력은 피통치자의 동의에서 행사되어야 한다고 밝히고 있다. 로크의 정치사상은 사회계약설에 근거한 정부권력과 그 한계를 정한다.

롤즈는 이런 사회계약론을 기초로 하여 자신의 사상을 구축하였다.

전통적 사회계약론

	홉스	로크	루소
자연 상태	• 인간의 본성은 쾌락과 자기 이익의 추구 • 서로의 경쟁, 만인의 투쟁 상태 • 국가의 필요성을 도출하기 위한 이론적 가정임	• 인간은 이성을 가지나 불완전한 존재. 그러나 주체적 이성 능력 소유 • 완전한 자유와 평등의 상태로서 인간 개개인은 자연권을 누림 • 소유관계의 등장으로 투쟁 상태 등장	• 자연 상태의 인간은 고립적이며 자기보존의 본능을 가짐, 인간의 원죄는 부정됨 • 개인 간의 평화 상태 유지함 • 정치적 불평등은 없는 바람직한 규범상태
사회계약	• 자신의 생명과 자유를 지키기 위해 기본권리 양도를 통한 사회계약을 체결. 절대국가를 형성하며, 그 통제에 놓임	• 자연 상태의 불안전을 제거하기 위해 권리를 양도하여 국가를 형성. 그러나 기본권리는 양도되지 않음	• 자연인의 모든 권리를 국가에 양도하고 인민(국민)을 당사자로 하는 사회계약을 체결함 • 전체주의적 성격이 있음

사회계약론은 가상적인 계약으로서 원리를 찾고자 하는 사유의 실험이다. 이러한 가상에서의 사유를 통해서 현실적인 이해관계, 편견, 갈등 및 충돌을 벗어나서 원리를 찾아내는 것이다. 롤즈는 사회계약의 가상적인 실험에서 원초적인 상태라는 아이디어를 얻어내고, 정의의 원칙들을 여기서 도출해낸다.

롤즈의 이론에서 제시된 원초적 입장은 고전적인 계약론적 전통의 가정을 함축하고 있다. 특히 자기 이익, 합리성, 평등을 명시적으로 가정하고 있다. 인간이 자기 이익 추구적이며, 합리적이라면 그들은 또한 공정한 원초적 입장에서 합의할 규칙을 수용할 도덕적 의무가 있다고 보는 점이다. 인간에게 도덕적 의무를 부과하는 까닭은 그러한 원칙과 제도가 더 정의롭기 때문이다. 이 점에서 롤즈의 사회계약론은 고전적 계약론보다 칸트의 사회계약론을 계승, 확장하고 있다.[69]

10. 공정으로서 정의에 대한 칸트적 해석 (§5, §40): 칸트의 도덕철학

롤즈는 칸트에 대한 관련된 논의에서 자신의 이론이 어떻게 칸트의 도덕철학과 연관되고 있는지를 보여주고 있다.

칸트는 1785년『윤리 형이상학의 정초』(Grundlegung zur Metaphysik der Sitten)를 출간하였다. 칸트는 이 책에서 집중적으로 도덕문제를 해결하고자 한다. 우리의 다양한 행동 중에는 다른 사람에게 좋게 보이기 위해서 하는 행동이 있거나, 또는 어떤 목적을 가지고 행동을 한다. 예를 들어 산책을 하다가 구걸하는 사람을 만날 수 있다. 이때 얼마의 돈을 주고 지나간다고 할 때, 그의 행동에서 동기는 여러 가지가 있다. 가령 연인하고 산책하는 것이라면, 자신이 자비를 가지고 있는 사람임을 보여주기 위해서 할 수 있을 것이다. 아니면 이런 의도적인 목적이 아니라 순수한 동기에서 자비를 베풀고자 한 동기에서 할 수도 있다.

칸트는 가게에서 물건을 사는 셈이 미숙한 어린이에게 거스름돈을 내어주는 경우를 예로 들고 있다. 먼저 가게 주인은 거스름돈을 내어주는 것, 그 자체가 옳은 것이기 때문에 내어준다. 다른 경우는 자신이 어린이를 속였다는 것이 나중에 드러나는 것을 두려워한 나머지 자신의 명성을

---

69) 조긍호·강정인, 사회계약론 연구, 홉스·로크·루소를 중심으로, 서강대학교 출판부, 2012, 397.

고려하여 내어주는 경우이다.

이 질문에 대답하기 위해서 칸트는 근거의 종류들을 두 가지로 분류하였다. 첫 번째는 수단적인 이유다. 가령 사람들에게 자신이 자선하는 사람으로 보여지기 위해서인 경우이다. 이런 행동은 수단적 이유로서 타당성을 가지며, 세상의 어떠한 사실들에 관한 우리의 목표와 목적에 의해서 행해진다. 칸트는 타당한 수단적 이유에 의해 나오는 지시들을 '가언명령'(hypothetical imperatives)이라고 지칭하였다. 이런 가언명령은 다른 근거 집단 즉 수단적이지 않은 것과 반대된다. 즉, '정언명령'(categorical imperative)과 반대된다.

예를 들어 근처 연못에 아기가 떨어졌고, 주위에 도와줄 사람이 아무도 없을 때 그 아기를 구조할 합리적 이유가 있는가이다. 이때 아기를 구하는 행동은 특정한 목표나 목적에 의한 것이 아닐 것이다. 물론 어떤 사람들은 도덕적으로 칭송받기를 원할 수도 있다. 그러나 대부분은 이런 것에 무관하게 아기를 구할 것이다. 선한 사마리아인의 이야기도 마찬가지이다. 사마리아인이 자신을 이방인으로 멸시하는 유대인을 도운 것은 그가 강도를 만나 도움이 필요했기 때문에 도움을 준 것이다. 칸트는 이런 동기에서 나오는 행동을 '정언명령'으로 불렀다. 정언명령은 행위의 결과에 구애됨이 없이 행위 그것 자체가 선(善)이기 때문에 무조건 그 수행이 요구되는 도덕적 명령이다.

칸트의 도덕 철학은 한동안 공리주의와 대적할 만한 이론으로 발전하지 못했다. 부분적으로 이것은 그의 저술의 불투명성이 사람들의 이해를 방해하였기 때문이다. 실제 칸트의 도덕 철학이 이해 가능했다면, 공리주의에 상응할 정도의 것이 될 것이라 여겨졌다. 사회계약설은 실제로 죽은 것으로 보였고, 공리주의만이 사람들 가운데 거론되었다. 로크나 칸트와 같은 과거 저자들의 사상들이 롤즈를 통해 공리주의에 도전을 하는 세

런되고 강한 이론으로 재작업되었다.

롤즈는 칸트의 이론과 관련하여 먼저 공리주의의 한계가 무엇인지 비판한다(62). 롤즈는 앞서 살펴본 바와 같이 공리주의의 특징은 만족의 총량이 개인들에게서 어떻게 분배되는지에 대해 관심을 가지지 않으며, 한 개인이 자신의 만족을 시간상으로 어떻게 분배할 것인가에 대해서도 간접적으로 문제로 삼는 데 있다고 본다. 따라서 어느 경우에나 최대의 만족만 산출된다면 옳은 정당한 분배가 된다는 것이다. 결국, 다수가 누리게 될 보다 더 큰 선은 소수의 자유를 뺏는 것을 정당화하지 않을 이유가 없게 된다. 이와 같은 공리주의 논리는 "목적론에서는 좋음이 옳음과 상관없이 규정된다"는 원리에 근거함을 보여준다. 사회 협동적인 체제에서 개인들의 합리적인 욕구들에 대한 만족의 최대 총량이 선으로서 결정적으로 작용하기 때문에, 공리주의는 매력을 가진다. 그러나 공리주의 시각에서 인간은 단지 이익의 최대화를 추구하는 경제적 동물로서 간주한다. 이와 같은 직관에 의한 분배는 선에 대한 독립적인 정의가 있지 못한 한계가 있다.

롤즈는 상호비교고찰에서 공리주의적 정의관과 공정으로서의 정의관을 비교한다(§6). 이는 공정으로서의 정의관은 "사회의 각 구성원은 정의에 입각한, 또는 어떤 사람들이 말했듯이 자연권에 입각한 불가침성(inviolability)을 지니고 있으며, 이는 다른 모든 사람의 복지라는 명목으로 유린당할 수 없는 것이다"(65)라고 선언하고 있다. 좋음이 옳음에 우선할 수 없다는 것이다. 공정으로서의 정의는 정의의 우선성(priority of justice)을 갖는다.

정의의 우선성은 §40의 "공정으로서의 정의에 대한 칸트적 해석"에서 다시 구체적으로 언급된다. 즉 평등한 자유의 원칙의 내용과 이것이 규정하는 권리들의 우선성에 기초한 정의관은 칸트적 해석에 기초하고 있다.

롤즈는 칸트의 도덕철학에서 인간의 자율적 행동에 대한 칸트의 주장의 의미를 소개하고 있다. "내 생각에 칸트의 주장은 인간이 자율적으로 행동하는 경우란 그 행위의 원칙들이 자유롭고 평등한 합리적인 존재로서 그의 본성을 가능한 한 가장 적합하게 표현해주는 것으로서 그에 의해 선택될 때라는 것이다."(340) 자율적인 행동은 타율적인 행동과 비교된다. 롤즈는 칸트의 인간의 도덕적인 주관성과 자율성으로 특징되는 인간관을 받아들인다.

이는 구체적으로 칸트의 정언명령과 정의의 원칙 간에 유사성이 있다고 보는 것이다. 자유롭고 평등한 합리적 존재로서 본성을 가진 인간에게 적용되는 행위의 원칙은 정언명령에서 이해되기 때문이다. 롤즈는 상호 무관심과 원초적 입장도 칸트의 자율성 개념에서 해석하고 있다.

자율성에서 완전한 자율성과 합리적 자율성의 구분이다. 자유롭다는 의미에서 시민은 이 양자 모두를 소유한다. 합리적 자율성(rational autonomy)은 사람들의 지적, 도덕적, 능력에 기초하며 특정한 가치관(선관, a conception of the good)을 형성하고 수정할 수 있다. 합리적 자율성은 원초적 입장과 연관하여 볼 때, 이를 하나의 순수한 절차적 정의의 경우로 고안함으로써 형성된다. 완전한 자율성(full autonomy)은 시민들이 정의의 원칙에 따라 행동할 때 시민들에 의하여 실현된다(정치적 자유주의, 97). 완전한 자율성은 시민들이 공적 이성에 따라 정치적 정의관에 따라 행동함으로써 그리고 공적·비공적 삶에서 선을 추구함으로써 실현된다(정치적 자유주의, 98).

칸트적 구성주의와 정치적 구성주의

구성주의 윤리학에서 칸트와 롤즈는 특별한 관계에 있다.[70] 롤즈는

---

70) John Rawls, "Themes in Kant's Moral Philosophy, in Kant's Transendental Deductions: The Three 'Critiques' and the 'Opus Postumu', ed. by Eckart Forster, Stanford University

자신의 『정의론』의 방법과 전략에서 이런 칸트적 구성주의(Kantian Constructivism) 표현을 쓴 것은 1) 자기가 제시하는 공정으로서의 정의관의 그 뿌리가 칸트의 철학에 있으며 2) 칸트적 구성주의가 다른 윤리설에 비해 잘 이해되어 있지 못하며, 3) 자신과 칸트와의 유사성을 강조하기 위해서이다.[71] 롤즈에게 있어서 '칸트'라는 말은 완전한 동일성이 아니라, 그 정신에 있어서 유사성을 의미하는 것이다.[72] 구성주의란 말은 광범한 의미를 갖는데 단순히 구조주의, 맥락주의로도 표현된다. 구성주의는 객관적인 실재론적인 입장과 반대되는 주관적인 반실재론적인 관점이다. 우리는 외부 세계에서 지각된 경험을 해석하는 정신적인 활동을 통하여 실재를 구성한다.

구성주의는 이런 인간이 어떻게 지식을 구성하느냐에 일차적인 관심을 갖는다. 정치적 구성주의(political constructivism)는 정치관의 구조와 내용에 관한 하나의 견해이다. 롤즈는 『정의론』에서 칸트의 도덕적 구성주의에는 형이상학적, 인신론적 관점이 함축되어 있기 때문에 본래 자신의 의도가 충분히 드러나지 못함을 인정하고, 『정치적 자유주의』에서 정치적 구성주의와 도덕적 구성주의(moral constructivism)를 구별하여 설명한다. 칸트의 교리는 가령 포괄적인 도덕적 견해를 가지며 초월적 관념론에 근거한 인간관과 사회관을 가진다.

정치적 구성주의는 다음과 같은 특징을 갖는다(정치적 자유주의, 115~117).

- 정치적인 정의 원칙들(내용)이 구성절차(구조)의 산물로 표현된다.
- 구성절차는 이론이성(theoretical reason)에 기초해 있지 않고 본질적

---

71) 맹주만, 롤즈, 칸트, 그리고 구성주의, 칸트 연구 제20집, 2007, 117~148(118~119).
72) 황경식, 2013, 252.

140 | 제2편 롤즈의 정의론

으로 실천이성(practival reason)에 기초해 있다.

- 복잡한 인간관과 사회관을 사용한다.
- 합당성 개념을 구체화하고 이를 관점과 원리들, 판단들과 근거들, 인간과 제도들에 적용한다.

칸트에 따르면 구성은 모든 인식의 동의어이다. 칸트의 구성주의 인식론은 인식이 대상에 준거하는 것이 아니라, 대상이 인식에 준거한다. 인식 주체가 대상을 구성하는 것이다. 칸트적 구성주의의 본질은 구성의 합리적 요구조건에 부응하는 구체적인 구성 절차를 세우며, 그러한 절차 내에서 합리적 인간들이 합의를 통해서 정의의 원칙들에 도달하려는 것을 말한다. 롤즈의 정의론에 대한 해석은 이런 칸트의 인식을 보여준다. 그래서 비판가들은 칸트의 자율성이나 실천이성 등의 개념 수용을 놓고 롤즈가 지나치게 칸트적이라고 비판하거나, 또는 그렇지 못하다고 본다. 롤즈는 칸트와 달리 정의의 원리가 아프로리(apriori)나, 순수 실천이성(a pure practical reason)에만 근거한다는 점을 배격한다. 롤즈는 정의의 원리를 실천 이성에 작용하는 인간의 자연적인 또는 경험적인 조건에서 찾는다.

롤즈의 순수 절차적 법칙과 칸트의 도덕론은 구성주의 측면에서 다음과 같이 유사성을 가진다.

- 두 경우 모두 발상은 절차적 표현장치(a procedural representation)를 만드는 것이다. 이 장치 속에서 가능한 올바른 추론의 모든 기준들을 결합하여 검토한다(정치적 자유주의, 127).
- 원초적 상태는 칸트의 자율성 이념과 정언명령에 대한 절차적 해석으로 표현된다.
- 상호 무관심성이란 정의의 주관적 여건으로 칸트의 인간존재에 대한 자율성 개념으로 이해된다.

• 정의의 제2원칙인 차등의 원리는 고전적 공리주의와는 달리 '자신과 타인 모두의 인간성 또는 인격을 항상 동시에 목적으로 하며, 수단으로써 사용하지 않도록 행위를 하여라'라는 칸트의 정언명령 정신을 구현한다.

• 도덕적 인격은 정의의 원리를 합의하는 자율적인 존재며, 합의된 원리에 따라 행동하는 이성적 존재이다. 롤즈에 있어서 이런 자유롭고 평등한 도덕적 존재로서 인격이 그에 부합하는 정의로운 사회를 형성한다.

11. 원초적 입장 (§4)

롤즈는 원초적 입장(original position)을 §3에서 소개하고, §4에서 원초적 입장이 왜 정당화되어지는가를 논증하고 있다. 원초적 입장은 '제3장 원초적 입장'에서 더 구체적으로 논의된다.

원초적 입장이란 무엇이며, 왜 원초적 입장인가? 롤즈는 자신의 정의론을 다른 수많은 정의론과 비교 평가할 수 있는 어떤 상황이 필요하였는데, 그 상황이 다름 아닌 원초적 입장이다. 원초적 입장은 공정으로서의 합의가 도달될 수 있도록 보장된 최초의 상태를 말한다. 원초적 상황은 헌법을 제정하는 제헌의회나 모든 이해당사자가 참여하여 문제들을 논의하여 합의에 이르려는 원탁회의와 비슷한 면이 있다. 원초적 상황은 아무 것도 없는 상황에서 새로운 것을 창출하는, 창세기 1장에서 아무것도 없는 무에서 유를 창조하는 것과 같은 것이 아니라, 이미 존재하는 것(정의관)을 비교하여 우열을 정하여 선택하는 것이 된다.

원초적 상황은 롤즈가 만들어낸 새로운 개념이며, 독특한 개념이다. 원초적 개념 하나로 롤즈는 일약 세계적인 학자로 등극하였다. 사회계약론에서 자연 상태(state of nature)를 들어, 원초적 입장이 그와 같은 입장이라고 본다(46). 그래서 원초적 상황은 다음과 같은 특성을 가진다.

- 원초적 상태는 순수한 가상적 상황이다. 원초적 입장은 역사상 실재했던 것이 아니다. 그렇다고 원초적 입장을 문화적 원시 상태로 여겨서는 안 된다.
- 원초적 상태에서 아무도 자신의 특성을 모른다. 즉 자신의 사회적 지위나 계층상의 위치, 더 나아가 자신의 소질, 능력, 지능, 체력 등 천부적인 우연성을 모른다. 그렇다고 백치 상태를 말하는 것은 아니다. 이는 단지 우연한 결과나 사회적 여건의 우연성으로 인해 유리하거나 불리해지지 않는다는 점이 보장되는 것을 말한다(46, 54).
- 따라서 원초적 입장은 적절한 최초의 원상(status quo)이며, 여기서 도달하게 되는 합의는 공정한 것이다. 공정으로서의 정의가 합의된다.

우리사회에서 수많은 갈등을 볼 수 있다. 왜 갈등이 일어나는가? 이는 현실에서 공정한 조건을 찾아내거나 당사자들을 만족시킬 수 없기 때문이다. 그러나 원초적 상황은 우리의 현실과 다르다. 사람들이 공정하면서도 도덕적인, 상대를 만족시키는 선택이 가능한 상황은 다름아닌 원초적 상태에서이다. 이런 원초적 상황에서 합의된 정의관은 '공정으로서의 정의'라 불린다.

12. 무지의 베일 (§3)

원초적 입장과 함께 논의되는 것에 무지(無知)의 베일이 있다. "정의의 원칙들은 무지의 베일 속에서 선택된다."(46) 무지의 베일은 또한 롤즈에 있어서 원초적 입장과 더불어 정의론 논의에서 독창적인 개념이다.

무지라는 것은 자신의 이해관계를 모른다는 의미이다. 무지의 베일에 관한 가장 간단한 예는 정의의 여신에서 두 눈을 가린 모습이다. 정의의 여신의 상을 보면 두 눈은 가리어져 있으며 왼손에 저울을 오른손에 칼을 들고 있는 모습이다. 저울은 엄정한 정의의 기준을 상징한다. 반면에 칼은 엄정한 기준에 따른 판정에 정의가 실현되는 것을 말한다. 앞을 보지 못하는 정의의 여신은 사람을 외모나 자신의 어떤 이해관계를 근거로 판단하지 않는다.

무지의 베일을 실제에서 이용하는 예는 가령 음악대학의 입시에서 수험생과 시험관 사이에 장막이 처져 있는 경우를 볼 수 있다. 무지의 베일로서 커튼이 있어, 시험 채점관은 수험자가 누구인지 모르며, 다만 연주소리를 통해 채점하게 된다. 이런 채점방식은 눈으로 모든 동작을 관찰할 수밖에 없는 피겨스케이팅 채점보다 더 공정하다. 피겨스케이팅은 심판관이 눈으로 보고 평가를 할 수밖에 없기 때문에 그만큼 공정성의 시비가 많다.

■ 정의 여신과 독일연방우체국 발행 우표 정의(Gerechtigkeit) 1974년

무지의 베일이 왜 필요하며, 어떤 중요한 역할을 하는가? 무지의 베일은 각각의 사람들을 서로 간에 동등한 위치에 놓으며, 중립적인 견해를 통해 판단에 이르는 것을 보장한다. 무지의 베일은 개인의 특수성을 가려주기 때문에, 정의 원칙이 합의된 후 무지의 베일이 벗겨졌을 때 그 합의된 정의의 원칙은 자신의 사회생활에서 유리하거나 불리하지 않게 된다.

우리는 무지의 베일 뒤에 위치한 이성적 사람들이 '어떠한 것'을 동의할 것이라 기대할 수 있겠는가? 예를 들어 우리는 노예제도가 정당한지 아닌지를 어떤 방법을 통해서 알 수 있을까를 생각해보면 된다. 우리는 노예제도를 모두가 수긍하는 사회정의의 일반원리(general principles of social justice)로 선택하고, 무지의 베일 뒤 원초적 입장에 속한 이성적인 사람도 노예제도를 선택할 것인가를 보자. 이들이 노예제도를 선택하겠는가? 그렇지 않다. 왜 노예제를 선택하지 않는가? 자기 자신이 노예로 태어날지도 모른다는 가능성이 있다면, 합리적인 사람이라면 당연히 노예제를 제외할 것이다. 무지의 베일 뒤에 있는 이성적인 사람은 공리주의를 거부할 것이다.

"각자는 자기가 선이라고 생각하는 것을 증진시키고 자신의 이익과 능력을 보호하기를 바라기 때문에, 그 누구도 만족의 보다 큰 순수 잔여량을 가져오기 위해 자신에게 돌아올 손실을 말없이 참을 이유는 없는 것이다. 끈질기고 이타적 충동이 없는 경우에는 합리적 인간이란 자기 자신의 기본권리와 이해관계에 미칠 결과를 고려하지 않고, 전체 이득의 산술적인 총량을 극대화한다는 이유만으로 어떤 기본구조를 받아들이지는 않을 것이다."(49)

만약 사람들이 '원초적 입장'(original position)에서 공리주의를 거절하고자 한다면 대신 그들은 무엇을 받아들이겠는가? 이에 대해 롤즈는 그들이 정의의 두 가지 원칙에 동의할 것이라 믿는다.

첫 번째 원칙은 기본적인 권리와 의무의 할당에 있어 평등(equality)을 요구하는 것이다.

두 번째 것은 사회적·경제적 불평등, 예를 들면 재산과 권력의 불평등을 허용하되 그것이 모든 사람, 그중에서도 특히 사회의 최소 수혜자에게 그 불평등을 보상할 만한 이득을 가져오는 경우에만 정당한 것임을 내세우는 것이다(49).

이는 그 유명한 롤즈의 '정의의 두 원칙'이다. 이는 후에 다시 더 자세히 다루게 된다. 협동적인 사회체계에서 우리는 공정으로서의 정의가 어떠해야 하는가를 본다. "모든 사람의 복지가 그들의 만족스러운 삶에 필수적인 사회협동 체제에 의존하기 때문에, 이득의 분배는 가장 곤란한 처지에 있는 사람을 포함해서 그 사회에 가담하는 모든 사람의 협력을 이끌어내도록 이루어져야 한다."(49~50)

13. 정치적 인간관

원초적 상태에서 가정하는 인간은 합리적이며 '상호무관심하다' (mutually disinterested)는 것이다. 상호무관심하다는 것은 보통 부정적인 의미를 갖는데, 여기서는 인간이 차갑고 인정이 없다는 그런 의미가 아니라 사심이나 이타심이 없는 것으로 간주한다는 것이다. 가령 '사촌이 땅을 사면 배가 아프다'는 속담은 인간의 시기심을 단적으로 보여준다. 그런데 서로에게 '무관심하다'는 것은 바로 이와 같은 어떤 시기심을 갖지 않는다는 것을 말한다. 이는 롤즈의 방법론적 기초이다. 롤즈는 인간관에 대해 부연하여 설명하고 있다. 그가 전제하는 인간은 샌들이 비판하듯이 존재론적으로 선행하여 존재하는 형이상학적 인간 개념을 전제하는 것은 아님을 밝히고 있다. 정치적 인간관은 다음과 같은 특징을 가진다(정치적 자유주의, 35~44).

• 시민들은 자기 자신에 대해서뿐만 아니라 서로에 대해서 각자는 선관(a conception of the good)을 형성할 수 있는 도덕적 능력(moral power)을 가진 존재이다. 시민은 정의감에 대한 능력과 선관에 대한 능력을 가지며, 자유롭게 선관을 수정하거나 변경할 수 있다.

• 시민들은 스스로 타당한 주장의 자기 확증적 원천(self authentication sources of valid claims)을 갖는다. 시민은 자신의 선관을 주장하기 위해 사회제도에 대해 주장할 수 있는 자격을 가진 존재이다.

• 시민들은 자신들이 설정한 목적에 책임을 질 수 있는 존재이다.

공동체주의자들은 롤즈의 이런 상호무관심하다는 전제에 본능적으로 반대한다. 롤즈나 노직에 전제되어 있는 사회적 조건들이 마치 우리가 다른 그룹 사람들과 함께 난파되어 무인도에 당도하였는데, 이 집단의 사람은 서로 모두 낯설은 상태에서 살아남기 위해 규칙 정하기를 시작하는 것과 같다는 것이다.[73] 공동체주의 자들은 개인과 개인의 신뢰와 협력을 통해 사회를 이끌어가는 것으로 보기 때문이다.

14. 반성적 평형과 방법 (§9)

반성적 평형은 원초적 입장의 정당화와 관련되어 §4에서 설명되고, §9 "도덕이론에 관한 몇 가지 제언"으로 되어 있지만, 이는 실제로 반성

---

73) 매킨타이어, 도덕의 상실, 368.

적 평형과 방법에 대한 설명들로 되어 있다.

먼저 원초적 입장에서 절차이다. 이런 절차는 우리의 신뢰할 수 없는 단순한 도덕적 직관에 대한 의존을 줄임으로써 도덕적 고려 절차에 기여를 한다. 그러나 롤즈가 인정하는 것처럼 우리는 그러한 의존 전체를 제거할 순 없다. 롤즈는 어떤 정의관이든 어느 정도는 직관에 따라야만 한다고 본다(82). 이는 다음의 질문을 통해 알 수 있다. "우리가 만약 사회정의의 옳은 원리가 충분히 이성적인 사람이 원초적 입장에서 동의하는 것들이라고 주장한다면, 우리는 어떻게 우리가 원초적 입장 절차를 올바르게 특성화시켜왔다고 확신할 수 있는가?"

롤즈는 이 문제에 대답을 §9에서 하고 있다. 우리가 있는 그대로의 도덕 직관들에 의존할 때의 어려움은 우리는 이것들이 믿을 만한 곳에서 나온 것인지 확신할 수 없다는 점이다. 왜냐하면, 이런 도덕적 직관들이 아마 단순한 편견들의 산물일 수도 있기 때문이다. 그러면 이 불확실성을 어떻게 제거할 것인가? 첫 번째 전략은 있는 그대로의 도덕 직관이 우리의 논리를 구성하는 역할을 최소화함으로써 자신에의 의존을 줄이는 것이다.

원초적 입장에서의 절차는 도덕적 판단을 가능한 신중한 판단으로 대체함으로써 불확실성을 줄이고자 한다. 그러나 이 전략은 완전히 작용하지 않을 수 있다. 왜냐하면, 원초적 입장의 절차 디자인은 그것의 공정성에서와 마찬가지로 확실한 도덕 판단을 반영하여야 하기 때문이다. 여기서 롤즈는 두 번째 전략을 소개한다. 롤즈는 이를 '반성적 평형'(reflective equilibrium)(56, 90)의 방법이라 하였다.

반성적 평형의 개념정의

롤즈의 반성적 평형에 대한 정의를 보면 "합당한 조건들을 표현해주면서도 정리되고 조정된 우리의 숙고한 판단에도 부합하는 최초의 상황"(56)이라고 하고 있다. 반성적 평형은 말하자면, 직관과 이론 사이에 발생한 갈등에 대한 연속적인 조정의 결과로서, 더는 조정을 할 필요가 없게 된 상태를 말한다. 그래서 반성적 평형의 상태에서 도덕적 믿음이나 판단은 더 이상 불화를 일으키지 않고 조화로운 상태가 된다. 반성적 평형상태는 의견 불일치가 생길 경우 논의를 통해 심사숙고하고 상호 수정하여 의견일치를 끌어내는 방법이나 이미 끌어낸 상태가 되기 때문이다. 반성적 평형상태에 이르는 과정은 일종의 정반합의 '변증법' 원리와 비슷한 점을 갖고 있다.

우리가 추상과 세부 묘사의 여러 단계에서 다양한 주제에서의 도덕적 직관들로 시작하였다고 가정해 보자. 우리는 직관주의자들이 그러하듯 그곳에서 멈출 필요는 없다. 이 직관들의 몇몇은 다른 것들보다 훨씬 주도적이며, 시행되어야 하는 책임을 진다. 롤즈는 이것들을 '숙고한 판단'(con-sidered judgment)이라 하고, "숙고한 판단들은 우리의 도덕 능력이 왜곡됨이 없이 나타나게 될 가능성이 가장 큰 그러한 판단들로서 주어진다."(89)

우리가 더 숙고한 판단들을 선택한다고 다시 가정해보자. 그리고 이를 통해서 체계적인 방식으로 설명하는 사회 정의 이론을 구상해보자. 우리가 잠정적으로 하나의 안을 선택하였다. 첫 번째 안이 정확히 옳지 않다면, 우리의 잠정적 이론은 다른 도덕 직관들과 충돌하는 것들을 가지고 있을 수 있다. 다음으로 우리는 이 충돌 중 하나를 시험하고 그 직관이 여전히 우리에게 매력적일 때, 그것을 조정해야 하는지와 전체 이론에 있어 요구되는 조정에 손실이 크기 때문에 아예 그 분쟁 직관을 배제해야 하는지 결정해야 한다. 롤즈는 이에 대해 "모든 관련된 철학적 논의와 더불어 우리의 판단들이 그것에 맞추어 조정해야 할 가능한 모든 설명이 우리에게 제시되는 것인지에 따라 그러한 개념은 다양해질 수 있다"(91)고 정리하였다.

우리는 관련된 도덕 직관들을 통해 진행하면서 결국 우리가 만족하는 이론에 도달한다.

반성적 평형 단계에서 선택되는 이론은 따라서 주의 깊은 반영을 통해 지키고자 결정한 모든 직관과 잘 맞는 체계성을 가진 이론이다. 이것이 반성적 평형이다. 다시 말해 반성적 평형상태는 "그 사람이 제시된 여러 가지 견해들을 평형해 본 후 그중 한 가지에 맞추어 자신의 판단을 수정하든가, 최초에 가진 자신의 신념(그리고 그와 관련된 견해)을 일관되게 견지하는 경우이다."(90~91)

반성적 평형을 찾아가는 과정은 마치 천칭(평형 저울)에 두 직관을 양쪽에 올려놓고, 서로 비교하면서 하나씩 나은 것을 찾아가는 것으로 비유할 수 있다. 반성적 평형은 원칙이 옳은가, 적용 가능한가를 판단하며, 다시 판단이 원칙에 부합하는가 등을 계속하여 숙의하는 과정을 갖는다. 원칙과 판단이 서로 맞는 어느 시점에 이르면 이 과정은 멈추게 된다. 이는 어떤 점에서 브레인스토밍(brainstorming)의 성격도 있다.

그러면 반성적 평형이 어떻게 원초적 입장의 적절한 변수들을 결정하는 문제에 적용될 수 있는가를 보자. 원초적 입장에서 "가장 유력한 설명을 찾는 데 있어" "우리는 양쪽 끝에서부터 작업하게 된다."(56) 이는 우리가 처음 작업을 할 때에 두 체제의 직관들로 시작한다는 것을 의미한다. 첫 번째 것은 어떤 종류의 결정 절차가 공정할 것인가에 대한 직관들이다. 다른 한 직관은 아마도 원초적 입장의 당사자들이 평등하다고 생각하는 것이다. 모든 이들은 원칙의 선정 절차에 있어 동등한 권리를 가지며, 누구나 제안을 할 수 있고 그것을 받아들임에 있어 이성에 따른다. 그런데 그 누구도 원칙들을 선택함에서 타고난 운수나 사회적 여건 때문에 유리하거나 불리해서는 안 된다. 그러므로 부유하고 힘 있는 자들이 기득권의 지위를 증진하고자 원칙을 만드는 결정절차를 조작하고자 하는 것은 당연히 부당하다. 이와 같은 직관들에 더하여, 롤즈는 또한 사회 정의의 상태에 관한 다른 직관도 있다고 생각한다. 예를 들어 우리의 정의가 효율성보다 더 중요하다는 직관이며, 그래서 사람은 최소한의 불가침권을 가진다는 것이다. "종교적 편견이나 인종 차별은 부당하다"(55)는 직관도 마찬가지이다. 이런 직관은 다른 차별적 직관에 우선한다.

반성적 평형의 적용

그러면 반성적 평형 방법이 이런 직관에 어떻게 적용되는가? 반성적 평형의 방법을 따르면, 우리는 우리의 첫 번째 직관들을 반영한 원초적 입장을 디자인해야 한다. 그리고 어떠한 사회 정의 원칙을 발생시킬 것인지 결정해야 한다. 그러고 나서 이런 정의가 또 다른, 즉 우리가 가진 두 번째 직관들과 어디에서 충돌하는가를 판단해야 한다. 여기에 처음 직관이 두 번째 직관과 갈등을 갖는 것으로 여겨질 때 우리의 직관들에 대한 수정이나 조정은 그 정의 이론이 반성 평형에 도달할 때까지 계속된다.

우리가 갖고자 하는 정의 이론이 이런 반성적인 평형상태에 이르렀다고 판단한 후에도 여전히 부담이 있다. 그래서 롤즈는 자유롭게 자신의 이론을 포함하여 "모든 이론은 어딘가 미흡한 점을 가졌다고 생각한다. 언제나 진정한 문제란 이미 제시된 입장 중에 어느 것이 대체로 최선의 접근 방식인가를 아는 일이다."(94) 그래서 롤즈는 언제나 진정한 문제란 제시된 입장 중에 어느 것이 대체로 최선의 접근방식인가를 아는 일이 된다. 이론에서 잘못되었거나 미흡한 것이 있으면 이를 발견해내고 좀 더 나은 최선의 것에 이른 것이 된다. 이런 점에서 롤즈는 자신의 정의론을 공리주의와 대비시키고 공정으로서의 정의를 제안한다(95).

제3장 정의의 원칙

나쁜 정부와
정의

롤즈는 제1장에서 『정의론』의 주요 핵심이 되는 개념들을 정리하여 설명하였다. 이와 더불어 롤즈는 사회정의의 주요 이론으로 적용되어온 공리주의와 이와 관련된 문제와 한계점을 밝히고 있다. 롤즈는 공리주의의 대안으로 '공정으로서 정의'론을 제시한다. 롤즈는 이 대안을 위해서 논증해야 할 두 가지 과제가 있다.

첫째는 '공정으로서의 정의'가 무엇인지를 먼저 설명해야 한다. 이와 관련된 문제를 모두 찾아 가능한 한 모두 설명하는 것이다. 이런 논증 방식으로 공정으로서의 정의는 쾌락과 고통의 비중만을 고려하는 공리주의보다 훨씬 복잡한 논증의 구성을 가진다.

두 번째로 '공정으로서의 정의가 공리주의보다 우월하다'는 점을 논증하는 것이다. 이는 물론 비교적 방식을 취하지만 그럼에도 공정으로서의 정의에만 있는 독창적인 개념을 만들어내고 있다. 가령 원초적 입장, 무지의 베일과 같은 개념이다. 이를 통해 롤즈는 무지의 베일 뒤 원초적 입장의 사람들이 단순한 공리주의 입장의 사람들보다 합리적이며, 또한 합리적인 정의를 선택할 것이라 본다.

　이 정의의 원리를 설명하는 '제2장 정의의 원칙'은 모두 10개 장으로 구성되었다. 본장에서는 정의의 원칙에서 정의의 두 원칙(§11)과 제2원칙에 대한 해석(§12)을 중심으로 정의론이 어떻게 논증되고 있는지를 보고자 한다.

1. 제도와 형식적 정의 (§10)

　먼저 §10에서 롤즈가 언급하고 있는 제도와 형식에 대해서 보자. 제도와 형식이 문제가 되는 것은 정의론의 논의에서 최초의 상황에 대한 해석과 여기서 선택 가능한 다양한 원칙들이 정식화되기 때문이다. "사회정의에 관한 기본적인 주제는 주요한 사회 제도들을 하나의 협동 체제로 편성한 사회의 기본구조(basic structure)"이다(98).

　롤즈는 §10에서 제도에 대해서 비교적 자세히 설명하고 있다. 사회정의의 주제가 사회의 기본구조이며, 사회의 기본구조는 사람들이 그들의 삶을 사는 배경과 틀(framework)을 구성하는 주요 사회 제도들과 관행(practice)들의 구성이다. 롤즈는 모든 사회는 기본구조를 가지며, 우리는 항상 최상의 것으로 판명되는 특정 기본구조를 따라 사회 정의 이론을 만든다고 본다. 그리하여 정의가 언제나 일종의 평등을 나타내는 것으로 보면, 이는 본질에서 정의가 형식적 정의(formal justice)로서 적용되는 것이 요구된다. 형식적 정의는 법이나 제도가 규정하고 있는 각 계층에 속하는 모든 사람에게 평등하며, 같은 방식으로 적용된다.

제도

롤즈는 제도를 공적인 체계로 여긴다. "나는 여기에서 제도(institution) 라는 것을 권리 및 의무, 권한 및 면제 등을 수반한 직책과 직위들을 규정 하고 있는 공적인 체계로 이해하고자 한다. 이러한 규칙들은 어떤 형태의 행동은 허용 가능한 것으로, 다른 행태의 행동은 금지되는 것으로 명시하 며, 이에 대한 위반이 발생하였을 때에는 일정한 형벌을 가하고 답변을 요구한다. 제도의 사회적 관행의 예는 경기, 의식, 재판, 의회, 시장 및 재 산 체제 등을 생각할 수 있을 것이다."(98)

정치학에서 정치는 제도(polity), 과정(politics), 정책(policy) 세 수준에 서 논의된다.

제도 존재방식

롤즈는 제도에 대한 좀 더 깊이 있는 논의를 전개하고 있다. 먼저 제 도는 일정한 시간과 장소 내에서 존재한다(98). 이는 칸트의 인간의 사물 존재에 대한 인식을 염두에 둔 것으로 본다. 인간의 사물에 대한 인식은 공간과 시간이라는 범주에서만 가능하기 때문이다. 이처럼 제도도 공간과 시간 속에서 공공적 이해에 따라 규칙적으로 수행되어야 한다. 이는 마치 교통신호라는 제도와 같이 정의도 그 규제하는 규칙의 체계를 가지며 준 수되어야 한다는 것이다.

롤즈는 계속하여 제도에 대한 다양한 본질을 논의한다. 즉 제도의 정 의, 제도와 관련된 제도의 두 측면, 제도의 존재 방식, 한 제도의 규칙들 이 갖는 공지성(publicity)의 의의, 단일한 규칙과 전체로서 사회제도의 부 정의, 단일 규칙 및 제도와 전체로서 사회제도의 구분, 정의 개념이 적용 되지 않는 제도, 형식적 정의, 법과 제도의 평등한 적용을 요구하는 형식 적 정의, 큰 부정의를 해소할 수 있는 형식적 정의이다(98~105).

형식적 정의

형식적 정의에 대해 좀 더 살펴보자. 우리는 살아가면서 사회의 규칙들에 대해서 만족을 하는 것도 있지만 반대로 부당하다고 여기는 것도 많이 있다. 어떤 정의의 원칙들은 할 수 없이 받아들이지만 실제로는 부당하며 정의롭지 못하다고 판단하고 있다. 이런 개별적인 사안이나 사람들에 따라서 불만족스럽지만 다른 한편에서는 사회의 기본적 권리와 의무, 이익과 부담을 분배해주고, 널리 받아들여져 수용되는 정의관이 있다. 이런 널리 받아들여져 공정하며 일관성을 가지고 운영되는 것을 형식적 정의(formal justice)라 부른다. '악법도 법이다'라는 격언이 있다. 이는 개인이 악법이라고 해도 그 법을 지키지 않으면 오히려 더 큰 혼란이 일어나 그 사회는 존속할 수 없다는 의미도 있다.

형식적 정의는 그 내용이 무엇이든지 간에 공정하고 일관되게 적용되는 것을 말한다. 따라서 형식적 정의는 그 운용에서 편파적이지 않으며, 모든 사람에게 평등하게 적용된다. 즉 형식적 정의는 그 내용을 문제 삼는 것이 아니라 그 적용에서의 일관성과 무차별성을 요구한다. 그래서 법은 만민 앞에서 평등할 것을 요구받는다.

형식적 정의를 통한 부정의 예방

형식적 정의는 그 내용을 문제 삼지 않고 적용에서 형평성만을 문제 삼기 때문에, 실제 내용에서 정의롭지 않을 수 있다. 즉, 형식적 정의는 실질적 정의를 보장해주지 못하는 한계를 가진다. 반면 형식적 정의는 큰 부정의를 해소할 수 있다. 가령 어떤 제도가 있어, 그 제도가 규칙대로 시행되었을 때 예상되는 불이익을 받지만, 만약에 그 규칙이 멋대로 적용되면 더 큰 손해를 받을 수 있다. 한 제도를 자의적으로 적용하면, 오히려 더 큰 부정의가 발생한다. 이런 점에서 형식적 정의가 실질적 정의를 보장한다는 견해를 지지하는 사람도 있다(104). 이는 가령 "법 일반이 갖는 불가피한 모호성이나 광범위하게 허용되는 해석 가능성으로 말미암아, 정의를 충실히 지킴으로써 이루어질 수 있는 결정에 도달하는 데에 자의성이 조장될 수 있는" 경우이다(104).

이런 제도와 형식적 정의 논증에서 우리가 관심을 가져야 하는 것은 다양한 종류의 정의 또는 단순한 공적인 정의가 아닌 실제적(substantive) 정의이다. 공정으로서의 정의와 공리주의는 둘 다 모두 실제적 이론(substantive theory)이다.

2. 정의의 두 원칙 (§§ 10~14)

제도와 관련 이러한 예비적인 진술을 한 후에 롤즈는 논쟁의 중심으로 뛰어든다. §§11~14에서 공정으로서 정의를 구성하는 두 가지 원칙들이 나오고, 그것들이 어떻게 해석되어야 하는가를 자세히 설명한다. 이는 정의론 전체에서 가장 중심이 되는 부분이다.

원초적 입장에서 채택되리라고 생각되는 정의의 두 원칙에서 첫 번째 진술은 다음과 같다.

첫째: 각자는 다른 사람들의 유사한 자유의 체계와 양립할 수 있는 평등한 기본적 자유의 가장 광범위한 체계에 대하여 평등한 권리를 가져야 한다.

둘째: 사회적·경제적 불평등은 다음과 같은 두 조건을 만족시키도록, 즉 (a) 모든 사람의 이익이 되리라는 합당하게 기대되고,

(b) 모든 사람들에게 개방된 직위와 직책이 결부되게끔 편성되어야 한다.

The first statement of the two principles reads as follows.

First: each person is to have an equal right to the most ex-
tensive scheme of equal basic liberties compatible with a similar
scheme of liberties for others.

Second: social and economic inequalities are to be arranged so
that they are both (a) reasonably expected to be to everyone's ad-
vantage, and (b) attached to positions and offices open to all.[74]
(Justice, 53)

여기서 우리는 공리주의는 하나의 원칙에 의존하는 데 반해, 공정으
로서의 정의는 '두 가지' 원칙에 의존함에 주목해야 한다. 이는 공정으로
서의 정의가 왜 공리주의와는 달리 형식적 제도뿐만 아니라 실제적 제도
로서의 특성을 갖는가를 보여준다. 공정으로서의 정의는 공리주의를 성
가시게 하는 주요 문제를 극복하고 있는데, 이는 바로 두 원칙에서 '첫 번
째 원칙이 두 번째 것에 우선하는 연속적인 순서'를 통해서이다. 정의의
두 원칙은 목적상 두 가지의 다소 다른 부분을 갖는 것으로 여겨진다. 제1
원칙은 그중에 한 부분, 제2원칙은 다른 부분에 적용되는 것으로 전제한
다. 이는 "평등한 기본적 자유를 규정하고 보장하는 사회체제의 측면과 사
회적·경제적 불평등을 규정하고 확립하는 사회체제의 측면으로 구분된
다."(106)

롤즈는 제2장에서 정의의 원칙, 제3장에서 원초적 입장, 제4장에서
평등한 자유, 제5장에서 분배의 몫과 그에 딸린 각 문제들을 설명하고 최

---

74) John Rawls, Justice, 1999, 53.

종적으로 46절에서 제도상의 정의의 두 원칙에 대한 최종적인 진술을 한다(400).

롤즈의 정의의 두 원칙에 대한 제도적인 최종적인 진술이다.

"제1원칙

각자는 모든 사람의 유사한 자유 체계와 양립할 수 있는 평등한 기본적 자유의 가장 광범위한 전체 체계에 대해 평등한 권리를 가져야 한다.

제2원칙

사회적·경제적 불평등은 다음 두 가지, 즉

(a) 그것이 정의로운 저축 원칙과 양립하면서 최소 수혜자에게 최대 이득이 되고,

(b) 공정한 기회 균등의 조건 아래 모든 사람들에게 개방된 직책과 직위가 결부되게끔 편성되어야 한다.

제1우선성규칙(자유의 우선성)

정의의 원칙들은 축차적 서열로 이루어져야 하고 따라서 기본적 자유는 자유를 위해서만 제한될 수 있다. 두 가지 경우가 있는데,

(a) 덜 광범위한 자유는 모든 이가 공유하는 자유의 전 체계를 강화해야만 하고

(b) 덜 평등한 자유는 보다 작은 자유를 가진 사람들에게 받아들여질 수 있어야 한다.

제2우선성 규칙(효율성과 복지에 대한 정의의 우선성)

정의의 제2원칙은 서열상으로 효율성의 원칙이나 이득의 총량의 극대화 원칙에 우선해야 하며 공정한 기회는 차등의 원칙에 우선해야 한다.

여기에는 두 가지 경우가 있는데, 즉

    (a) 기회의 불균등은 보다 적은 기회를 가진 사람들의 기회를 증대해야만 하고

    (b) 과도한 저축률은 결국 이러한 노고를 치르는 사람들의 부담을 경감시켜야만 한다."(400~401)

제1원칙

원초적 상황에서 당사자들은 사회의 기본구조에 적용될 원칙 2개에 합의한다. 정의의 원칙 중 제1원칙은 평등한 자유의 원칙이라 불린다. 이는 정치적 자유에 관한 원칙이다. 양심의 자유, 표현의 자유, 종교의 자유와 같이 헌법에 보장된 기본권리는 국민 모두에게 똑같이 보장된 권리이다. 사회구성원의 각자는 다른 사람의 유사한 자유의 체계와 양립할 수 있는 평등한 기본적 자유의 가장 광범위한 체계에 대하여 평등한 권리를 가져야 한다.

제1원칙은 제2원칙에 우선한다. 따라서 제1원칙은 '자유 우선'의 원리라고 말할 수 있다. 이 자유 우선 원리는 사회 구성원의 자유가 서로 상충하지 않는 한 자유를 가장 광범위하게 또한 '동등하게' 누려야 할 권리를 말한다.

"제1원칙이 단적으로 요구하는 것은 기본적 자유를 규정하는 종류의 규칙들은 모든 사람에게 동등하게 적용되어야 하며, 그것은 모든 사람의 동일한 자유와 양립할 수 있는 가장 광범위한 자유를 허용해야 한다는 점이다."(109)

이런 자유의 주장으로 롤즈는 자유주의자로 불리기도 한다.

기본적 자유의 목록

제1원칙의 자유는 기본적 자유들로 그 목록에서 중요한 것은 다음과 같다. 정치적 자유(투표의 자유와 공직을 가질 자유), 언론과 결사의 자유, 양심의 자유, 사상의 자유, 심리적 억압과 신체적 폭행 및 절단을 포함하는 신체의 자유(인신의 온전성), 사유재산을 소유할 권리, 법에 따른 정당한 이유 없는 체포와 구금으로부터의 자유 등이다(106).

이와 같은 자유(소극적 자유)들은 제1원칙의 기본적 자유에 속하며, 모두에게 평등해야 한다. 인간은 타인으로부터 간섭과 방해를 받거나 자유가 제한되지 않고, 자신의 결정대로 살아갈 수 있는 자유를 가져야 한다(이사야 벌린의 소극적 자유 개념). 이런 평등한 기본적 자유의 체제는 우리 헌법 제11조 및 제12조에 규정하는 국민권리와 그 내용을 같이하고 있음을 볼 수 있다.

"제11조 ① 모든 국민은 법 앞에 평등하다. 누구든지 성별·종교 또는 사회적 신분에 의하여 정치적·경제적·사회적·문화적 생활의 모든 영역에 있어서 차별을 받지 아니한다.

제12조 ① 모든 국민은 신체의 자유를 가진다. 누구든지 법률에 의하지 아니하고는 체포·구속·압수·수색 또는 심문을 받지 아니하며, 법률과 적법한 절차에 의하지 아니하고는 처벌·보안처분 또는 강제노역을 받지 아니한다."

기본 권리들은 롤즈가 밀(J.S. Mill)의 사유재산에 대한 자유, 민주정부에 대한 헌법적 제한 등을 수용하는 것이다. 롤즈가 이런 자유들을 "기본적"(basic)이라 부르는 것은 다른 자유보다 이들이 중요하기 때문이다. 이런 기본자유가 주어져야만, 정의를 찾으며, 이를 적용할 수 있고, 개인은 당연하게 여기는 좋은(good) 삶을 계획하고 이루어갈 수 있다.

제1원칙에 따라서 모두에게 평등하게 제공되며 보장되어야 하는 자유의 목록에는 '생산 수단의 사적 소유의 권리'가 포함되어 있지 않다. 생산수단의 사적 소유 문제는 자본주의와 사회주의와 같이 사회체제의 특성을 결정한다. 원리적인 측면에서 자본주의는 생산수단의 사적 소유를 인정하지만, 사회주의체제는 이를 인정하지 않는다.

"특정한 종류의 재산(가령 생산 수단)에 대한 권리나 자유 방임론에 의해 이해되는 계약의 자유는 기본적인 것이 아니다. 따라서 이런 자유들은 제1원칙의 우선성에 의해 보호되지 않는다. …

모든 사회적 가치들─자유, 기회, 소득, 재산 및 자존감의 기반─은 이들 가치의 전부 또는 일부의 불평등한 분배가 모든 사람에게 이익이 되지 않는 한 평등하게 분배되어야 한다."(107)

롤즈는 생산수단의 소유 권리를 제1원칙에 속하는, 즉 기본적 자유로 인정할 것인지, 그렇지 않을 것인지는 각각의 공동체가 결정할 사안으로 본다.

제2원칙

제2원칙은 소득 및 재산의 분배와 권한, 책임 및 명령계통 등에 있어서 차등을 두는 원리이다. 절대적 평등의 원리는 사회와 경제적 가치의 분배에서 차이를 인정하지 않는다. 롤즈는 제2원칙을 통해 차등이 있을 수 있는, 즉 불평등이 정당화되는 조건을 제시한다. 제2원칙은 이에 '차등의 원칙' 또는 '최소 극대화의 원칙'으로 불리기도 한다. 제2원칙에서 중요한 것은 어떻게 사회의 불평등을 최소화할 수 있는가이다. 이는 인간 사회의 능력과 역할을 조정하며, 사회의 불평등을 최소화하려는 원칙이다. 롤즈는 정당한 불평등을 강력히 옹호한다.

제2원칙에서 두 조건은 첫째, 그 불평등은 그 사회의 모두가 이익이 되어야 한다. 사회의 불평등을 완전히 없앨수 없다면, 그 불평등은 사회에 도움이 되는 긍정적인 것으로 되어야 한다. 사회의 불평등을 받아들인다면, 그 불평등으로 인하여 그 사회의 최고 약자, 즉 최소 수혜자에게 이익이 되어야 한다. 둘째, 사회에서 불평등이 될 수밖에 없는 사회의 특정 지위나 직위는 모든 사람에게 접근성에서 균등하게 보장되어야 한다.

"재산 및 소득의 분배가 반드시 균등해야 할 필요는 없으나 그것은 모든 사람에게 이익이 되도록 이루어져야 하며 동시에 권한을 갖는 직위와 명령을 내릴 수 있는 직책은 누구에게나 접근 가능한 것이어야 한다."(106)

물론 롤즈에 따르면 이런 제2원칙의 적용은 제1원칙 '평등한 자유의 원칙'이 보장된다는 전제하에 적용된다. 제1원칙은 항상 제2원칙에 우선한다.

3. 제1원칙의 우선성

정의의 두 원칙, 즉 제1원칙과 제2원칙이 어떻게 배열되어야 하는가? 이는 바로 제1원칙이 제2원칙보다 우선하는 서열적 순서로 배열되어야 한다. 앞서 자유의 우선성에서 보았듯이 축차적 배열이다. 이 순서는 '사전적'(lexical)(42) 배열과 유사하다. 두 원칙의 사전적 순서의 의미는, 우리는 항상 두 번째로 옮기기 전에 첫 번째 원칙에서부터 만족해야만 한다는 것이다.

이런 축차적 배열이 갖는 사회학적 의미가 무엇인가? 이는 "제1원칙이 요구하는 평등한 기본적 자유에 대한 침해가 큰 사회적·경제적 이득에 의하여 정당화되거나 보상될 수 없다"는 것을 뜻한다(106~107). 어떤 상황에서도 먼저 정치저 자유를 확보하는 것이다. 자유의 우선성은 정의의 첫째 원칙이 기본적 자유에 특수한 위치를 부여하는 것을 말한다. 기본적 자유는 침해될 수 없다. 평등한 자유의 원칙을 위반하는 것이 더 큰 사회적, 경제적 이익을 가져온다 할지라도 — 공리주의에서 보여주는 이익의 총합에서 보듯이 — 이러한 이익을 위해 평등한 자유의 원칙을 위반하는 것은 정당화될 수 없다.

제1원칙과 제2원칙의 서열적 순서가 비록 실제 사회에서 항상 성취되는 것은 아니다. 그래서 이론상 또는 실제로 사람들은 자신들이 얼마간의 기본적 자유를 포기하는 대신, 그로 인해 생겨난 사회적 경제적 이득으로 충분히 보상을 받을 수 있을지 모른다고 여길지 모른다. 여기서 일반적인 정의관은 어떤 종류의 불평등이 허용될 수 있는가에 대해 어떤 한계나 제한을 가하지 않는다. 다만 모든 사람의 처지가 개선될 것만 요구한다. 그러나 이론적으로 명확히 하기 위해서 오늘날에서는 불가능하지만, 노예제도를 용납하는 것을 생각해 보자. 또는 우리 사회가 경험한 경제적 보상이 월등하다고 할 때, 사람들이 그들의 정치적 권리를 버릴 수 있다고 보는 경우이다. 정의의 원칙은 이러한 거래를 배제한다.

정의의 두 원칙은 그 서열적으로 배열되어 있기 때문에, 기본적 자유와 경제적 사회적 이득과의 교환을 허용하지 않는다(108).

우리는 여기서 일반적인 정의관과 롤즈 정의의 두 원칙의 차이점이 무엇인지 알 수 있다. 기본적인 자유가 제한되는 경우는 단지 다른 기본적인 자유를 유지하는 데 필요할 때에만 허용된다. 기본적 자유는 다른 기본적 자유에 의해서만 제한되거나 부인될 수 있다. 그러므로 기본적 자유는 사회의 행복의 증진을 위해서라도 제한될 수 없다. 이런 기본적인 자유의 제한은 롤즈의 2차 차등의 원리를 실현하는 더 나은 목적에서도 허용되지 않는다. 여기서 기본적 자유를 제도화하기 위한 기본적 자유의 제한(restriction)과 규제(regulation)는—가령 자유토론에서 순서를 정하는 일—기본적 자유의 우선성을 침해하는 것은 아니다.

롤즈에서 제1원칙은 제2원칙보다 절대적으로 우선시된다. 즉, 롤즈는 정치적 자유가 훼손되면서 경제적 효율성을 추구하는 것을 반대한다.[75]

4. 제2원칙에 대한 해석

공정으로서의 정의의 두 번째 원칙은 두 가지 조항을 가진다.

"사회적 · 경제적 불평등은 다음과 같은 두 조건을 만족하게 하도록, 즉 (a) 모든 사람의 이익이 되리라는 것이 합당하게 기대되고, (b) 모든 사람에게 개방된 직위와 직책이 결부되게끔 편성되어야 한다."(105)

이런 원칙은 직위 개방이 형식적일 뿐만 아니라 실제적으로도 개방되어 있어야 함을 말한다. 즉, 이런 개방성은 법적 기회, 공정의 기회까지 포함한다.

롤즈는 '모든 사람의 이익과' '모든 사람에게 개방된' 표현들이 모두 모호하여, 두 번째 원칙에 대해 여러 가지 그럴듯한 잘못된 해석들이 있음을 밝힌다. 그러면 어떠한 해석이 최선의 것인가? 제2원칙의 두 부분은 각기 두 가지 의미를 갖는다. 따라서 이는 모두 4가지 의미를 갖게 되며, 각 두 원칙은 다음과 같이 4가지 해석을 갖는다.

---

75) 이런 롤즈의 입장으로 개발독재를 비판한다. 개발독재의 특징은 정치적 자유를 제한하고 대중 참여를 배제하는 정치권력과 사회 지배세력 간의 연합으로 이루어진다. 경제개발 성과를 지배의 주요 정당성 원리로 삼는다. 박정희 시대 평가에서 롤즈의 자유의 우선성문제와 경제적 발전이라는 구체적 성과에 따른 정치적 지지(political support)간에 의견이 대립되어 있다.

	체제유형	2차 조건(두 가지 조건들의 독해)	
		"모든 사람에게 이익"	"평등하게 개방됨"
1	자연적 자유	효율성의 원칙	형식적 기회균등으로서 평등 (재능 있으면 출세함)
2	자연적 귀족주의	차등의 원칙	형식적 기회균등으로서 평등 (재능 있으면 출세함)
3	자유주의적 평등	효율성의 원칙	공정한 기회균등으로서 평등
4	민주주의적 평등	차등원칙	공정한 기회균등으로서 평등

■ 제2원칙의 2차조건 유형 §12 (111) 표 참조.

위의 도표에서 롤즈가 설명하고 있는 '효율성에 대한 원칙'을 살펴볼 필요가 있다. 롤즈는 이 효율성에 대해 지루할 정도로 긴 설명을 하고 있다(특히 §§12~14에서 집중되어 논의되고 있다). 이는 한편 롤즈가 그만큼 효율성을 중시하고 있다는 반증이기도 하다.

일반적으로 또는 정책학에서 사용되는 효율성의 예는 적은 투입으로 많은 이익을 내는 것이다. 투입대비 산출의 크기가 클수록 효율성이 높다. 예로 자동차의 경우, 같은 양의 기름으로 더 많은 거리를 달릴 때 자동차의 에너지 효율성이 높다고 한다. 그러나 롤즈에 있어서 효율성은 이런 의미와는 다르다. 그에 있어 효율성 원칙이 내세우는 것에 따르면 "어떤 형태가 효율적이라고 할 경우는 그 형태를 변경시킴으로써 다른 사람들(최소한 한 사람)을 빈곤하게 하지 않고 동시에 약간의 사람들(최소한 한 사람)을 부유하게 할 가능성이 더 이상 없을 때"를 말한다(113).

예를 들어 일정량의 상품을 얼마간 개인들에게 효율적으로 분배한 경우는, 어떤 다른 사람들을 더 나쁘게 만들지 않고는 더는 좋아질 수 없는 경우이다. 그래서 효율성의 원칙에 따르면 "재화의 분배나 생산의 체제는 다른 사람들에게 해를 끼치지 않고도 일부의 사람들을 유리하게 할 길이 아직 있으면 비효율적이다."(113) 롤즈에게 있어 효율성이라는 것은 분배의 최적점을 의미한다.

우리 자신들은 시장에서 어떤 행동을 할까? 우리는 나 자신의 상황을 개선하는 교환에는 동의하지만, 나의 처지를 악화시키는 교환에는 절대로 동의하지 않을 것이다. 이런 원칙에서 내가 선택하여 결정한 교환은 그 모든 교환마다 완벽하게 효율적인 결과를 갖게 된다.

롤즈에 따르면 기본구조에는 여러 가지 효율적 체계들이 있다. 이런 체계들은 사회협동체계에서 생기는 제반 이익의 특정한 분배방식을 가진다. 이런 다양한 효율적인 분배 중 정의로운 것 하나를 찾아내면, 가장 정의로운 효율적인 체제를 선택하는 것이 된다.

1) 자연적 자유주의

자연적 자유(Natural Liberty)체제에서 최초 분배는 이미 규정된 대로 재능이 있으면 출세할 수 있다는 체제이다. 이런 체제는 개인의 평등한 자유와 자유시장을 전제로 한다. 이는 형식적 기회균등으로서 공정을 말한다. 이런 체제는 오늘날 우리에게 익숙한 표현으로 하자면 완벽한 자유시장경제에서의 자유방임주의적 제도이다. 바꾸어 말하면 자유시장이라는 사회구조에서는 더 많이 노력한 사람은 그 노력에 상응하는 더 많은 보상을 받아야 하는 것이 공정하다고 본다.

그러나 이런 체제에서는 사회적 여건의 평등 내지 유사성을 제외하는 노력이 없으므로, 최초의 분배는 일정 기간 동안 자연적·사회적 유산에 의해 영향을 받는다. 이런 체제에서 현존하는 소득과 부의 분배는 천부적 재능과 능력, 조상의 행운 등에 따라 유리하거나 불리하게 사용됨으로써 누적된 결과로 해석된다.

자유시장에서 우리의 삶이 전체적으로 향상되는 길은 오직 자신들의 노력에 근거할 가능성이 높을 수밖에 없다. 한국의 경우 누구나 대학에 가고자 한다. 대학진학률이 높은 이유는 대학이라는 길이 자유시장에서 자신의 삶의 수준을 높여줄 가능성이 가장 많을 뿐만 아니라, 어떻게 보면 그것이 가장 비용이 적게 드는 합리적인 길이기도 하기 때문이다.

자연적 자유체제가 갖고 있는 가장 두드러진 부정의는 도덕적 관점에서 볼 때 임의적인 요인들에 의해서 배분의 몫이 부당하게 좌우되는 것을 허용하고 있는 점이다.

자연적 자유체제에서 최초의 분배

자연적 자유체제에서 평등한 자유와 자유시장경제가 유지된다. 지위나 직위에 형식적 기회균등이 보장된다. 다만 자유체제에서의 최초의 분배는 재능이 있으면 출세할 수 있다는 관념이 유지된다. 따라서 현재의 불평등한 소득과 부의 분배 상태는 천부적 재능과 능력이 일정 기간 사회적 여건이나 운과 같은 우연과 상호작용하여 유리하게 사용되기도 하고 불리하게 사용되기도 함으로써 누적된 결과로서 비판된다.

"자연적 자유체제에서 최초 분배는 (이미 규정된 대로) 재능이 있으면 출세할 수 있다는 관념 속에 암시된 체제에 의해 규제된다. 이러한 체제는 (제1원칙에 명시된) 평등한 자유의 배경과 자유시장경제를 전제로 하고 있다. 이들은 적어도 모든 사람이 어떠한 유리한 사회적 직위든 취할 수 있는 동등한 법적 권리를 갖는 형식적 기회균등을 요구한다. 그러나 필요한 배경적 제도들을 보전하기 위한 필수 불가결한 경우를 제외하고는, 사회적 여건의 평등 또는 유사성을 보존하기 위한 노력이 없으므로 최초의 자산 분배는 일정 기간 자연적 사회적 우연성에 의하여 강력한 영향을 받게 된다. 다시 말하면 현존하는 소득과 부의 분배는 천부적 자산—즉 천부적 재능과 능력—의 선행적 분배가, 사회적 여건과 액운 혹은 행운 등 우연적 변수들에 의해 계발되거나 혹은 실현되지 못했거나 일정기간 그것이 유리하게 혹은 불리하게 사용됨으로써 누적된 결과인 것이다. 직감적으로 생각할 때 자연적 자유 체계가 갖는 가장 뚜렷한 부정의는 도덕적 관점에서 볼 때 지극히 임의적인 이러한 요인들로 인해서 배분의 몫이 부당하게 좌우되는 것을 그것이 허용하고 있다는 점에 있다."(119)

자연적 자유체제에서 있어서 자연적, 사회적 우연과 같은 임의적 요인들에 의한 분배를 용인한다. 이는 자연적 자유체제가 임의적인 요인들에 의해 분배의 몫을 인정함으로 발생하는 부정의를 인정하는 것이다.

"직감적으로 생각할 때 자연적 자유체계가 갖는 가장 뚜렷한 부정의는 도덕적 관점에서 볼 때 지극히 임의적인 이러한 요인들로 인해서 배분의 몫이 부당하게 좌우되는 것을 그것이 허용하고 있다는 점이다."(119)

자연적 자유체제(Natural Liberty)는 다음과 같이 정리된다.
- 불평등의 사회적 원인은 도덕적으로 자의적이지 않다.
- 불평등의 자연적 원인은 도덕적으로 자의적이지 않다.

2) 자유주의 평등주의

자유주의 평등주의(Liberal equality)적 해석은 위와 같은 부정의를 바로잡기 위한 노력이다.

"내가 자유주의적 해석이라고 부르게 될 처지에서는 재능이 있으면 출세할 수 있다는 요구 조건에 공정한 기회균등이라는 조건을 부가시킴으로써 이러한 부정의를 바로잡기 위해서 노력하고 있다. … 천부적 자산을 분배할 수 있다고 가정할 경우 동일한 수준의 재능과 능력을 갖춘 사람들로서 그것을 사용할 의향을 가진 사람들은 사회 체제 내에서의 그들의 최초의 지위와 관계없이 동일한 성공의 전망을 가져야 한다는 것이다."(119~120)

자유주의 평등주의적 해석은 직위란 단지 형식적 의미에서만 개방되어서는 안 되고 모든 사람이 그것을 획득할 공정한 기회를 가져야 하는 것이다. 그래서 자유주의 해석이 의도하는 것은 분배의 몫에 있어서 사회적 우연성이나 천부적 운명의 영향을 경감시키고자 하는 조건들을 부과하는 것이다. 이런 점에서 의무교육을 도입하는 것은 가족제도에서 발생하는 차별의 장벽을 줄이는 목적을 갖는다.

제2원칙에 대한 자유주의 평등주의 해석의 결점

자유주의 평등주의적 체제는 자연적 체제보다 나은 점을 갖고 있지만, 여전히 능력과 재능의 천부적인 배분에 의해 부나 소득의 분배가 결정되는 점을 허용하고 있다.

"자유주의적 입장이 분명히 자연적 자유체제보다 나은 것으로 생각되긴 하지만 거기에도 아직 결점이 있다는 것을 직감적으로 알 수 있다. 그것이 사회적 우연성의 영향을 감소시키는 작용을 하는 한 가지 장점이기는 하지만 아직도 능력과 재능의 천부적 배분으로 부나 소득의 분배가 결정되는 점은 허용하고 있다."(121)

이는 롤즈의 표현으로 바꾸면, 효율성 원칙을 유지하지만 형식적 기회의 균등으로서 평등을 포기하고, 그 대신에 '공정한 기회 균등으로서 평등(fair equality of opportunity)원칙으로 바꾸는 것이다. 이를 통해 사람들에게 유사한 사회적 자원 배분점을 가지고 시장에 진입하게 된다. 이런 시장체계에서 노력하면, 개인은 대략 동등한 능력과 동기를 가졌다면, 자신의 성공은 가정환경의 임의성과는 무관하게 유사한 성공의 기회를 얻게 된다.

그런데 롤즈는 이런 자유주의 평등주의적 체제의 한계성을 지적한다. 가족제도가 존재하는 한 계급의 장벽을 완벽하게 제거하는 일은 불가능하다고 보는 점이다. 부모들은 자녀에게 더 나은 양육과 교육환경을 제공함으로써 자식의 성공에 영향을 미칠 수 있다. 자녀들은 이런 부모로부터의 혜택에 대한 직접적인 책임은 없다. 이때 가족을 해체해서 문제의 원인을 해결한다는 것은 오히려 그에 따른 문제만 더 키울 뿐이다. 가정에서 사적 권리의 보장은 공정으로서의 정의의 제1원칙에 해당하는 것이므로, 가정해체는 이론적으로도 불가능하다. 롤즈가 지적하는 자유주의체제의 한계는 우리 개인에게 주어진 천부적 재능과 능력이다. 천부적 재능과 능력의 초기 분배는 개인의 관점에서 볼 때, 어떤 의지가 들어가서 주어지는 것이 아니라 각자에게 천부적 운(a natural lottery)을 통해서 주어진 것이며, 자의적인 것이다.

자유주의 평등주의 체제(Liberal Equality)는 다음과 같이 정리된다.
• 불평등의 사회적 원인은 도덕적으로 자의적이다.
• 불평등의 자연적 원인은 도덕적으로 자의적이지 않다.

3) 자연적 귀족주의

롤즈는 자연적 귀족주의에 대해 상세한 언급은 하고 있지 않다.[76] 자

---

76) 롤즈의 자연적 귀족주의에 관해 오류가 있다는 비판이 있지만, 여기서는 롤즈의 견해를 소개하고자 한다.

연적 귀족주의에서는 "형식적 기회균등이 요구하는 이상으로 사회적 우연을 규제하기 위한 노력이 이루어지지 않는다."(121) 그러나 더 큰 천부적 재능을 가진 사람들(귀족)의 이익은 사회의 가난한 부류의 사람들의 선을 증진시키는 것에 의해 제한된다.

법적인 관점에서 보면 귀족주의적 이념은 개방된 체제에 적용되는 것이며, 상층에 있는 사람들에게 더 적게 주어지면 하층에 있는 사람들에게도 불이익이 될 경우에만 유리한 사람들의 더 나은 처지가 정의로운 것으로 간주한다. 자유주의적 평등은 불평등의 사회적 원인이 도덕적으로 자의적이며, 불평등의 자연적 원인은 자의적이지 않다고 본다. 반면 자연적 귀족주의에서 불평등의 사회적 원인은 도덕적으로 자의적(arbitrary)이며, 불평등의 자연적 원인도 도덕적으로 자의적이다. 따라서 불평등의 사회적 자연적 원인은 형식적 분배원리로 규제되어야 한다. 그래서 귀족주의에는 귀족의 의무가 있다(noblesse obligee)는 관념이 자연적 귀족주의 입장 속에 형성된다(121~122).

귀족주의는 결국은 자연적 귀족이 다른 사람들보다 하위 층의 사람들에게 기여함으로써 지속해서 자신들의 정당성을 부여받는 것으로 이해된다. 자연적 귀족주의에서 불평등은 천부적 재능과 마찬가지로 사회적 특권으로부터 생겨난다. 자연적 귀족주의는 계층 간에 이동성이 적은, 사회가 덜 개방적인 체제와 일치성을 가진다.

그래서 롤즈가 볼 때, 자유주의적 입장이나 귀족주의 입장 모두가 불안정한 것이다(122). 왜냐하면, 우리가 분배의 몫을 결정하면서 사회적 우연성이나 자연적 운수 중 어느 하나의 영향을 받게 될 경우에는 반사적으로 반드시 다른 하나의 영향도 받기 때문이다. 도덕적인 관점에서 볼 때, 두 경우 모두 똑같이 자의적이다.

그래서 "모든 사람을 도덕적 인격으로 동등하게 다루고, 사회적 협동체의 이득과 부담에 있어 사람들의 몫을 그들의 사회적 운수나 천부적 행운에 따라 평가하지 않는 한, 네 가지 선택지 가운데서 민주주의적 해석이 최고의 선택이다."(122)

자연적 귀족주의(Natural Aristocracy)는 다음과 같이 정리된다.
• 불평등의 사회적 원인은 도덕적으로 자의적(arbitrary)이다.
• 불평등의 자연적 원인은 도덕적으로 자의적이다.
• 불평등의 사회적 자연적 원인은 형식적 분배원리로 규제되어야 한다.

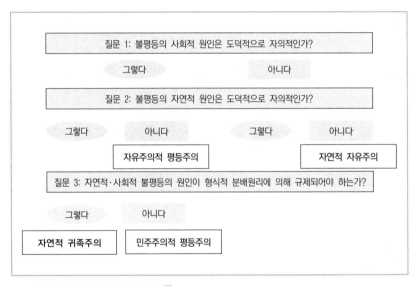

■ 제2원칙에 대한 해석과 체제유형[77]

77) Matthew Clayton, Rawls and Natural Aristocracy, Croatian Journal of Philosophy, Vol. I, No. 3, 2001, 239~259(247).

4) 민주주의적 평등주의의 입장

민주주의적 평등(Democratic equality)의 입장은 공정한 기회균등의 원칙과 차등의 원칙(difference principle)의 결합으로 이루어진다. 차등의 원칙이 하는 역할은 기본구조의 사회적·경제적 불평등을 판정할 특정한 입장을 선정함으로써 효율성 원칙에서의 불확정성을 배제하는 것이다. 그러므로 "평등한 자유와 공정한 기회균등이 요구하는 제도의 체계를 가정할 경우에, 처지가 나은 자들의 더 높은 기대치가 정당한 것으로 인정될 수 있는 유일한 조건은 그것이 사회의 최소 수혜자(the least advantaged)들의 기대치를 향상시키는 체제 일부로서 작용하는 경우이다."(123)

우리가 여기서 직감적으로 받아들이는 인상은 보다 혜택받지 못한 사람들의 이익이 도모되지 않는 한, 혜택받는 사람들에게 이익을 더 도모하게 하는 사회질서는 설정하거나 보장해서는 안 된다는 점이다.

우리가 일상에서 접하는 분배적 정의에 대한 입장들을 다음과 같이 정리할 수 있다.

이론	내용
공산주의	필요에 따른 분배: 능력에 따라 노동하고 각자 필요에 따라 분배
평등주의	평등주의적 분배: 결과를 평등하게 분배
자유주의	능력주의적 분배: 능력에 따른 분배
민주주의적 평등주의	차등의 원칙에 따른 분배: 최소 수혜자에게 최대의 배려

5. 차등의 원칙 (§13)

롤즈의 자유주의적 평등이나 자연적 귀족주의 입장을 보면, 그에 대한 대안이 근본적 평등주의로 가야 할 것으로 보인다. 왜냐하면, 가족에 대한 배경이나 천부적인 운이나 능력을 해결하는 방법은 평등주의가 대안으로 먼저 다가서기 때문이다. 왜 평등주의가 대안으로 될 수 있는가는 공산주의 선택과 시도를 보면 이해가 쉽게 될 것이다.

그러므로 우리의 고민은 공산주의와는 다르면서, 어떠한 접근과 수준에서 결과를 평등화하는가이다. 롤즈는 바로 차등의 원리(difference prin-ciple)로서 이에 대안을 제시하는 것이다.

두 사회체제에서의 노동자들을 한번 생각해 보자. 과거 동독과 서독이다. 그리고 현재 북한과 남한이다. 과거 동독은 사회주의 체제로 계획경제를 시행했다. 이들 사회에는 특별히 구분된 재능이나 탁월한 능력이 없는 사람들도 있을 것이다. 반대로 사회 구성원 중에 재능과 창의력을 가진 사람들이 있을 것이다. 이런 두 부류의 사람들에게 존재하는 천부적인 재능과 능력의 차이에 대해서 그 개인들은 책임을 지지 않는다. 이는 사회가 받아들일 수밖에 없는 실제이기도 하다.

그런데 과거 동독이나 북한과 같이 사회경제적 산물들을 모두에게 공평히 나눈다는 관점을 가진다면(실제는 그렇지 않다. 구소련과 사회주의 국가에 특권 계급인 노멘클라투라(Nomenklatura)가 있었던 것처럼), 사회적 결과는 평등할 것이다. 기업가 계층이나 노동자 계층, 모두에게 있어 경제적 산물을 공평히 나누기 때문에 공평하다. 그러나 재능과 능력에 합당한 대우를 받지 못하면, 재능을 가진 사람은 더 많은 노력을 기울이거나 성공을 위해 노력을 기울이지 않을 것은 분명하다. 자신의 시간을 더 투자하여도 결과는 같기 때문에 노력할 필요성은 없다.

과거 동독에서 생산되는 승용차 트라비(Trabi)의 주문은 수년씩이나 밀려 있었다. 이는 계획된 생산 이상의 성과에 대해 어떤 보상이 추가로 주어지지 않기 때문이다. 수요가 아무리 많더라도 1년간 계획된 생산만 하면 그만이었다. 결과적으로 사회 모든 계층에 안 좋은 결과가 되었다. 통일 직후에 동독인들은 대대적으로 서독의 승용차를 구매하였다.

능력과 창의력이 있는 자들에게 그 노력과 성공에 따른 보상을 해주는 사회체제라면 어떻게 될 것인가? 이에 대해 롤즈는 이렇게 말한다.

"가령 제2원칙에 있어서 공개적 직위와 관련된 조항이나 자유의 원칙 일반이 전제될 경우, 기업가에게 허용된 보다 큰 기대치는 그들로 하여금 노동자 계층의 장기적인 전망을 향상시키는 일을 하도록 고무하게 된다. 그들의 더 나은 전망은 성과보수(인센티브)로 작용함으로써 경제 과정은 더 효율적으로 되고 기술 혁신이 더욱 빠른 속도로 진행되는 등 여러 가지 이득이 생겨난다."(126)

롤즈는 조심스럽게 얼마만큼이나 이것들이 진실이며, 정당화될지는 고려하지 않을 것이라 말했다(126). 이러한 성과보수가 얼마나 잘 작동할 것인지 결정하는 것은 전문 경제학자들의 몫으로 돌리고 있다. 가령 동종의 기업에서 성과급을 지급하는 경우와 그렇지 않은 기업 간 성공의 차이에 대한 연구이다. 그러나 롤즈는 여기서 이런 차등의 원리가 최소 어느 범위에서는 사실일 것임을 추정한다.

롤즈는 차등의 원칙에서 두 종류의 정의로운 체제를 구분한다. 하나는 최소 수혜자의 기대치가 실제로 극대화된 경우로서, 나은 처지에 있는 사람들의 기대치를 변화시켜도 불리한 처지에 있는 사람들의 입장이 더는 향상될 수 없을 때이다. 이런 체제에서는 최상의 정의로운 체제가 달성된다. 두 번째는 나은 처지에 있는 모든 사람의 기대치가 그보다 불리한 사람들의 복지가 더 이루어지도록 공헌할 경우이다. 이는 더 나은 처지에 있는 사람들의 기대치를 증진할수록 그것이 최저의 지위에 있는 사람들의 기대치도 증진하게 시키는 결과를 갖는 경우이다(127). 이는 대체로 정의로운 체제이다.

이러한 차등의 원칙은 효율성의 원칙과 양립하는 것이 가능하다. 왜냐하면, 우리가 최소 수혜자의 처지를 악화시키지 않으면서, 기대치를 극대화해 처지를 낫게 할 수는 있는 길이 있기 때문이다. 그래서 차등의 원칙에서 모든 사람이 이익을 보는 점이 있다. 이때는 모든 사람의 처지가 평등한 최초의 체제에 비하여 개선된다.

다음 표를 통해서 차등의 원리를 볼 수 있다.

	대안적 기본구조		
	I	II	III
A(노동자 계급)	100	150	170
B(기업가)	100	250	130
전체 총액	200	400	300

위의 표에서 숫자들이 가능한 기본구조 아래 두 계층 노동자와 기업가에게 예상되는 사회 경제적 산물의 분배를 나타낸다고 가정하여 보자.[78] 우리가 여기서 보고자 하는 것은 어떠한 기본구조가 차등의 원칙을 만족하게 하는가이다.

비교는 두 번째와 세 번째이다. 여기서 차등의 원칙을 만족하게 하는

---

78) 여기에 사용된 도표는 Frank Lovett, Rawls's A Theory of Justice, Contimum, 2011(46, 57, 83, 95, 98) 참조하여 재작성함.

대안은 두 번째이며 세 번째는 아니다. 이는 '최소 수혜자' 집단이 구체적으로 노동자 계층으로 정의 내려지지 않고 단지, A와 B로 구분하면, III에서는 B가 최소 수혜집단이 되며, II에서는 A가 최소 수혜집단이 된다. 그러므로 최소 수혜집단 I과 비교하여 이득을 보는 경우는 II와 III이 된다. II의 경우에 다시 A를 노동자 계급으로 본다면, 기업 B의 소득이 250으로 증가하며, 노동자 계급의 소득 또한 150으로 증가한다. 노동자의 처지는 개선된다. 물론 기업가의 이득은 150이 증가하지만, 노동자의 이득 증가는 50이다.

여기서 우리는 최소 수혜자가 누구인가의 문제에 대해 잠깐 생각해 보자. 여기서 물론 '최소의 혜택'이 최소 혜택을 받은 '개인'들을 가리키는 것이 아니라 전체로 보면, '최소 혜택의 그룹'은 A와 B가 바뀌게 된다. 이런 경우에 최소 수혜자 집단은 고정된 것이 아니라 상대적으로 지정된 것으로 이해되어야 한다. 그러나 실제 사회에서 최소 수혜자는 그 사회에서 노동자와 같이 (특히 저임금의 경우에) 약자가 됨은 자명하며, 어떤 점에서는 구조화되었다 할 수 있다.

차등의 원리를 롤즈가 도표로 설명하는 것으로 보면 다음과 같다.

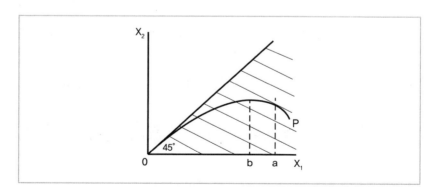

위의 그림에서 X_1은 더 나은 혜택 집단의 예상되는 수입을 표현한다고 보고, X_2는 덜 혜택받는 집단의 예상 수입을 나타낸다고 가정해보자. 여기서 논의의 출발점은 각각의 집단이 같은 수입을 갖는다고 보는 완전한 사회주의적 경제를 표현한다. 가령 과거 동유럽 국가들의 사회주의 경제체제이다. 이제 이들이 민주화가 되어서 시장 형태의 경제적 개혁들을 소개한다고 가정하자. 유럽연합에 가입하기를 원하는 국가들은 그 요구조건을 충족시키기 위해서 사회적 경제구조를 개혁하여야만 했다. 그러면 우리는 사회체제 전환에서 무엇이 일어날지를 예상해야 한다. 이는 첫째로 전체 부가 증가하리라는 것이다. 그리고 다음으로 부가 증가함에 따라 어떻게든 불평등한 분배가 이루어질 것이라는 것이다.

이를 위 표에서 OP 곡선을 따라서 오른쪽으로 움직이는 것으로 나타난다. 이는 45도 선 아래로 동등한 분배를 나타내는 시작점으로부터 뻗어져 나오는 것이다. OP 곡선은 실현 가능한 경제 체계의 집단을 보여준다. 더 많은 시장 개혁들을 소개하는 것은 우리를 이 곡선을 따라 더 오른쪽으로 움직이게 한다. 사회 전체적 부가 생성되며 증가한다. 그러나 부가 증가할수록 무슨 일이 일어나는가? 어느 시점이 되면 부의 불평등한 분배가 가속된다.

먼저 부가 가장 크게 생성된 전체 부의 합계는 OP 곡선이 가능한 한 멀리 북동쪽으로 닿는 점 a이다. 공리주의 같으면 이런 경제개혁을 받아들인다. 왜 그런가? 부의 총합이 가장 극대화되는 점이기 때문이다. 그러나 차등의 원리에서는 다르다. 즉 혜택 받지 못하는 집단의 전망은 최대화하도록 하는 지점을 찾아야 하기 때문이다. 이는 OP 곡선을 따라 점 b에서 일어나는 것을 본다. 이런 체제에서는 어떤 점에서는 사회복지제도와 같은 도입을 통해서 완전한 자유시장경제체제에 비하여 덜 생산적일 수 있다. 그럼에도 이는 사회 전체의 더 많은 생산성의 이득이 혜택받지 못하는 집단의 전망을 감소시키지 않고도 얻어지는 최고점이 된다. 따라서 롤즈는 이점을 경제개혁의 마지막 수준으로 추천할 것임은 자명하다.

이런 차등의 원리에 따라 혜택을 받은 집단의 전망을 혜택을 받지 못한 집단의 전망을 악화시키지 않고 향상시킬 수 있는 점을 찾게 된다. 이러한 차등의 원칙이 우리에게 주는 의미는 무엇인가를 생각해봐야 한다. 첫째로 가장 많이 혜택받지 못한 집단의 전망을 최대화하고, 그 다음에서 혜택받지 못한 집단의 전망을 최대화하는 것이다. 이런 과정은 혜택을 받지 못하는 집단의 전망을 감소화하지 않는 한 계속된다. 그리고 그 범위는 가장 혜택을 받은 집단에 마지막으로 도달할 때까지이다(131).

"어떤 대표적인 사람의 기대치를 증대하거나 감소시키게 되면 반드시 다른 대표적인 사람, 특히 최소 수혜자 대표의 기대치도 증대하거나 감소하게 된다."(129)

롤즈는 이를 '긴밀히 관련되어 있음'(close-knit) 이라는 표현을 썼다. 누군가의 전망 변화는 거의 항상 다른 모든 이의 전망에 어떠한 변화를 준다. 롤즈가 주목하는 것은 "보다 혜택 받은 지위의 기여가 사회의 특정 부분에만 국한되지 않고 사회 전체에 두루 미칠 경우에 최소 수혜자가 이득을 보면 그 사이에 다른 모든 사람도 이득을 볼 것이라는 점이다."(130~131)

차등의 원칙에서 두 종류의 정의로운 체제 구분

차등의 원칙을 적용할 때, 사회적 약자(최소 수혜자)와 사회적 강자에게 일어나는 효과는 두 경우가 있다.

첫째는 사회적 약자의 기대치가 극대화된 경우이다. 이 경우에는 사회적 강자의 처지를 향상해도 사회적 약자의 처지를 더는 향상시킬 수 없을 때이다. 이러한 체제가 최상의 정의로운 체제이다.

둘째는 사회적 강자의 처지를 향상하는 것이 사회적 약자의 복지에 도움이 되는 경우이다. 롤즈는 이를 "나은 처지에 있는 모든 사람의 기대치가 그보다 불리한 사람들의 복지가 더 이루어지도록 공헌할 경우이다"라고 말한다(127). 이는 사회적 강자의 처지를 향상되게 하지 않으면 사회적으로 불리한 자의 처지가 악화되는 경우이다. 이러한 체제는 최상의 정의로운 체제는 아니지만, 대체로 정의로운 체제이다.

롤즈는 이처럼 '완전히 정의로운' 체제와 '대체로 정의로운' 체제로 구분한다. 대체로 정의로운 체제는 최상의 정의로운 체제는 아니지만 정의로운 것으로 간주한다. 최소 수혜자의 처지가 향상되는 경우에만 최대 수혜자의 더 큰 이익을 보장하는 체제이다.

에스핑-앤더슨은 복지국가 유형을 보수주의, 자유주의, 사회민주주의 세 가지로 분류하고 있다. 이들은 탈상품화, 잔여주의, 민영화, 조합주의/국가주의, 재분배 능력, 완전고용 보장 등에서 차이가 있다. 가령 재분배 능력은 자유주의와 보수주의에서는 낮으나, 사회민주주의에서는 강하다. 이러한 복지국가의 유형에서 국민간의 소득의 격차를 줄이는 정책적 차이에서 롤즈의 정의의 원리가 어떻게 실현되고 있는가를 볼 수 있다.

이념적으로 네팔, 미국, 덴마크의 소득분배가 아래와 같다고 가정해 보자.

비교하는 세 나라는 소득 가치에 따른 사회질서에서 비교되는 상대 두 나라에 대해서 장점을 갖고 있다.

국가 사회계층	네팔	미국	덴마크
상층	30	300	200
중층	25	80	100
하층	20	20	40
총 소득가치	75	400	340

- 네팔은 전체 소득가치가 가장 적지만 불평등이 가장 적다.
- 미국은 전체 사회에서 차지하는 소득가치가 두 나라에 비하여 가장 크다.
- 덴마크는 빈부격차와 전체 소득 크기에서 중간에 위치한다.

우리는 이런 차이를 어떻게 해석할 것인가? 덴마크는 네팔보다는 더 불평등하며, 미국보다는 전체 소득가치의 크기가 작지만, 그럼에도 가장 정의로운 국가로 여겨진다. 왜 그런가? 차등원리에 따라 덴마크의 경우에는 네팔에 비하여 불평등이 증가하지만, 하위층의 소득이 증가하면서 전체 소득이 늘어났다. 미국은 전체 소득이 증가하였지만, 하위층의 소득은 상대적으로 더 악화되었다. 하위층의 소득이 증가하지 않으면서 사회 전체의 이익이 증가하였다.

연쇄관계

우리는 여기서 연쇄관계(chain connection)를 잠깐 보고자 한다. 연쇄관계의 기본 개념은 어떤 이득이 가장 낮은 위치에 있는 자의 기대를 높이는 효과가 있을 때, 그것은 그 사이에 있는 모든 자의 기대도 높여준다는 것이다.

차등의 원칙에 따르면 최소 수혜자의 기대치를 향상시킨 것은 최소 수혜자의 최초의 처지에 비해 그 처지가 개선된다는 것을 의미한다. "우리가 주목할 수 있는 것은 보다 혜택받은 지위의 기여가 사회의 특정 부분에만 국한되지 않고 사회 전체에 두루 미칠 경우에 최소 수혜자가 이득을 보면 그 사이에 다른 모든 사람도 이득을 보리라는 것이다."(131)

이러한 이득의 광범한 분산이 바람직한 것은 다음 두 가지 제도의 측면에서 뒷받침된다. 첫째로 제도는 모든 사람에게 공통되는 어떤 기본적 이익을 위해 설립된다. 둘째로 그 모든 직책과 직위는 개방된 것이다. 가령 입법자와 재판관이 갖는 특전과 권한이 더 불리한 자의 처지를 향상시킨다면 그것은 시민 전반의 처지를 향상하게 하는 것이 된다. 정의로운 체제 내에서는 이득의 일반적인 분산이 종종 발생한다(131). 차등의 원칙을 적용하면, 모든 사람이 이익을 본다는 것은 최초의 그들의 처지가 어떻게 되었든 그 최초의 처지보다 더 나아진다는 것을 의미한다. 결국, 차등의 원칙이 충족되면 모든 사람이 유익을 얻게 된다.

롤즈에게 있어 공정한 불평등은 허용되지만, 그러나 그 전제로 누가 불평등의 상층이나 하층으로 될 것인가 여부는 미리 정해져서는 안 된다. 이는 제2원칙에서 두 번째의 공정한 기회균등을 갖고 있다는 의미이다.

연쇄 관계는 한편으로 사회가 연대성을 형성하고 있다는 것을 보여준다. 그래서 우리가 가지는 또 하나의 의문점은 차등의 원칙이 두 번째 조항 '모든 이의 이익'을 적절히 표현해주는가이다. 즉 최대 수혜자에게 더 많은 이익이 되는 경우 이 이익이 다른 사람들에게는 이익이 될 수는 있지만, 최소 수혜자에게는 전혀 이익이 되지 않는 경우가 있기 때문이다. 이것이 축차적 원칙을 요구하는 배경이다.

축차적 차등의 원칙

축차적 차등의 원칙은 다음과 같이 설명된다. "n개의 합당한 대표자들을 가진 기본구조에서 처음에는 최소 수혜자 대표의 복지를 극대화해주고, 두 번째는 최소 수혜자와 동등한 복지가 되도록 끝에서 두 번째 최소 수혜자 대표의 복지를 극대화하는 그런 식으로 해서 드디어 마지막 경우에는 선행한 n−1의 모든 대표자와 동등한 복지가 되도록 최대 수혜자의 복지를 극대화한 것이다."(132)

축차적 차등의 원칙은 맨 먼저 가장 최소 수혜자의 복지를 극대화하고, 두 번째 최소 수혜자의 복지를 가장 최소 수혜자인 사람의 복지와 같아지도록 극대화하는 방식으로 계속 진행하는 것이다.

연쇄관계를 인정해도 최대 수혜자에게 더 많은 이익이 되는 경우에 최소 수혜자에게는 전혀 이익이 되지 않는 경우도 있다. 따라서 축차적 차등의 원칙을 말하는 이유는 바로 이러한 최소 수혜자에게 차별이 발생하지 않도록 하기 위한 것이다.

롤즈는 이런 방식이 실제적인 경우에 그리 유용성이 높다고 보지 않는다. 왜냐하면 축차적 차등의 원칙은 유리한 입장의 사람들(the more ad-vantaged)의 보다 큰 이익이 불리한 사람들(the less advanced)의 상황을 개선할 여지가 분명히 있기 때문이다(132). 그래서 롤즈는 보다 단순한 형식의 차등 원리를 사용한다. 제2원칙은 다음과 같이 정리된다.

"사회적·경제적 불평등은 다음과 같은 두 조건을 만족하게 하도록, 즉 (a) 최소 수혜자에게 최대의 이익이 되고, (b) 공정한 기회균등의 조건 아래 모든 사람에게 개방된 직책과 직위가 결부되게끔 편성되어야 한다."(132)

SECOND PRINCIPLE

Social and economic inequalities are to be arranged so that they are both:

(a) to the greatest benefit of the least advantaged, consistent with the just savings principle, and

(b) attached to offices and positions open to all under con-ditions of fair equality of opportunity.(Justice, 266)

롤즈에게 있어서 사회정의의 목적은 모든 사람에게 똑같은 자유를 보장하는 데 있는 것이 아니라, 최소 수혜자의 자유가 최대화가 되는 정도에서 가장 효과적으로 행사하도록 하는 것에 있다. 이는 차등의 원리를 통해서 이루어진다.

	평등한 자유의 원칙
제1원칙	모든 사람은 자유의 체계와 양립할 수 있는 기본적 자유의 가장 광범위한 체계에 대해 평등한 권리를 가질 수 있어야 한다.
	차등의 원칙
제2원칙	사회적 경제적·불평등은 다음 두 가지 조건을 만족해야 한다. 1) 최소 수혜자에게 최대 이익이 되고 2) 모든 사람에게 개방된 직위와 직책이 결부되도록 편성되어야 한다.

■ 정의의 두 원칙

6. 공정한 기회균등과 순수 절차적 정의 (§14)

공정한 기회균등의 이유

롤즈는 제2원칙에서 두 번째 부분 "모든 사람에게 직위와 직책이 개방되어야 한다"는 부분을 공정한 기회균등에 대한 자유주의적 원칙으로 이해되어야 한다고 말하고 있다. 그렇다고 이것이 재능이 있으면 출세할 수 있다(careers open to talents)고 주장하는 것은 아니며, 이는 자유주의적 해석과도 구별되어야 한다고 본다. 이는 분명 업적주의 사회(meritocratic society)를 거부한다(133). 롤즈는 이런 점에 대해서 절차적 정의(pure procedural justice)라는 관계에서 공정한 기회균등을 논증한다.

직위의 개방을 요구하는 이유가 무엇인가 한번 생각해 보자. 먼저 역사적으로 보면 1789년에 일어난 프랑스 혁명이 있다. 혁명 이념은 자유, 평등, 박애이다. 프랑스 혁명이 가져온 사회적 혁명의 하나는 신분제의 폐지였다. 신분제는 신분을 출생에 따라 미리 정하며 세습시킨다. 신분제를 가능케 한 것은 중세 사회경제 제도인 '농노제도' 외에 정치권력, 공적 지위가 왕과 귀족의 소수에게만 개방되어 있기 때문에 가능하였다. 프랑스 혁명은 정치권력의 상속을 폐지하고 법 앞에서의 평등을 실현하였다. 마르크스의 사회주의 혁명은 경제 권력의 상속을 폐지하는 실질적인 평등에 도전한다.

정의의 제2원칙에서 직위개방을 요구한다. 왜 그런가? 이는 단지 효율성 때문은 아니다. 특정한 사람을 직위와 직책에서 배제한다든지 또는 특정한 사람에게만 직위를 개방함으로써 최대의 효율성을 얻을 수 있다. 그러나 제2원칙은 이런 기회균등을 차별화하는 원리가 정의롭지 않다고 본다. 이를 개인적인 수준에서 본다면 공직이 모든 이에게 개방되지 않을 경우에, 그 제외된 사람은 자신들이 정의롭게 대우받지 못했다고 보기 때문이다.[79] 직위 개방의 배제는 인간적인 가치(선)의 주요 형태 중 하나를 박탈당한 것이 된다(134). 이는 바로 정의의 일차적인 주제인 기본구조에 관련된 것이다. 기본구조는 공공적인 규칙의 체계이다.

"그들의 불평이 정당한 이유는 단지 그들이 부나 특전과 같이 어떤 직책이 주는 외적 보상으로부터 제외되었다는 것뿐만 아니라 사회적 의무를 유능하고 헌신적으로 수행하는 데서 오는 자아실현의 경험을 저지당했다는 데에 있다."(134)

---

79) 삼성그룹 신입사원 모집에서 총장추천제 도입을 반대하는 사람들은 이런 견해를 피력했다. 롤즈가 말하는 직위개방은 민간영역이 아니라 공공영역에서이다.

분배의 몫을 결정하는 절차적 정의

롤즈는 세 가지의 서로 다른 절차적 정의를 구분한다. 완전한(perfect) 절차적 정의, 불완전한(imperfect) 절차적 정의, 그리고 순수한(pure) 절차적 정의이다(135).

종류	내용	사례
완전한 절차적 정의	정의로운 것의 기준과 절차가 보장되어 있음	케이크 나눔
불완전한 절차적 정의	완벽하게 보장해줄 절차가 없음	형사재판
순수한 절차적 정의	절차상의 하자가 없으면 그 결과는 무조건 정의로 인정	포커 게임(도박)

■ 3가지 절차적 정의

완전한 절차적 정의

완전한 절차적 정의는 우리가 정당한 결과가 어떠해야 하는가를 판단하는 독립적 기준을 가질 때 혹은 오류가 없이 정확하게 그 결과를 내는 방법과 절차를 가질 때 달성된다. 롤즈가 제시한 예로는 케이크를 자르는 예이다. 첫 번째 방법은 먼저 케이크를 자르고, 먼저 선택하는 경우이다. 양심적으로 최대한 공평하게 자른다 해도, 나중에 선택하는 사람은 그 절차로 인하여 자기 몫에 만족하기는 어렵다. 다음은 케이크를 자른 사람이 나중에 선택하게 하는 것이다. 이 경우에 케이크를 자르는 사람은 케이크를 최대한 똑같이 자를 것이다. 왜냐하면, 그렇게 해야 자신도 가능한 최대의 몫이 보장되기 때문이다.

롤즈는 완전한 절차적 정의가 갖는 두 가지 특징을 지적한다.

첫째, 공정한 분할이 무엇인가에 대한 독립적인 기준이 있는데, 그 기준은 따르게 될 절차와는 상관없이 선행해서 정해진다는 점이다.

둘째, 분명히 바람직한 결과를 가져오게 될 절차를 고안할 수 있다는 것이다. 여기서 롤즈가 강조하는 바는 "중요한 것은 어떤 결과가 정의로운지를 결정하는 독립적인 기준과 그러한 결과를 보장하는 절차가 있다"는 점이다(135). 이런 완전한 절차적 정의는 없는 것은 아니지만, 그래도 드물다.

불완전한 절차적 정의

불완전한 절차적 정의는 완전한 절차적 정의와 달리 "올바른 결과에 대한 독립적인 기준은 있으나, 그것을 보장할 만한 절차가 없다"는 것이 두드러진 점이다(136). 롤즈는 불완전한 절차적 정의로 형사재판을 예로 들고 있다. 재판에서 바람직한 재판결과는 무엇인가? 이는 피고가 자신이 고발당한 범죄를 저지른 경우에만 그에게 유죄판결이 내려지는 것이다. 재판절차는 이러한 관점에서 진실 여부를 조사하고 확인하기 위한 것이다. 여기서 우리는 어떠한 것이 정당한 결과인가에 대한 독립적 기준을 가진다. 말하자면 무고한 자들은 풀어주고, 범죄자들은 처벌을 받게 하는 것이다. 그 범죄 재판 체계는 이 결과를 얻고자 한다. 그러나 분명하게도 사건마다 이런 당연한 결과가 나오지 않는다.[80]

죄 없는 사람이 유죄를 받고, 반대로 죄가 있는 범인이 풀려나는 예는 얼마든지 있다. 이렇듯 형사재판은 '불완전한' 절차적 정의의 예이다. 명백히 롤즈가 연구한 대로 완전한 절차적 정의는 드물고, 불완전한 절차적 정

---

80) 2012년 영화 '부러진 화살'은 여기서 좋은 예가 된다. '부러진 화살'은 2007년에 이슈화되었던 한 수학과 교수의 판사 석궁테러사건을 영화화한 것이다. 당시에 이 사건은 석궁을 통한 테러로, 사법부에 대한 도전으로 규정되었다. 그러나 2012년 〈부러진 화살〉이 개봉되자, 관객들은 사법부를 비판하였다. 왜 그런가? 피고의 이유 있는 항변들이 모두 무시되기 때문이다. 유죄의 결정적 증거물이 될 수도 있는 혈흔이 피해자인 판사의 것인지 감정해 보자는 상식적인 주장도 받아들여지지 않는다. 그 외 억울한 옥살이를 하였다고 하소연하는 사람들은 얼마든지 찾아볼 수 있다.

의가 일반적이다. 불완전한 절차적 정의는 올바른 결과에 대한 독립적인 기준은 있으나 그것을 보장할 만한 절차가 없다. 그러나 우리에게 이러한 기준과 좀 다른 경우가 있다. 포커게임(노름. gambling) 같은 경우이다.

순수한 절차적 정의

내기를 벌인 게임자들은 일련의 공정한 게임을 하였다면, 즉 속임수를 쓰지 않았다면 마지막 판이 끝난 후의 배분도 공정하며 불공정하지 않다. 게임을 하는 자들이 내기하는 절차가 공정한 조건에서 자유롭게 가담했기 때문이다. 배경적 여건들이 공정한 절차를 공정하게 하면, 내기한 결과에 따른 분배에 대해 개인들은 또한 공정한 분배를 하게 된다. 이는 롤즈가 '순수(pure)'라 부르는 절차적 정의이다.

순수 절차적 정의의 경우에 그 절차는 정당한 결과를 내려는 방법은 아니다. 도리어 규칙들이 지켜졌다는 그 사실 자체가 그 결과를 정당하게 한다.

"순수한 절차적 정의가 성립하는 경우에는 올바른 결과에 대한 독립적인 기준이 없으며 그 대신에 바르고 공정한 절차가 있어서 그 절차만 제대로 따르면 내용과 관계없이 그 결과도 마찬가지로 바르고 공정하게 된다. 이러한 경우는 노름(gambling)에서 볼 수 있다."(136)

순수 절차적 정의가 갖는 독특한 측면은 정의로운 결과를 결정하는 절차가 실제로 수행된다는 데 있다. "공정한 절차는 그것이 실제로 진실하게 수행되었을 경우에만 그 결과에 공정성을 부여하게 된다."(137) 그래서 순수 절차적 정의라는 개념이 분배적인 몫에 적용되기 위해서는 정의로운 제도의 체계가 설립되고 공평하게 운영되어야 한다.

순수 절차적 정의의 이점

순수 절차적 정의가 갖는 실제적인 큰 이점이 있다. 이에 대해 롤즈
는 "정의의 요구를 만족하게 함에 있어서 무수하게 다양한 여건과 상대적
으로 변화하는 특정 인간의 지위를 계속 추적하지 않아도 된다는 점이다"
라고 단언한다(137).

롤즈는 공정으로서의 정의 두 번째 원칙이 민주적 평등 해석에서조
차 '공정한 기회의 원칙이 갖는 역할은 협동체제가 순수 절차적 정의의
체제임을 보장하려는 것이다'라고 명백히 밝혔다. 이것이 어떻게 가능한
가? 포커 게임을 통한 유추를 계속해 보면 우리는 포커 게임의 결과를 측
정하는 데에 있어 차등의 원칙을 쓰지 않고 도리어 포커 게임의 규칙을
사용할 것이다. 포커 게임 결과의 정당성은 결정적으로 그 규칙들의 정당
성에 달려있다. 만약 그 규칙들이 다른 이들에 비해 몇몇 사람에게만 이
득이 되게 되어 있다면, 우리는 이 게임이 조작된 것이요, 결과가 불공정
하다고 말할 것이다. 반대로 게임 규칙을 공정하게 서로 합의하여 정하고,
속이는 것 없이 그 게임의 규칙이 끝까지 지켜졌다면, 그 결과는 공정한
것이다. 순수 절차적 정의를 얻기 위해서 우리는 정당한 규칙들 혹은 절
차들로 이를 시작해야 한다.

사회의 기본구조는 '삶의 게임'(game of life)을 지배하는 규칙 혹은 절
차들을 구성한다. 이는 사람들이 실제 삶에서 결과적으로 얻게 되는 산물
의 분배는 만약 그들의 다양한 활동의 수행에서 그들이 따라야 하는 규칙
과 절차들이 정당할 때에 정당하다 여겨진다. 롤즈는 "정의로운 정치적
조직이나 경제적 사회적 제도의 정의로운 체제를 포함하는 정의로운 기본
구조를 배경으로 해서만, 우리는 요구되는 정의로운 절차가 존재한다고
말하고 있다"는 것이다(137).

7. 정의와 관련된 부가 설명 (§§15~19)

§15의 시작 부분에서 롤즈는 그가 공정으로서의 정의 두 원칙의 해석을 완성하였다고 본다(140). 그러나 2장은 원초적 입장의 논쟁으로 옮겨 가기보다 몇 가지 정의와 관련된 문제들을 언급하고 있다.

§15에서는 기본가치들(primary goods)을 소개한다. 기본가치는 광범위한 범주로 나뉘며, 이는 권리, 자유, 기회, 그리고 소득과 부이다. 자존감도 기본가치에 들어가지만, 이는 별도로 §67에서 다룬다.

§16에서는 적합한 사회적 지위(social position)에 대해서 논한다. 지위를 선정하는 일도 정의론의 일부가 되는데, 어떤 원칙에 따라서 그러한 지위가 가려져야 할 것인가이다. 사회 정의론이 일관성을 갖기 위해서는 적합한 지위에 대한 어떠한 선택이 필요하며, 선택된 지위는 정의론의 제1원칙에 부합해야 한다.

§17에서 평등에로의 경향을 다룬다. 이는 정의와 연대에 대한 기술이다. 연대성과 관련하여 사회는 마땅히 더 적은 천부적 자질을 가진 사람과 보다 불리한 사회적 지위에서 태어난 사람에게 더 많은 관심을 가져야 한다. 평등에로의 방향은 우연적 여건의 편향을 보상해주는 것으로, 이는 사회의 연대성이다.

"비록 차등의 원칙은 보상의 원칙과 동일한 것은 아니지만, 그 원칙의 취지를 어느 정도 실현해주고 있다."(152)

"천부적으로 타고난 것은 정의롭다거나 부정의하다고 할 수 없으며, 사람이 사회의 어떤 특정한 지위에 태어나는 것도 부정의하다고 볼 수 없다. 이것은 단지 자연적 사실(natural fact)에 불과하다."(153)

그러나 "더 큰 천부적 재능과 그 발달을 가능하게 하는 우월적 성격을 가진 사람이 다른 사람들의 이익에 기여하지 않는 방식으로 더 많은 이익을 얻도록 하는 협동체제에 대해 권리를 갖는 것은 옳지 못하다."(155)

차등의 원칙은 호혜성(reciprocity)의 입장을 표현한다.

차등의 원칙은 박애(fraternity)의 원칙에 대한 해석을 제시한다. 박애는 여러 가지 공공적 규약 속에서 그리고 복종과 굴종의 방식이 없는 가운데서 명백한 사회적 존경심을 어느 정도 동등하게 갖는 것을 나타내는 것으로 간주한다. 차등의 원칙은 박애의 자연스러운 의미, 즉 더 못한 처지에 있는 타인들에게 이익이 되지 않는 한 큰 이익을 가질 것을 원하지 않는다는 관념에 부합한다. 가장 대표적인 예는 가족이다. 가족은 이념이나 실제에서 이익의 총량을 극대화하는 원칙이 배제된 곳이다. 자유는 제1원칙에, 박애는 차등의 원칙에 연결된다.

결과적으로 차등의 원리는 연대성, 호혜성, 박애성 등의 정신구현을 통해 사회의 성원 간에 현실적으로 기대하기 힘든 정감이나 감정의 유대를 포함하여, 사회적 통합에 이바지한다.

§§ 18~19은 개인에 대한 원칙에 대한 것이다. 공정성의 원칙으로 어떻게 공정으로서의 정의가 개인적인 우리의 책무와 도덕적 의무와 관련되는지를 논의한다.

모든 책무는 공정성의 원칙에 의해서 설명된다. 사회제도가 정의로운 체제로 되어 있다면, 각자는 모든 사람이 그들의 역할을 다할 경우에 자신의 정당한 본분을 받아들이게 된다. 이것이 바로 공정성의 원칙이 명시적으로 요구하는 책무가 된다. 자연적 의무는 책무와 달리 우리의 자발적인 행위와 상관없이 우리에게 적용되는 특징을 가진다.

제4장 원초적 입장

나쁜 정부와
정의

『정의론』제3장에서 중심이 되는 논의 대상은 공정으로서의 정의의 원초적 입장으로, 이는 최초의 상황(initial situation)에 대한 철학적 해석이다. 원초적 상황과 관련된 내용에서 논의의 주제들은 정의의 여건, 정당성 개념의 형식적 제한조건, 무지의 베일, 계약당사자들의 합리성 등이다.

1. 원초적 입장 (§§20, 22, 24~25)

롤즈가 원초적 입장을 논하는 장은 정의관에 대한 논의의 성격(§20), 대안의 제시(§21), 정의의 여건(§22), 정당성 개념의 형식적 제한조건(§23), 무지의 베일(§ 24), 당사자들의 합리성(§25) 등이다. 책『정치적 자유주의』의 '강의 I 근본개념들'은 원초적 입장의 개념을 설명한다.

원초적 입장은 문제의 출발점이며 동시에 해결점이 된다. 이에 대해 롤즈는 이렇게 설명한다.

"공정으로서의 정의에 대한 직관적 생각은 그것이 정의의 제1원칙 자체를 적절히 규정된 최초의 상황에서 이루어질 원초적 합의의 대상으로 본다는 점이다. 이러한 원칙은 자신의 이익 증진에 관심을 가진 합리적 인간들이 그들의 조직체의 기본 조건을 정하기 위해서 평등한 입장에서 받아들이게 될 원칙이다. 그래서 정의의 두 원칙이 원초적 입장에서 제시될 선택의 문제에 대한 해결책이 될 수 있음이 증명되어야 한다."(173)

원초적 입장(original position)이란 근본적인 합의가 이루어질 수 있도록 공정하게 보장된 적절히 규정된 최초의 상황이다.

원초적 입장에서 가정들

롤즈는 사회를 어떻게 보는가? 모든 사회는 필수적으로 어떻게 사회 구성원들의 활동이 조정되며, 그 협동의 다양한 이익과 분담을 어떻게 분배할 것인가를 규정하는 기본구조를 가진다. 그러면 어떤 유형의 기본구조가 가장 나은가? 불행히도 어떤 사회에서든지 "아무도 그가 원하는 모든 것을 얻을 순 없다"는 것이다. "누구에게나 있어서 가장 최선의 것"으로 생각할 수 있는 것이 있게 되는데, 이는 "무엇이든지 간에 자신이 선(good)이라고 생각하는 것을 증진하는 일에 다른 사람들이 동의해 주는 일이다. 아니면 다른 사람들의 동의와 관계없이 홀로서기를 하는 것이다. 물론 "타인들이 이러한 결합조건에 결코 합의하지 않을 것이다"(173). 어떤 기본구조들은 특별한 집단의 이익을 위해 부담을 강제하는 강제성을 갖게 되는데, 이는 분명히 누가 보아도 정의로운 사회는 못 된다.

따라서 우리가 가정하는 것은 모든 사회의 구성원들이 동일하게 받아들일 수 있는 일반적 원칙들이 있다는 것을 생각하는 것이다. 이런 합의가 되면 동의한 사회 정의 이론은 사회 기본구조의 디자인을 하도록 안내하는 역할을 할 것이다. 자연적으로 우리가 기대하는 것은 이 집단의 참여자 각자가 충분히 정보를 얻는 것이 보장되는 것이다. 또한, 참여자들이 논점들을 이성적으로 보며, 다른 이들과 공정하며 동등한 조건으로 협상하는 것이다. 이런 다양한 절차적 조건들은 롤즈가 '원초적 입장'(original position)이라 부른 것으로 요약된다. 왜 이런 원초적 입장이 필요한가는, 우리의 평형상태에 대한 도덕적 평가는 그 상태를 결정하는 배경적 여건에 달려있기 때문이다. 이 점에서 원초적 입장이라는 생각 속에는 도덕이론의 특유한 특징들이 함축되어 있다(175).

가상적 사고 실험

원초적 입장은 사고 실험(thought experiment)으로 가상적인 상황(hypothetical situation)이라는 것을 인지하고 있는 것이 중요하다. 우리는 이런 논의의 성공이 사람들이 정말로 진정한 원초적 입장과 같은 상태에 처해보았는가에 달려있다고 여겨서는 안 된다. 도리어 원초적 입장 논의는 다만 공정한 결정 절차의 이상적인 모델이다.

"원초적 입장이라는 개념을 빌려서 인간의 행위를 설명하려는 것은 오직 그것이 우리의 도덕 판단을 설명해주고 우리가 정의감을 갖는다는 사실을 설명하는 데 도움을 주기 때문이다."(173)

막스 베버의 이상형(ideal type) 논의를 한번 보자. 베버에게 있어서 이상형 개념은 학문 연구에서 중요한 수단이다. 우리가 관찰할 수 있는 실제(Wirklichkeit)의 모든 현상을 개별적으로 전부 기술한다는 것은 불가능하기 때문에, 실제에서 유사성과 실제의 차이를 측정하는 도구적 기능을 하는 분석개념(이상형)이 필요하다. 그러므로 이상형은 실제로 존재할 필요는 없는 것이다. 가령 막스 베버는 지배(Herrschaft)에 대한 정당성의 근거(Legimitätsbegründung)를 세 가지 유형으로 제시한다. 합리적 지배, 전통적 지배 그리고 카리스마적 지배이다. 이런 지배의 정당성에 대한 이념형을 통해서 다양한 정권(regime)들이 그들의 지배의 정당성을 어디서 찾고 있는가를 분석하며 비교할 수 있다.

우리가 경제학에서 이야기하는 파레토 모델도 이런 점에서 비슷하다. 평형상태는 자발적인 상인들 사이에 자유로이 성립된 합의의 결과이다. 시장에서 완전자유시장 경제모델은 없지만, 경제모델을 논할 때 모형으로 논의된다. 시장에서 실제 가격들이 모델에서 예견된 것들을 따르지 않을 때조차, 그 모델은 매우 유용한 것을 입증할 수 있다. 예를 들어 모델들을 통해서 우리는 왜 실제 가격이 예견한 것과 다른가를 이해하는 데 도움을 받는다. 공정으로서 정의가 주는 도덕감은 우리의 사고와 행위에 영향을 미치게 된다. 원초적 입장은 우리 행위의 일이기는 하지만, 현실에서 그대로 적용되거나 일어나는 것은 아니다.

원초적 입장에서 단 한 가지 주목해야 하는 것은 이를 심리적 법칙이나 확률을 통한 어떤 추측으로 여겨서는 안 되는 점이다. 왜냐하면, 원초적 입장은 어디까지나 이상적으로 그러한 것을 받아들이는 데에서 완전한 설명에 부합하는 유일한 선택임을 증명하는 데 있기 때문이다.

원초적 입장과 사회계약론

우리는 원초적 입장을 좀 더 쉽게 이해하기 위해서 계약론의 이론을 기억하는 것이 필요하다. 원초적 입장이라는 관념은 가상적인 상황을 설정하는 전통적 사회계약론의 자연 상태와 유사하다. 롤즈는 처음부터 자신의 정의관이 로크, 루소, 칸트의 사회계약론적 관점이라고 밝히고 있다. 사회 계약론자들은 자연 상태를 가정하여, 거기서 국가라는 제도의 탄생과 이와 더불어 국가 활동의 정당성과 그 한계를 밝히고 있다. 사회계약은 인간의 자유와 권리 등이 왜 보호받아야 하며, 인정받아야 하는지를 보여준다. 이런 인간의 자유와 권리의 보장이 결국은 사회계약론을 정당화하는 주 대상이다.

이 같은 점에서 보면, 롤즈의 원초적 상태는 사회계약론의 자연 상태와 유사성을 가진다. 원초적 입장에서 사회적 역사적 자연적 경향의 필연적인 결과로서 발생하는 계약적 이득은 배제된다. 원초적 상태가 가진 조건과 절차에 따르는 사고의 실험을 통해서 정의 원칙이 선택된다. 역으로 말하면 정의 원칙의 과정의 공정함을 보장받기 위해 전제가 되는 원초적 입장이 필요한 것이다. 원초적 상태에서 만들어진 공동체에서 사회구성원 전체가 평등하게 대우받으며, 권리를 보장받는다. 자유롭고 평등한 개인들이 공정하게 참여하는 조건을 이루기 위해서는 특정개인에게 다른 사람보다 유리한 협상위치를 부여해서는 안 된다. 어떤 누적적인 사회적 · 역사적 · 자연적 경향에 유리한 협상고지의 가능성은 배제되어야 한다.

원초적 상태에서 합의된 정의의 원칙이 인정받기 위해서는 다음에 구체적으로 설명하게 될 형식적 요건(formal constraints)을 충족시켜야 한다. 이런 형식적 조건은 원초적 상태에서 비합리적이고 불공정한 원칙이 채택되는 것을 막아준다.

2. 정의 여건 (§22)

롤즈는 정의의 여건(circumstances of justice)이란 "그 아래에서 인간의 협동 체제가 가능하고도 필요한 정상적인 조건들"로 설명하고 있다(182). 정의 여건이라는 것은 왜 정의에 대한 논의와 정의가 필요한지에 대한 배경에 관한 것으로 이해하면 된다. 인간이 함께 어울려 사는 사회는 상호 이익을 위한 협동체이기는 하지만, 이 협동체는 그 안에서 이해관계의 일치뿐만 아니라 상충하는 고유의 특성을 동시에 갖고 있다. 사람들은 혼자서 살아갈 수 없고 혼자만의 노력보다는 사회 협동을 통해서 더 나은 생활을 해갈 수 있다는 점에 대해서는 일치한다. 그럼에도 사람들은 자신들의 목적을 추구할 때, 작은 몫보다는 큰 몫을 선택하는 것은 자명하다. 즉, 협동으로 산출된 보다 큰 이익의 분배 방식에 무관심하지 않으므로 이해의 상충이 있게 된다. 따라서 이런 이익의 분배나 부담을 규제할 적절한 원칙들이 필요하게 된다. 이러한 요구 사항들을 수행해가는 것이 정의 역할로 규정된다. 반면 이러한 필요성이 생기게 하는 배경적 조건들은 바로 정의의 여건이 된다(183).

정의의 배경	객관적 여건	모든 자원은 적절하게 부족한 상태여야 한다
	주관적 여건	사회구성원들은 상호 무관심하다
정의의 형식적 조건	일반성	모든 원칙은 표현에서 일반적이어야 한다
	보편성	원칙의 적용이 보편적이어야 한다
	공지성	모든 당사자가 원칙의 내용을 알고 있어야 한다
	서열성	정의 원칙은 상충하는 여러 요구의 서열을 정해주어야 한다
	최종성	정의의 원칙은 모든 실천적 문제를 해결하는 최고의 규범으로서 최종성을 가져야 한다

■ 정의의 여건

정의의 객관적 여건

정의의 여건은 두 가지, 객관적 여건과 주관적 여건으로 분류된다. 첫째로 인간의 협동체제가 가능하고도 필요한 객관적 여건이다. 이는 적절한 부족상태(moderate scarcity)이다. 여기서 부족하다는 것은 협동체제가 필요 없을 정도로 풍족한 것도 아니며, 그렇다고 궁핍한 것도 아니다. 우리가 필요로 하는 공기는 무한정하므로, 분배에 어떤 제도가 필요치 않다.

그러나 물은 그렇지 않다. 세계적으로 수자원을 놓고 다투는 갈등이 심화되어 간다.

자원이 풍족하다면 협동 체제를 만들 필요가 없으며, 반대로 너무 궁핍하면 그런 협동 체제를 만든다 해도 그로부터 어떤 이득이 없다면, 정의제도는 있을 필요가 없다. 정의제도가 필요로 하는 객관적인 여건은 다음과 같은 것이 있다.

- 많은 개인이 일정한 지리적 영역에서 거주한다.
- 신체 및 정신적 능력에 있어서 대체로 유사하다. 한 사람이 모두를 지배하지 못한다.
- 인간은 개인으로서는 연약하다. 단합된 힘이 개별적 인간의 힘의 우위에 선다.
- 재화가 충분하지 않다. 체제가 산출하는 이득도 모두를 만족시키지 못한다.

정의의 주관적 여건

위와 같은 객관적인 여건 외에 주관적 여건이 있다. 주관적 여건은 협동하는 주체인 사람들과 관련된 것이다. 협동하는 사람들은 상호보완적인 욕구가 있어서 협동을 가능케 하며, 다른 한편에서는 서로 다른 목적과 목표, 즉 인생관이나 가치를 가지고 있어 상충하는 요구를 한다(183).

그러므로 정의의 여건은 객관적인 여건으로서는 적당히 부족하다는 조건을, 주관적 여건으로는 이해관계의 상충이라는 점을 가진다(184). 이를 통해서 원초적 입장에 있는 사람들은 이러한 정의의 여건이 성립한다고 가정한다.

원초적 입장에서 당사자들은 서로 상대방의 이해관계에 무관심

(mutual disinterest)하다고 가정한다(186). 이는 정의의 여건으로서 주관적 여건에 해당된다. 상호 무관심하다는 것은 타인을 위해서 기꺼이 자기 자신을 희생하지도 않을 뿐더러, 반대로 다른 사람을 시샘하거나 시기하지도 않는 것을 말한다. 만일 성인들(saints) 집단이라면 정의에 대한 논의 자체도 발생하지 않을 수 있다. 모두가 자원해서 희생적인 행동을 할 여지는 얼마든지 가능하기 때문이다. 그러나 우리가 사는 실제 사회는 성인들의 행태와는 거리가 멀다. 그러므로 우리 인간사회는 정의의 여건으로 특징 지어진다.

3. 대안의 제시 (§21)

원초적 입장에서 어떠한 원칙을 사람들이 동의하고자 하겠는가? 왜 이런 질문을 하는가는 원초적 입장에서의 합리적인 선택의 방법도, 이러한 상황에 부딪친 사람들에게는 여러 가지 대안 중의 하나일 수 있기 때문이다.

원초적 상황에 있는 당사자들이 꼭 최고의 선택을 할 것이라는 보장은 없다. "비록 정의의 두 원칙이 우리에게 이미 알려진 입장들보다 우월한 것일지라도 지금까지 정식화되지 않은 또 다른 일련의 원칙이 더 나은 것일 수도 있는 일이다."(178)

이러한 문제를 처리하기 위해, 롤즈는 두 원칙이 제시하는 것을 비교함으로써, 그 가운데서 나은 것을 택하는 방식을 취한다. 즉 일단 모든 사람이 두 원칙이 다른 대안들보다 우선하여 선택되어야 한다고 동의하게 되면 그 두 원칙은 더 바람직함이 증명되는 셈이다.

이를 3가지의 비교에서 선택하는 것으로 설명하여 보자. 즉 정의의 두 원칙은 공리주의 원칙, 직관주의 원칙이다(179~180).

롤즈에 따르면 원초적 상황에 있는 당사자들은 공리주의를 거부하고 공정으로서 정의를 찬성할 것이다. 이는 앞서 공리주의의 한계로 언급된 사항이다.

그렇다면 직관주의는 어떠한가? 롤즈는 추론적이며 기하학적인 엄격한 적용을 그의 이상으로 삼았다. 왜 그러한가? 우리가 있는 그대로의 도덕적 직관에 의존하는 것을 가능한 한 많이 줄이기 위해서이다. 사회 정의 원칙들이 우리가 고려한 판단과 맞게 특성화된 모델에 의해 생산된 것인지 알아야 한다. 만약 그러하지 않다면, 우리는 가볍게 그 조건들, 우리의 판단들을 조정하고, 계속 실행하여 결과적으로 많은 조정을 거친 후에 반사 평형에 도달할 수 있도록 해야 한다.

롤즈는 형식적 조건을 통해서 왜 공정으로서의 정의가 사회정의로서 선택되는가를 논증을 이어가고 있다.

4. 정당성 개념의 형식적 조건 (§23)

롤즈는 §23에서 사회학에서는 익숙지 않은 '형식적 조건'(formal con-ditions) 개념을 들고 나온다. 롤즈는 공정으로서의 정의가 정의의 여건 속에서 성립한 원칙이 사회정의 윤리관으로서 인정받으려면 몇 가지 형식적 조건을 충족해야 한다고 보고 있다.

"이러한 형식적 조건들의 적합성 여부는 사람들이 그들의 제도에 대해서나 상호 간에 하게 되는 요구들을 조정함에 정당성의 원칙이 갖는 임무에서 도출된다. 만일 정의(justice)원칙이 기본적 권리와 의무를 할당하고 이들을 배분하는 그 역할을 다한다면 이러한 요구 조건은 타당한 것이다."(188)

원초적 입장에 있는 사람들은 사회정의 개념을 사회 기본구조로서 가져야 하는데, 이런 기능을 수행할 수 없는 대안적인 후보이론을 배제해야 한다. 그러므로 공정으로서의 정의는 형식적 제한 조건을 충족할 때 배제를 당하지 않는다고 말할 수 있다. 즉, 이런 제한은 사회정의이론도 용납 가능한 이론으로서 받아들여지는 데 필요한 것이다.

"이러한 형식적 조건들의 적합성 여부는 사람들이 그들의 제도에 대해서나 상호 간에 하게 되는 요구들을 조정함에 정당성의 원칙이 갖는 임무에서 도출된다."(188)

형식적 조건을 통해서 원초적 입장에서 비합리적이고 불공정한 원칙이 채택되는 것이 배제된다. 이런 형식적인 조건을 갖추게 될 때, 정의의 원칙이 하나의 합당한 윤리관으로 성립된다고 간주한다. 롤즈는 이러한 조건은 어떤 정의의 원칙이라도 충족시켜야 할 최소한의 '형식적 조건'이라고 부른다. 그러나 롤즈는 형식적 조건이 어떤 정의의 원칙이라도 충족시켜야 할 최소한의 것이라고 하지만, 이것이 왜 타당한가에 대한 논증은 따로 하지 않는다.

형식적 조건은 다음 다섯 가지로 제시된다.

(1) 모든 원칙은 표현에서 일반적(general)이어야 한다(표현의 일반성)

국회에서 법을 제정할 때에는 절차에서 민주주의 원칙을 충족해야 한다. 법 내용에서는 합헌성을 가져야 한다. 의결된 법에 헌법소원이 제기되면, 헌법재판소는 위헌 여부를 결정한다. 법은 형식 및 체계적인 측면에서 형식적합성, 명확성, 일관성, 통일성 등이 요구된다.

롤즈는 정의의 형식적 조건에서 일반성을 먼저 든다. 일반적인 원칙은 직감적으로 고유명사나 특정한 설명이 감추어진 것임을 알게 하는 말을 사용하지 않고 정식화될 수 있어야 함을 말한다. 그 진술에 사용된 술어는 일반적인 성질이나 관계를 표현해야 한다(188). 그렇지 않고는 원초적 상태에서 일반적인 원칙을 도출할 수 없다. 이런 원칙 아래서 제1원칙이 질서정연한 사회에서 영속적인 공공헌장 노릇을 할 수 있다.

"이러한(일반성) 조건이 합당한 것은 부분적으로는 제1원칙이란 질서정연한 사회의 영속적인 공공 헌장 노릇을 할 수 있어야 한다는 사실 때문이다."(189)

(2) 원칙의 적용이 보편적(universal)이어야 한다(적용의 보편성)

정의 원칙은 모든 사람이 도덕적 존재라는 이유로 모두에게 적용되어야 한다. 따라서 정의 원칙은 일정한 사회적 특성에 의해 선정된 자에게만 적용되는 것이어서는 안 된다. 어떤 일반적인 법의 적용에서 특권적인 차별을 두거나 배제성을 가져서는 안 된다. 즉, 이러한 원칙들은 자기모순적이거나 자기 파괴적인 원리들을 제외한다(190).

예를 들어 무임승차이다. 무임승차는 나만이 법칙을 위반함으로써 이득을 얻는 경우이다. 독일 등 유럽 다수 국가들은 전철, 지하철의 사용에서 승객이 스스로 표를 구매하는 자율적 통제를 우선한다. 검색대와 검색원이 없기 때문에 무임승차의 기회는 많다. 그럼에도 모두가 합의한 원칙에 따라 행동해야 하므로 무임승차와 같은 원칙은 제외된다. 무임승차 시도는 적용에서 자기에게 적용되는 보편성을 배제하는 것이다.

롤즈는 여기서 일반성과 보편성은 각기 다른 조건들에 근거하고 있음을 지적한다. 예를 들어 '모든 사람은 갑의 이익을 도와야 한다'는 원칙을 보자. 롤즈는 페리클레스를 예로 '만인은 나의 이익에 봉사해야 한다'를 예시하고 있다. 일인칭 독재라는 형식에서 이기주의는 모든 사람에게 적용된다는 점에서 보편성을 만족시키지만, 개인의 특수성을 드러내고 있어 일반성은 만족시키지 못한다. 그러므로 갑을 특정해서 말하고 있는 것은 일반적이지 않다. 백인을 우대한다는 원칙은 어떠한가? 이 원칙은 고유명사나 특수한 상황은 드러나 있지 않아서 일반적이기는 하지만, 백인이 아닌 그외 사람은 적용에서 제외하고 있기 때문에 보편적이지 않다.

롤즈가 볼 때 개념이 '질서 정연한 사회의 영속적인 공공 헌장 노릇'을 할 수 있으려면 일반성이 필요하다. 이는 조건 없이 언제나 적용되며, 심지어 어떤 세대이든 간에 각 개인은 이를 알고 있어야 한다. 이런 이해에 특수한 지식이 필요하게 해서도 안 됨은 당연하다(189).

(3) 모든 당사자가 원칙의 내용을 알고 있어야 한다는 공지성(publicity)이다

공지성은 계약론의 성격상 계약의 내용이 일부 사람들에게만 알려져서는 안 되며, 모든 당사자들이 알고 있어야 함을 말한다. 법은 공표하고, 필요하면 홍보도 한다.

"공지성이라는 것으로서 이는 계약론적인 입장으로부터 자연히 생겨난다."(190)

"사회의 기본 구조가 상당한 기간 동안 어떤 원칙을 만족시킨다는 것이 공공적으로 알려져 있을 때 그 체제에 속하는 사람들이 그 원칙에 따라 행위하고 그 원칙을 기강으로 하는 제도 내에서 그들의 본분을 다하고자 하는 욕구가 생겨난다. 어떤 정의관이 사회 체제 속에 구현되었음이 공공적으로 인정됨으로써 그에 상응하는 정의감이 생겨났을 경우 그러한 정의관은 안정된 것이라 할 수 있다. 그런데 물론 이것의 발생 여부는 도덕 심리학의 법칙과 인간 동기의 유효성에 달려 있다."(245)

공지성이라는 조건의 요점은 어떤 정의관이 공공적으로 인정되고 충분히 유효한 사회생활의 도덕적 헌장으로 평가하게 한다. 자신들이 아는 것을 다른 이들도 아는 것이다. 예를 들어, 원초적 입장의 당사자가 미래의 그들 자신과 후손들에 대한 기본구조와 정의를 알지 못할 것이라는 시나리오를 당사자들만 알고 있는 것을 배제한다. 모든 사람이 원칙들을 알고 이에 따른다는 사실을 알아야 자신도 안심하고 이 원칙들을 준수할 수 있다. 공지성으로 법이 모두에게 알려진 것만으로도 구속력을 가진다.

완전한 공지성 조건을 실현하는 것은 시민으로 하여금 시민정신을 습득하며, 이런 종류의 사람이 되고자 하는 효과적인 욕망을 끌어낼 수 있는 사회적 세계를 실현한다(정치적 자유주의, 89).

공지성에 대한 칸트적 이해

"공지성이라는 조건은 우리가 합리적 존재로서 목적의 왕국의 법으로 제정하고자 하는 원칙들에 따라 행동하기를 요구하는 한에서 칸트의 정언 명령의 이론에 분명히 함축되어 있다."(191)

롤즈는 칸트의 목적 왕국의 법으로 제정하고자 하는 정언명령의 이론에 이런 공지성의 조건이 충분히 함축되어 있다고 해석하고 있다. 칸트의 정언명령은 우리가 합리적 존재로서 목적 왕국의 법으로 제정하고자 하는 원칙에 따라 행동할 것을 요구하고 있기 때문이다.

도덕원칙을 공공헌장으로서 갖는 윤리적 공화국이 되기 위해서는 공지성이라는 조건이 충족되어야 한다. 사회가 그 시민들이 자신들을 위해 선택한 원칙들에 의해 다스려지는 자발적 체계가 되기 위해서는 사회구성원은 반드시 그들이 선택한 원칙들을 알고 있어야 한다.

(4) 정의 원칙은 상충하는 여러 요구의 서열(ordering)을 정해 주어야 한다
(원칙 간의 축차적 서열성)

롤즈는 이 네 번째 조건에 대한 이름은 별도로 언급하고 있지 않다. 제반 원칙 간의 축차적 서열로 정의 원칙은 대립적인 요구들을 조정하는 역할을 한다. 즉 만일 기본구조의 제1체제가 제2체제보다 더 낮다고 평가되고, 제2의 것은 제3의 것보다 더 정의로울 경우에는 제1의 것은 제3의 것보다 정의로워야 한다. 직관주의는 상황적 윤리를 따른다. 상황적 윤리를 따른 경우에는 상황에 따른 옳음을 정하기 때문에, 서열을 배제한다. 가령 자유와 평등은 모두 중요하다. 이데올로기에서 볼 때, 사회주의는 평등을, 자본주의는 자유를 우선시한다. 그러나 사람들은 일상생활에서 자유와 평등이 모두 중요하다고 한다. 이런 사유에는 자유와 평등 간의 서열이 없다. 롤즈는 분명히 자유가 평등에 앞선다고 말한다. 입법과정에서 이런 자유의 우선성을 분명히 하는 것은 중요하다.

일반적으로 순위를 매기는 일은 이행적이라 할 수 있다. 더 나은 체제를 결정하는 데 있어 정의가 아닌 무력이나 육체적 힘으로 이런 순위를 결정할 수 있다. 그래서 힘(완력)이나 교지(巧智)를 통해서 이루어지는 비이행적 원칙으로서의 서열을 조정하는 방식은 피해야 한다. 이런 방식은 어떤 적합한 근거로 한 서열을 정할 수가 없다.

(5) 정의의 원칙은 모든 실천적 문제를 해결하는 최고의 규범으로서
   최종성(finality)을 가져야 한다(최종성)

이는 도입하게 될 더 이상의 고차적인 기준이 없으며, 추론한 원칙이 최종적이라는 것이다. 최종성의 예는 사법부의 3심 제도에서 보면, 대법원의 판결은 갈등해결에서 최종 판결로 끝이 난다. 최종적 성격을 갖는 일반원칙은 이기적이거나 타산적인 고려사항을 넘어서며, 법이나 관습, 사회의 규칙의 일반의 요구를 능가한다.

"마지막 조건은 최종성(finality)이라는 조건이다. 당사자들은 원칙들의 체계를 실생활의 판단에 있어서 최종적인 것으로 평가하게 된다. 요구들을 뒷받침할 논증이 도입하게 될 더 이상의 고차적인 기준이란 없으며,

그러한 원칙들로부터 성공적으로 추론한 것이 결정적인 것이다."(193)

정당성에 대한 형식적 조건은 다음과 같이 종합된다. 즉, 정당성의 입장은 1) 형식에 있어서 일반적이고, 2) 적용에 있어서 보편적이며, 3) 도덕적 인간들의 상충하는 요구의 서열을 정해주며, 3) 최종적인 심판이라는 것이 공공적으로 인정되는 원칙들의 체계(a set of principles)이다(193~194).

여기서 우리는 잠시 이런 형식적 조건을 놓고, 직관론을 보자. 직관론은 다수의 독립적인 도덕원칙을 포용한다. 이런 도덕원칙들은 어떤 면에서 보면 사회구조와 관련되어져 있다. 그런데 직관주의는 이런 독립적인 다수의 도덕적 직관들을 서열로 매기면서 배열을 하지 못한다. 그 다양한 원칙들이 서로 상충할 때 직관론은 또다시 다른 직관에 의존하게 되는 꼴이 된다. 따라서 직관론은 사회정의 개념에서 요구하는 기능들, 특히 최종성에서 그 역할을 하지 못한다. 이렇게 볼 때, 직관주의는 제외되고 공정으로서의 정의, 공리주의, 이기주의 및 다른 대안들이 남게 된다.

여기서 이기주의에 대해서 보자. '모든 사람은 나의 이익을 도와야 한다.' 혹은 '나를 제외한 모든 사람은 규칙을 따라야 한다'와 같은 이기주의가 있을 수 있다. 분명 이런 1인칭의 이기주의는 일반화와 보편화의 공식적 제약들 때문에 분명히 배제된다. 이런 이기주의는 또한 무지의 베일을 통과하지 못한다.

그러나 "일반적 이기주의"는 다르다. 일반적 이기주의는 "모든 사람은 자신의 이익을 증진시키라는" 일반성을 갖는다. 그래서 형식에서 일반성은 이런 일반적 이기주의를 배제하지는 못한다. 그럼에도 일반적 이기주의도 받아들일 수 없다. 왜냐하면 이기주의는 서열을 매기는 형식적 조건에서 볼 때, 당사자 간의 "상충하는 요구 간의 서열"을 매길 수 없기 때문이다. 모든 사람이 자기 뜻대로 자신의 목표를 증진하거나 관철하는 권

한이 있다고 할 때, 모든 사람이 자신의 이익을(선도 포함하여) 증진시키고
자 한다면, 이런 상충하는 요구 간의 서열을 매길 수 없다. 결국 그 결과
는 완력과 교지에 의해 결정될 것이기 때문이다. 결국, 일반적 이기주의란
합의점도 없는 것으로 해석되며, 당사자들이 어떤 합의에 도달할 수 없을
때 집착하게 되는 그러한 입장뿐이다(194~195). 이기주의도 형식적 조건에
서 제외되므로, 사회정의에서 선택될 후보에서 제외된다.

원초적 입장의 당사자들에게 제시된 우리의 마지막 공식적 대안 개
념의 표를 간소화하면 다음과 같다.

A. (서열적 순서로 된) 정의의 두 원칙
  1. 최대로의 평등한 자유의 원칙
  2. (a) (공정한) 기회균등의 원칙
     (b) 차등의 원칙
B. 공리주의
C. 직관주의
D. 이기주의
  1. 일인칭 독재
  2. 무임 편승자
  3. 보편적 이기주의: 모든 사람은 제 뜻대로 자신의 이익을 증진하
     는 것이 허용됨.

당사자들이 이러한 4가지 A, B, C, D 대안 중 어떤 하나를 비교하에
선택한다. 공리주의, 직관주의는 형식적 조건을 충족하지 못하기 때문에
배제된다. 마찬가지로 일반적 이기주의도 상충하는 요구들을 조정하지 못
하기 때문에 배제된다. 원초적 입장의 무지의 베일 뒤에 위치한 입장에서,

상호가 무관심한 합리적인 당사자들이 다른 어떤 조건보다 첫 번째 조건으로 롤즈가 논증하는 대안 A가 선택된다.

5. 무지의 베일

롤즈의 원초적 입장이라는 관념은 원초적 상황에서 합의된 어떤 원칙도 정의로운 것이 되게 하는 공정한 절차를 설정하기 위한 것이다. 원초적 입장은 결론을 먼저 내리는 것이 아니라, 그 결론에 이르는 공정한 절차를 만들어 주기 위한 것이다.

원초적 입장의 목적은 "순수 절차적 정의"라는 관념을 이론의 기초로 사용하는 것이다. 따라서 사회적 자연적 여건을 자신들에게 유리하도록 유혹하는 특수한 우연성의 결과들을 무효로 하여야 한다(195). 이런 무효화를 시키는 장치로서 롤즈는 무지의 베일(veil of ignorance) 개념을 만들어 냈다. 즉, 당사자들이 이 무지의 베일 속에 있다면, 우려되는 사회적, 자연적 여건을 통해서 발생하는 우연성이나 임의성은 무효가 된다. 무지의 베일이란 개념은 각 계약당사자를 모든 인간에게서 발견되는 공통된 특성만을 가진 보편적 인간으로 추상화시키는 장치이다. 이로써 정의의 원칙을 선택하면서 어느 사람도 우연한 결과나 사회적 여건의 우연성이나 임의성으로 인해 유리하거나 불리해지지 않는다. 무지의 베일은 인간 개개인의 특수성을 배제하고 보편성을 받아들이도록 하는 여과 기능을 한다. 어느 한쪽으로 치우치지 않는 불편부당함(impartiality)은 무지의 베일을 통해서 이루어진다.

그러면 우연성의 결과를 무효화시키기 위해서, 무지의 베일의 내용은 구체적으로 무엇이 되어야 하는가? 무지의 베일의 내용에는 무지의 베일

에 의해서 가려져야 할 것과 반대로 당사자들에게 알려져 있어야 하는 것
들로 나뉜다.

무지의 베일에 의해 가려져야 할 것들

먼저 무지의 베일에 의해서 당사자들에게 가려져 있어야 할 것이다.
이는 4가지로 정리된다.

1) 자기의 지위나 계층을 모르며, 천부적 자산과 능력, 지능과 체력
등을 모른다. 원초적 입장에서의 참여자들은 그들이 부유하거나 가난한
지, 흑인인지 백인인지, 남자인지 여자인지 등등에 대해 아는 것이 허락되
지 않는다.

2) 자신이 어떻게 타고났는지 등 자신의 운수를 모른다. 천부적으로
타고난 재능들, 가령 음악적 재능, 스포츠에 대한 재능 등 주목할 만큼 특
별한 능력이 있는가 조차 알지 못한다.

3) 선에 대한 자기 생각, 자신의 합리적 인생 계획의 세목이나, 심지
어 모험을 싫어한다든가, 비관적 또는 낙관적인 경향과 같은 심리적 특수
한 사항도 모른다. 가령 재능 있는 의사나 법률가가 되고 싶은지, 혹은 존
경받는 환경 옹호자나 기독교인이 되고 싶은지 알 수 없다는 것이다. 소
수민족에 대한 차별, 성이나 종교에 근거한 차별, 압제 등과 같은 이데올
로기나 도덕적인 것도 모른다. 모든 사회는 소수 그룹이 있게 마련이며,
이들도 마찬가지로 원초적 입장에 참여한다고 가정해야 한다. 이들에게
있어서 어떤 우선권을 가진다는 것을 아는 것이 허락되지 않아야 한다.

4) 당사자들이 속한 사회의 특수 사정도 모른다. 이는 그 사회의 경
제적·정치적 상황이나 문화의 수준도 모르는 것으로 가정한다. 마찬가지
로 이들은 어떤 세대에 속하고 있는지에 대해서도 정보를 갖고 있지 않다
(196).

이런 무지의 베일을 통한 제한들에 대해서 사람들은 처음에는 의아해할지 모른다고 롤즈는 본다. 그러나 약간 주의를 기울여보면 왜 이런 무지의 베일을 통한 통제가 필요한지 분명해진다. 가령 자신이 계약의 당사자로서 내가 남자이거나 백인임을 알게 되면, 이에 유리한 원칙들을 기대할 것이다. 왜냐하면, 내가 이러한 사실들을 몰랐다면, 나는 이와 같은 기대를 할 이유가 없기 때문이다. 무지의 베일 이론의 핵심은 이처럼 우리로 하여금 치우치지 않은 견해를 갖게 함으로써, 사회 정의 문제들을 생각하도록 하는 것이다. 이런 의미에서 보면 무지의 베일은 인간을 도구화하지 않으며 목적으로 대하며 존중하는 칸트의 도덕 철학의 정신을 구현한다.

여기서 제기되는 의문이 있다. 즉, 만약 그렇게 많은 정보가 당사자의 원초적 입장에서 숨겨져 있다면, 당사자들은 백치가 아닌가 하는 의문이다. 또는 개인의 차별성이 제거된다면 참여자가 여러 사람이지만, 실제로는 한 사람이지 않은가라고 주장할 수 있다. 이는 그렇지 않다. 무지의 베일이 특별한 사실에 대한 지식만을 숨겼기 때문에, 원초적 입장의 참여자들은 많은 상대적 일반 사실들을 충분히 알고 있다고 추론한다. 원초적 입장의 당사자들이 몰라야 하는 것들이 있지만, 인간사회에 대한 일반적인 사실들까지도 모르는 것으로 가정하는 것은 아니다. 이들은 인간사회에 대한 일반적인 사실들을 알고 있다고 본다. 가령 정치현상이나 경제이론, 사회조직에 대한 이론이나 인간 심리법칙 등과 같은 지식을 알고 있다(196).

무지의 베일에 대한 비판과 옹호

이처럼 무지의 베일에 가려져서 형성되는 원초적 입장에 대한 비판이 있을 수 있다.

1) 무지의 베일이 원초적 입장 파악을 어렵게 한다는 것이다.

모든 특수적인 지식을 제거하면 남는 게 없다는 주장이다. 즉, 당사자들이 원초적 입장이 무엇을 의미하는지를 파악하기 어렵다는 것이다. 그러나 원초적 입장은 정의를 도출해 내는 형식적 조건을 만족하게 하는 것에 있다. 롤즈는 이에 대해서 "원초적 입장에서 어떤 정의관이 선택될 것이라고 말하는 것은 어떤 조건과 제한을 만족시키려는 합리적 숙고가 어떤 결론에 이르게 되었다고 말하는 것과 동일하다"고 표현한다(197).

사회의 구성원은 모든 면에서 동일하게 자기 결정권을 누리지 못한다. 그러므로 모든 사람의 평등을 전제한다는 것은 가상적 실험이라도 설득력이 없다고 비판된다.

그러나 원초적 입장은 지식과 아는 것을 통한 결과에 대한 논의가 아니라 형식을 갖추는 문제를 다루는 것이다.

2) 원초적 입장은 실재하지 않는다는 비판이다.

원초적 입장은 그 실재하는 것과 상관이 없이 의도하는 목적을 갖고 있다. 즉, 제한 조건으로부터 언제나 같은 원칙들이 선택되어야 한다. 이는 우리가 언제 어떤 견지를 택할 것인지 누가 그러한 견해를 밝힐 것인지는 상관이 없으며, 중요한 것은 단지 그러한 제한 조건으로 인해서 언제나 동일한 원칙들이 선택되어야 한다는 것이다. 무지의 베일에서 발생하는 원초적 입장은 이용될 수 있는 정보가 적절하다는 것을 보장할 뿐만 아니라, 그것이 언제나 동일하리라는 것까지를 보장한다(198).

3) 무지의 베일은 불합리하다는 비판이다.

원초적 입장에서 당사자들은 그들 간에 차이점이 알려지지 않으며, 특수한 지식을 갖고 있지 않고, 모두가 똑같이 합리적이고 비슷한 처지에 있기 때문에, 누구나 동일한 논의를 수긍하게 된다. 따라서 무지의 베일은 특정한 정의관에 대한 만장일치를 선택할 수 있게 한다(200).

만약 어떤 한 사람이 아프리카의 환경을 보호하려 하고, 다른 이는 아프리카 개발원조에 힘쓴다면, 이 둘은 같은 희소한 자원에 경쟁하는 주장을 하게 될 것이다. 완벽한 박애적 목표들이라도 이들은 충돌할 것이다. 그러므로 정의의 합의 과정에서 특수한 지식이 알려져 있지 않은 것은 불합리하지 않다.

무지의 베일 속의 당사자들이 알고 있는 것들

무지의 베일 속의 당사자들에게 알려져야 하는 것들이 있다. 원초적 입장의 사람들은 비록 그들의 사회 특징들을 알지 못할지라도, 일반적인 사회 협동이 서로 이익이 된다는 것을 안다. 비록 각각의 참여자들의 그들의 특정 삶의 계획이나 가치의 개념이 어떻게 될 것인지 알지 못하지만, 그들은 모든 사람이 이러한 개념을 가지고 있고 각 사회가 불가피하게 다양한 개념을 포용하는 것을 알고 있다.

이들은 일반적 사람이 많은 다양한 재능과 능력을 갖추고 있고 이들의 사용이 조정될 때 이익을 줄 수 있다는 것을 안다. 실제 우리는 참가자들이 자신들의 의사결정에 관련된 모든 경제학, 사회학, 심리학, 자연과학에 대한 충분한 접근이 가능함을 추정한다. 무지의 베일은 인간사회의 일반적 지식을 무제한 허용하고 있다는 것이, 그 모든 지식을 반드시 알고 결정에 참여해야 한다는 것을 말하는 것은 아니다.

결론적으로 무지의 베일이 필요한 이유는 특수사정에 대한 지식이 허용되면 그 결과는 임의적인 우연성에 의해 왜곡되기 때문이다. 세상의 임의성은 최초의 계약적 상황의 여건을 조정함으로써 수정되어야 한다는 당위성을 가진다(201). 우리는 여기서 다시금 원초적 상태에서 무지의 베일은 당사자들이 정의 원칙을 선택하면서 역사적·자연적 및 사회적 상황의 우연성이나 임의성에 의해 편견을 갖게 되는 것을 막기 위한 장치인 것을 알 수 있다. 이런 장치를 통해 공정으로서의 정의가 도덕적 관점에서 볼 때 부적합하다고 생각되는 고려사항들은 제거된다. 원초적 입장을 통해서 특정한 지식에 대한 제한이 없으면, 합의 문제는 터무니없이 복잡하게 되며, 우리는 전혀 어떤 일정한 정의론을 성립시킬 수 없다(200).

무지의 베일과 판단 중지

롤즈에게 있어 무지의 베일은 정의를 도출하며 합의에 이르기 위한 과정이며 사고의 실험이다. 이와 같은 방법론은 후설(Edmund G. A. Husserl, 1859~1938)이 제시한 판단중지(Epoché, Einklammerung)라는 철학적 태도에서 찾아 볼 수 있다.[81]

후설은 자신의 철학을 현상학(phänomenologie)으로 규정하면서 한편 이를 '기술 심리학'이라고도 불렀다. 기술은 어떤 이론적인 전제나 가설을 통해서 사태(Sache)를 설명하는 것이 아니라, 최대한 있는 그대로의 존재 그 자체를 받아들이기 위해 열린 태도(Einstellung)를 갖는 것을 말한다. 그래서 후설은 태도의 문제를 중시한다. 어떤 태도를 취하느냐에 따라 세계는 상이하게 보인다. 대상은 가령 ① 실제 대상 그 자체와 ② 우리에게 경험된 대상으로 나뉜다. 여기서 후설은 두 번째, 우리에게 경험되는 대상을 '현상'이라고 부른다. 이는 우리가 경험을 통해서 아는 것이다. 가령 눈, 코, 입, 감각 등을 통해서 말이다.

문제는 우리가 안다고 할 때 실제 대상과 현상이 일치해야 한다. 그

---

81) 후설은 현대철학의 주요 사상 가운데 하나인 현상학의 체계를 놓은 철학자이다. 그는 처음에 수학을 공부하였고, 나중에 철학을 공부하였다. 후설은 프라이부르크 대학의 교수 직위에서 은퇴하게 되었을 때 하이데거(Martin Heidegger, 1889~1976)를 자신의 후임자로 지명하였다. 후설은 제2차 세계대전이 시작되고 나치의 탄압을 받았다.

런데 대상과 현상이 항상 일치하는 것은 아니다. 우리가 매일 보는 태양은 실제와 우리가 아는 것에서 일치하지 않는다. 크기에서 그렇고 온도에서 그렇다. 우리는 내가 경험에 기초한 선입견으로 사물을 보며 인식한다. 가령 16세기의 과학자 코페르니쿠스가 '지구가 태양의 주위를 돈다'고 지동설을 주장할 때까지는, 사람들은 그때까지 태양이 지구의 주위를 돈다고 생각하였다. 후설이 활동하던 당시 철학은 진실을 어떤 역사적인 틀이나 자연 심리의 산물로서 추구하였다.

후설은 '참된 철학적 태도'를 주장하였다. 이는 세계 전체에 대해 전제 조건이 없는 열린 태도를 말한다. 이런 열린 태도는 우리가 일상적인 자연적 태도를 내려놓는 데서 시작한다. 자연적 태도는 소박한 믿음을 가지며, 우리 자신도 모르는 사이에 진리성까지 부여한다. 이런 자연적 태도로 인한 세계 존재에 대한 믿음과 확신을 일단 배제하는 것이 판단중지(Einklammerung)이다.

판단중지는 자연히 외부 대상으로 행한 나의 시선을 나의 내부로 돌리게 되는 역할을 한다. 판단중지를 하면 대상이 나타내는 것을 인식하게 된다. 이러한 인식을 기초로 의식체험을 하면, 그 사물의 본질을 발견하게 된다는 것이다. 이러한 과정을 노에시스(Noesis)라고 하고 그 결과물을 노에마(Noema)라고 한다. 노에마는 사물 그 자체의 본질(in seinem Wirklichsein an sich)이 아니라, 사고의 작용을 통해 얻은 의식의 합(die Summe der Bewusstseinvollzüge)이다. 후설은 노에마(Vermeinten)와 노에스(Akt des Vermeinens)를 구분한다.

후설은 판단중지라는 철학적 태도를 통해 본질로 귀환하는(zu den Sachen selbst) 작업을 하고자 하였다. 롤즈의 무지의 베일도 기술적으로 정의의 본질을 찾고자 한다는 점에서 연구방법에서 후설의 판단중지와 비교된다.

6. 당사자들의 합리성 (§25)

지금까지 원초적 입장에서의 협상의 조건들을 논의하면서 가정해온 것은 당사자들이 합리적(rational)이라는 것이다. 즉, 원초적 입장에서 합의 당사자들은 크게 두 가지 조건, 인적 조건으로 무지의 베일과 동기적 조건으로 합의 당사자들의 합리적 존재로 이익을 극대화하는 조건이다. 그리고 또 다른 한 가지 가정은 당사자들이 선이라고 생각하는 것(가치관)이 무엇인지 모른다는 점이다. 이런 가정에서 우리가 제기하는 질문은 "그렇다면 도대체 그들에게 가장 유익한 정의관을 어떻게 결정할 수 있는가"이다. 무작정 추측만 하고 있는가? 라는 질문도 제기된다. 이런 난점을 해결하기 위해서 제시되는 것은 또 다른 가정을 하는 것이다. 몇 가지 가정을 보면 다음과 같다.

당사자들의 합리성

당사자들은 적은 것보다는 더욱 많은 사회적 가치(선)를 택한다는 것이다(202). 이런 가정은 원초적 입장의 관점에서 볼 때 당사자들은 더 많은 몫을 원하게 되리라고 생각하는 것이 합리적이라는 점에서 뒷받침된다.

"원초적 입장에서의 사람들은 합리적이다"라는 추정에서 합리성은 다름 아니라 '자신의 이익을 향상시키기 위해 원칙들을 선택하는 데서 자기가 할 수 있는 최선을 다하는 것'이다. 이들의 추측은 주먹구구식이 아니라, 일상적인 의미에서 합리적인 결정을 할 수 있는 수준이다.

그러므로 무지의 장막에 처해있어도, 합리적인 사람들은 "적은 것보다는 보다 많은 사회적 가치(선)(primary social good)을 택하리라는 것이다."(202)

이것이 바로 롤즈가 '당사자들의 합리성'(rationality of parties)을 통해 설명하고자 하는 점이다.

원초적 입장에서 합의 당사자들의 합리적 자율성은 다음 두 가지 점에서 볼 수 있다.

"첫째, 합의 당사자들은 심사숙고를 함에 있어서 사전의, 또는 선례적인 옳음과 정의원칙을 적용하거나 또는 이에 지도될 필요가 없다.

둘째, 가능한 대안 중에서 채택할 정의원칙에 합의함에 있어서, 합의 당사자들은 정보의 제한이 허용되는 한도 내에서 자신들이 대표하는 사람들의 구체적 선을 위한 것이 무엇인가를 생각함으로써만 행동하게 된다. 이러한 의미에서 정의의 두 원칙에 대한 원초적 입장에서의 합의는 합리적으로 자율적인 이성에 입각한 합의여야만 하는 것이다"(정치적 자유주의, 376).

시기심에 좌우되지 않음

시기심(envy)에 흔들리지 않는다는 것은 당사자들이 '수치심이나 굴욕감 같은 여러 가지 다른 감정에도 좌우되지 않으리라'고 가정하는 것이다. 시기심은 모든 사람의 가치를 보다 악화시키는 경향을 보이기 때문에, 시기심은 전체적으로 봐서 아무런 이익이 없다(204). 원초적 상황에 있는 당사자들은 시기심이 없는 합리성을 가진다.

상호 무관심한 합리성

롤즈는 당사자들이 "엄격히 합리적"이라 부르는 것도 가능하다고 주장한다. 엄격히 합리적인 개인들은 '상호 간 관심이 없다'는 가정이다. 상호 무관심한 합리성(mutually disinterested rationality)이라는 가정은 다음과 같이 설명된다.

"원초적 입장에 있는 사람들은 가능한 자신들의 목적 체계를 증진시켜주는 원칙들을 받아들이고자 한다. 그들은 이를 위해서 가장 높은 지수의 사회적 기본가치를 스스로 얻고자 한다. … 당사자들은 상호에 이익을 주려하거나 손상을 끼치려하지도 않는다. … 애정이나 증오에 의해 마음이 흔들리지 않는다. … 질투를 하거나 잘난 체하지도 않는다."(205)

당사자들이 이타적인 동기를 가졌다면 이들은 타인의 만족을 자기의 만족과 동일시하게 된다. 결국, 이런 행동은 합리적 행동과 이타적 행동 간의 구분이 없어지며, 이런 두 행동은 서로 상쇄되어 공리원칙과 같아지는 결과가 생긴다. 상호 무관심한 좋은 예는 운동경기에서 볼 수 있다. 가령 경기에서 당사자들은 가능한 절대적인 높은 점수를 얻으려 할 때, 이들은 상대편의 점수에 관심이 있기보다 자신의 목적에 따른 판단을 통해 가능한 한 많은 점수를 따는 데 관심을 둔다.

시장에서 물건을 사는 사람은 어떠한가? 정상적인 소비자라면 가장 좋은 물건을 가장 싸게 사고자 할 것이다. 이는 이기적 행동이 아니라, 가장 합리적인 소비를 하는 것이다.

당사자가 정의감을 행사할 능력

당사자들이 정의감을 행사할 능력이 있다는 가정은 공공연히 알려진 것이며, 이런 가정은 안정성 보장의 문제와 관련된다. 즉 당사자들은 자신들이 지키지 못할 것을 알고서는 어떤 것에 합의하지는 않을 것이다. 당사자들은 자신들이 합의하여 최종적으로 선택된 원칙을 고수할 것이다.

위와 같은 내용으로 다음의 표를 보자.

	조건 (구성원 소득)			
	I	II	III	IV
갑	100	150	200	350
을	100	150	150	90

우리는 원초적 상황에 놓인 갑과 을이 있다고 가정해 보자. 이때 을은 조건 I 보다 조건 II를 선호할 것이라는 것은 분명하다. 왜 그런가? 을이 합리적이기 때문이다. 갑과 을이 조건 I 에서보다 II에서 더 큰 기본가치의 묶음을 갖는다. 더 흥미로운 문제는 을이 조건 I 보다 조건 III을 선호할 것인가이다. 왜 그런가? 시기심이 없기 때문이다. 갑이 자기보다 더 많이 받는 것에 배 아파하지 않는다. 즉 만약 을이 질투로 고통 받았다면 III을 택하지 않을 것이다. 지금 III에서 갑이 가진 것보다 큰 몫을 갖지 않을 때 을은 그 자신을 위한 더 작은 몫을 받아들일 것이다.

롤즈는 "합리적인 인간이란 시기심(envy)에 고통을 받지 않는다. 그는 다른 사람에게 손해만 입힌다면 자신의 손실도 선뜻 받아들이려는 그러한 자가 아니다. 그는 또한 다른 사람들이 더 많은 지수(index)의 기본가치를 가진 것을 알거나 눈치 채더라도 실망하지 않는다"고 보았다(204). 물론 상대적 박탈감으로 인해 괴로워하지도 않는다.

질투의 반대는 이타주의이다. 갑에게 가장 좋은 선택은 IV이다. 자신에게 가장 많은 이익이 되는 경우이기 때문이다. 그런데 여기서 을이 조건 II나 III보다 IV를 선호하겠는가? 만약 을이 충분히 희생적이라면 그는 IV를 선택할 수 있다. 다른 사람(갑)을 위해 더 작은 몫을 받아들이는 것이다. 이는 분명 이타적인 행위이다. 그러나 롤즈의 견해에 따르면 엄격히 합리적인 사람은 이렇게 행동하지 않을 것이다. 당사자들은 자신이 손실을 보는 것을 받아들이지 않는다. 을은 갑이 더 많이 갖는 것을 막기 위해 자신의 손실을 받아들이지 않는 것처럼, 단지 갑이 더 많이 갖게 하도록 하기 위해 자기 손실을 또한 받아들이지 않는다. 위의 경우에서 을이 신경 쓰는 것은 자신의 기본 가치의 몫을 최대화하는 것이다. 원초적 입장에서 당사자들은 합리적이며 시기심이 없으며, 반면 이타중심적보다 자기중심적인 선호를 가진다. 당사자들은 상호 무관심한 합리성을 가진다.

우리가 실제 삶에서 보면 원초적 상태에서 가정하는 것과 다른 모습을 본다. 즉 질투가 합리성을 무력화시킨다. 상호무관심하다는 것은 사람들이 일상생활 또는 질서정연한 사회에서도 무관심하다고 보는 것은 아니다. 사람들은 때로는 한없이 이타적이지만, 반면 시기심에 잡혀 비이성적으로 행동한다. 사촌이 땅을 사는 것을 가만히 보고 있지 못하는 경우이다. 그래서 상호 무관심하다는 가정이 우리를 의문에 빠져들게 한다. 많은 반대 이유가 발견되기 때문이다. 그렇다면 롤즈는 왜 상호 무관심을 주장하는가? 롤즈에 있어서 인간 본성에 대한 문제는 그의 견해와는 상관이 없다. 도리어 롤즈의 주장은 엄격히 방법론적 기초를 가진다. 원초적 입장에서 상대방의 이해관계에 무관심하다는 주장은 정의의 원칙들이 강한 가정(strong assumptions)들에 의존해 있지 않도록 해준다(186).

원초적 입장에서 가능한 한 직관에의 의존을 줄인다. 실제로 원초적 입장의 사람들이 어떤 실제적인 도덕을 고찰하는 것으로부터 시작하였다고 가정한다면, 우리는 원초적 입장에서 사회 정의 기원을 속여야 한다.

이상과 논의들을 통해 롤즈는 §25에서 검토한 원초적 입장의 특성화를 완성한다.

사회 정의가 무엇인가 알기 위해, 우리는 사회 정의 원칙들을 반영할 필요가 있다. 이 사회 정의 원칙들은 우리가 사회에서 자신의 위치의 특수성을 제쳐놓고, 엄격히 공명한 견해로부터의 문제점을 숙고할 때 자기 자신을 위해 선택하는 것이다. 무지의 베일은 이 사고 실험을 더 생생하게 표현하도록 도우며 더 쉽게 수행하도록 한다. 무지의 베일은 정의의 특정 개념에 대한 만장일치 선택을 가능하게 만든다. 무지의 베일은 이런 합리적인 합의에 도달하게 해주는 도구로서의 장치이다(140).

롤즈가 주장하는 원초적 상태의 주요조건들은 정리 요약하면 다음과 같다.

1) 정의의 원칙이 필요로 하는 정의의 여건(circumstances of justice)이 있다. 이는 재화(goods)가 부족한 상태이며 개인들은 사회적 협동으로 얻어진 이득의 분배에서 경쟁과 갈등이 생긴다.

2) 정의의 원칙이 갖추어야 할 형식적 제한조건을 충족시켜야 한다. 이는 일반성(general), 보편성(universal), 공지성(publicity), 서열(ordering), 최종성(finality)으로 정의 원칙이 인정되게 판단하는 조건들이다.

3) 계약당사자들은 '무지의 베일'(veil of ignorance)로 가리어져 있다. 무지의 베일은 정의 원칙의 선택에서 사회적·자연적 우연성과 임의성을 막아 준다.

4) 계약당사자들은 상호 무관심하다. 이들은 '사회적 기본가치'(social primary goods)의 자기 자신의 몫에 관해서만 관심을 가지며, 타인의 문제에 대해서는 무관심하다. 타인에게 시기심도 갖지 않으며, 이타심도 갖지 않는다. 이들은 다만 자기의 목적을 달성하는 데 합리성을 갖고 행동한다.

5) 계약당사자들은 안전을 꾀하고 모험을 싫어하는 경향을 가진다. 이들은 최소극대화의 원리에 따라서 행동하며, 불충분한 이유의 원칙을 선택하지 않는다.

7. 공정으로서의 정의의 논쟁 (§§26~30, 33)

롤즈는 §26에서 원초적 입장에서 정의의 두 원칙에 이르는 추론을 전개한다. 이는 정의의 두 원칙과 평균 공리(효용)의 원칙 가운데서 선택하는 문제를 다룬다. 이런 선택은 공리주의는 공정으로서의 정의에 대해, 가장 유력한 경쟁력을 가진 대안이기 때문에 일어난다. 이는 공정으로서의 정의의 두 원칙에 이르는 공식적인 논증이 되는 셈이다.

정의의 제1원칙에 이른 추론과 인정과정

먼저 무지의 베일 뒤 원초적 상황에 있는 이성적 사람을 그려보자. 여기서 제기되는 첫 번째 질문은 "그가 그 사회에서 자신의 역할이 어떻게 될 것인지 모른다면 어떤 종류의 사회를 그가 살고자 선택하겠는가?"이다. 그 사람은 자신을 위해서 특정한 이익을 취할 길이 없다. 마찬가지로 그는 특수한 손해를 그대로 넘겨버릴 이유도 없다. 따라서 그가 선택할 수 있는 가장 현명한 길은 평등한 분배를 요구하는 원칙을 정의의 제1원칙으로 인정하는 것이 될 것이다. 이는 쉽게 이야기하면 평등한 분배의 원칙을 정의의 제1원칙으로 인정하는 과정이 된다.

가령 형제가 아버지에게서 소와 양들을 유산으로 받았다고 하고, 이를 균등하게 나눈다고 해보자. 어떤 방법이 있을까? 이는 케이크를 받은 두 형제가 이등분하여 나누는 방식과 같다. 첫째 아들이 나누고, 둘째 아들이 선택을 먼저 하게 된다면, 큰아들은 최선을 다해 균등하게 나누고자 할 것이다.

원초적 상황에서 당사자들은 이와 유사한 행동을 하게 된다. 자신의 사회적 역할이나 신분이 어떻게 될지 모르는 상황에서 가장 합리적인 선택은 평등한 분배가 되게 하는 것이다. 원초적 입장에서는 동등한 몫보다 더 많은 것을 보장받을 수 없으며, 반대로 더 작은 분배에도 동의할 수 없으므로 가능한 평등한 분배에 합의하게 된다.

아래 도표를 통해서 이를 보면 다음과 같다.

시민그룹	대안적 사회 기본구조			
	I	II	III	IV
A	100	220	280	390
B	100	170	230	250
C	100	130	150	80
총합	300	420	660	720

각 칸의 숫자들은 기본 가치를 나타내는데, 이는 각 집단 시민들의 평균 구성원이 여러 가지 대안적 기본구조 아래 받게 될 것으로 예상하는 것이다. 여기서 간단한 설명을 위해 세 집단은 사회 계층을 간략히 동등한 크기를 나타낸다고 가정한다. 기본구조 I은 아마 완전한 평등주의 즉 사회주의적 사회를 나타낸다. 원초적 입장에서 상황의 당사자들은 그 어떠한 조건들보다 I을 선호한다고 본다. 이는 다만 대안이 없을 경우이다. 그런데 이런 사회주의 체제에 자본주의와 같은 경영방식의 도입을 통한 개혁이 이루어졌다고 보자. 이러한 개혁들은 가령 민영화라든가 규제 완화를 통한 기업가의 활동을 격려하는 것으로 나타날 수 있다. 그때의 상황을 II로 하고, 이를 I과 비교하여 보자. 결과를 보면 각 그룹 간에 불평등이 있지만, 완전한 평등주의 사회와 비교했을 때 더 많은 몫이 산출되었다.

원초적 입장의 당사자들은 시기하지 않으므로, I보다 II를 선호할 것이 분명하다. 이는 다른 사람과는 무관하게 자신의 기대되는 몫이 크게 나타나기 때문이다. 여기서 주목하는 것은 불평등이 있어도 이 불평등은 모든 그룹에 이익이 되는 것으로 나타났다. 같은 추론이 원초적 입장의 이성적 사람들을 III을 II나 I보다 우선하도록 할 것을 쉽게 알 수 있다. 기본구조 III은 혼합 자본주의 사회를 나타낸다. 이 사회는 상당히 강한 사회 복지 제도와 진보적 세금 구조를 가진다.

그러나 순수 자본주의 사회를 나타내는 기본구조 IV는 어떠한가? 사회 전체의 이익의 총합은 720으로 III의 경우보다 60이나 많다. 이는 오늘날 우리에게 익숙한 시장자본주의 체제에서의 생산방식으로 사회주의 체제보다 훨씬 발전된 사회이다. 만약 우리의 목표가 단순히 공리주의에서 말하는 것과 같이 사회에서 생산되는 기본 가치의 합을 최대화시키는 것이라면 우리는 III이 아니라 기본구조 IV를 선택할 것이다. 그러나 이는 원초적 상황에서 보면 사람들은 택하지 않는다. 비록 이런 사회에 더 많은 생산된 가치들이 있을지라도, 최소 혜택을 받은 집단이 손해를 보기 때문이다.

여기서 공리주의에 의한 배분을 보면 다음과 같다.[82]

(1) 공리주의의 공식은 최대 다수의 최대 행복이 되는 분배를 정의로운 것으로 내세운다.

(2) 그러나 이런 최대 다수의 최대 행복에 따른 분배는 개인적 자유와 다른 가치들의 희생을 고려하지 않는다.

(3) 최대 행복만을 위해 다른 가치들이 희생될 경우 결과되는 분배는 정의에 대한 우리의 기본적인 직관(정의감)에 위배된다.

(4) 따라서 공리주의의 공식에는 문제가 있다.

---

82) 황경식, 2013, 164.

이렇듯 롤즈는 공리주의 배분원칙이 아니라, 원초적 입장에서 Ⅲ을 선택한다. 이는 최소 혜택을 받은 집단의 전망을 최대화하는 구조다. 이런 과정에서 우리는 최소 수혜자들은 거부권을 가지게 되는 것을 본다. 또한, 우리는 차등의 원칙에 이르게 된다. 차등의 원칙에서 최소 수혜자가 이득이 되는 범주에서 불평등이 허용되는 것이다. 롤즈는 이를 이렇게 정리한다.

"평등을 비교의 근거로 간주한다면, 더 많은 이익을 얻는 사람들은 가장 적게 얻는 사람들에게도 정당하다고 인정되는 조건에서 그렇게 해야 한다."(213)

우리는 이런 간단한 과정을 통해서 롤즈가 축차적 순서로 된 정의의 두 원칙에 어떻게 도달하는지를 알 수 있다.

롤즈는 정의의 두 원칙이 실현 가능성이 있는 정의관이라는 점을 밝힌다. 그러면서 우리가 그러한 원칙에 대해서 어떻게 하면 보다 체계적인 논증을 하는가에 관심을 가진다. 이런 논증의 하나는 '최소 극대화 규칙'(maximin rule)을 든다. 롤즈는 정의의 두 원칙을 최소 극대화 규칙과 평균효용의 원칙을 통해서 이를 논증하고 있다.

최소극대화의 원리는 미래의 불확실한 상황에서 어떤 선택을 할 것인가에 대해서도 적용가능하다. 공리주의 자들은 미래의 어떤 확실하지 않은 상황에서도 평균효용이 높으면 그 높은 것을 선택한다. 이런 선택에서 약자의 상황이 더 악화될 수도 있거나 무시되기도 한다. 반면 롤즈의 최소극대화의 원리는 그 준거점이 그 사회의 최소수혜자에게 이익이 돌아갈 혜택이 높은 기준을 택한다.

제5장 제도론

나쁜 정부와
정의

『정의론』제3부 제도론은 모두 3장으로 구성되었다. 제4장은 평등한 자유에 대해, 제5장은 분배의 몫에 대해, 그리고 제6장은 의무와 책무에 관해서이다. 제3장에서 논의한 정의의 원칙이 완결되지 않고 계속되고 있음을 볼 수 있다. 제도론하면 우리는 일반적으로 헌법을 중심으로 한 제도유형이나 제도 개혁 등을 생각하게 되는데 실은 이런 논의와는 거리가 멀다. 가령 4장 39절은 자유의 우선성에 대한 정의를 다룬다. 이는 정의의 원칙과 관련된 논의이다. 본 장에서는 제도와 직접 관련된 사안으로 좁혀서 제도론을 보고자 한다.

1) 4단계 과정 (§31)

제도에 대한 논증에서 롤즈는 4단계 과정(four stage sequence)을 소개한다. 4단계 과정의 논리는 다음과 같이 전개된다.

원초적 입장의 당사자들이 엄격히 이성적이며 합리적이라고 가정되어 있다. 이들은 원초적 상황에서 어떤 정책과 관련된 논의를 할 수 없다. 가령 사회복지 정책이다. 기업가나 노동자 간의 이해관계, 갈등이 있는 사회문제 등에 대해서는 논의할 수 없다. 왜냐하면, 이들은 원초적 입장에서 구체적인 정책내용이나 기관 구성 등에 대한 어떤 정보를 갖고 있지 못하기 때문이다. 원초적 상황에 있는 당사자들은 무지의 베일을 통해 각 정책문제를 다룰 지식으로부터 가려져 있음을 기억해야 한다. 그러면 이들이 할 수 있는 것은 무엇인가? 그들이 할 수 있는 최고의 것은 어떤 원칙을 세우는 일이다. 가령 계층 가, 나, 다 등이 있고, 사안 A, B, C 등이 있다면 이들 모두에게 적용될 공통으로 적용되는 원칙을 숙의해서 합의 결정해 내는 것이다.

롤즈는 이런 과정에 대한 이해를 돕기 위해서 한 시민이 내리게 될 세 종류의 판단을 예시한다(268). 첫째는 그는 입법과 사회정책의 정의 여부를 판단해야 한다. 둘째는 그 시민은 정의에 관한 상반되는 견해를 조정하기 위해서 어떠한 입헌 체제가 정의로운 것인가를 결정해야만 한다. 셋째, 그는 정치적 의무 및 책무의 근거와 한계를 정할 수 있어야 한다.

롤즈는 정의론은 적어도 이런 세 가지 유형의 문제를 다루어야 한다고 본다. 롤즈는 이런 배경에서 정의의 두 원칙이 적용되는 단계를 '4단계 과정'이라 명명한다. 롤즈는 4단계를 진행하기에 앞서 정의의 원칙이 이미 원초적 입장에서 당사자들이 결정하였음을 전제로 하고 있다. 4단계 과정에서 첫 단계는 원초적 입장에서의 단계가 완료된 것이다. 원초적 입장의 단계에서 사람들은 자신들의 사회를 위한 사회 정의의 기본 원칙들을 선택했다고 본다. 물론 여기서 이들은 개인적 특성이나 그들 사회의 특정적 환경의 지식을 배제하는 무지의 베일 속에서 선택한 것이다.

2) 제헌위원회 단계

"당사자들이 원초적 입장에서 정의의 원칙을 채택한 후에 그들은 제헌 위원회(constitutional convention)에 참가한다고 생각하게 된다."(269)

원초적 입장에서 당사자들은 일단 정의의 원칙이 채택되면, 제헌위원회에 참가한다. 제헌위원회는 헌법을 구성하는 임무를 가진다. 이들은 "정치 형태의 정의(justice)를 결정하고 헌법을 선택하게 된다. 채택된 정의의 원칙이 갖는 제한 조건 아래서 정부가 갖는 헌법상의 권한과 시민의 기본권을 위한 체제를 구상한다."(269) 제헌위원회의 단계에서 다양한 정치적 견해, 절차의 정의 여부 등을 고려하게 된다. 롤즈는 이 단계에서는 적당한 정의관이 이미 합의되어 있기 때문에 무지의 베일은 일부분 걷힌 것으로 본다. 그러나 위원회의 구성원들은 여전히 개인들의 특성이나, 사회적 지위, 천부적 능력이나 배경은 모른다. 반면 사회에 관련된 경제나 문화 등에 지식, 자연에 대한 정보 등은 인지하고 있다. 이런 지식을 통해서 정의의 원칙을 만족하게 하는 정의로우면서도 효율적인 입법을 가장 잘해줄 수 있다고 여겨지는 헌법을 선택하게 된다(270). 가령 합의제를 중심으로 하는가, 아니면 다수결 중심으로 한 정부형태나, 의회의 유형 등이 고려되어 선정될 것이다. 롤즈에게 있어 헌법을 구성하는 데 있어서 중요한 것은 정의의 제1원칙과 관련된 개인의 권리 보호에 있다. 헌법제정의 참가자들이 논하는 주요 관심사는 효율적인 헌법이 아니라, 기본권리에 기초한 기본권을 보장하는 헌법제도에 있다. 그러므로 차후의 입법자들은 헌법의 제한을 받으며, 이는 특히 헌법에 보장된 기본권리를 침해하지 않는 데 있다.

정의로운 결과를 보장하는 절차로서 정의로운 헌법구성

우리는 보통 헌법이라고 하면 국가의 기본 통치구조와 원리를 생각한다. 그러면 롤즈가 보는 정의로운 헌법이란 무엇인가? 그에게 있어 정의로운 헌법이란 "정의로운 결과를 보장하도록 편성된 정의로운 절차"이다. 절차는 헌법에 의해서 규제되는 정치적 과정이며, 그 결과는 제정된 입법의 체계가 된다. 그러므로 정의의 원칙들은 절차나 결과 양자에 대한 독립적인 기준을 정해준다.

"정의로운 헌법이란 정의로운 결과를 보장하도록 편성된 정의로운 절차라 할 수 있다. 그 절차는 헌법에 의해 규제되는 정치적 과정이며 그 결과는 제정된 입법의 체계일 것인데, 정의의 원칙들은 절차나 결과 양자에 대한 독립적인 기준을 정해줄 것이다."(270)

이런 정의로운 절차를 구상하기 위해서는 양심의 자유, 사상의 자유, 신체의 자유, 동등한 정치적 권리와 같은 평등한 시민권의 자유들이 헌법에 명시되며 보장되어야 한다(270). 이는 정의로운 결과를 보장하는 절차로서, 정의로운 법적 질서를 보장하는 정치적 체계를 선정하는 것이다. 즉, 제헌 위원회가 정의로운 헌법을 제정할 때, 정의의 두 원칙은 제약조건이기 때문에, 자유의 우선성 원칙이 충족되어야 한다. 따라서 평등한 자유의 원칙인 제2원칙이 제한 위원회의 일차적 기준이 된다. 정의의 두 원칙은 정의로운 헌법을 만드는 데 독립적인 기준이 되며, 이를 통해서 헌법에서 구성하는 정치체계는 정의로운 헌법으로써 시민의 자유가 구현된다.

3) 입법단계

정부체제와 헌법이 선택되면, 입법단계(legislative stage)에 들어간다. 법과 정책의 정의 여부가 이 단계에서 다루어진다. 입법가들의 의무는 기본권리와 관련되지 않은 자유의 문제를 구체화하는 임무를 가진다. 즉 입법가는 자유의 제2원칙, 차등의 문제를 구체화하게 된다.

입법과정에서 특히 경제 및 사회정책과 관련된 법이 정의로운가 그렇지 못한가에 대해 상당한 논란이 생기며, 의견차이가 일어난다. 입법기관은 '종교의 자유로운 운동'을 제한하는 법을 만들지 않는 것과 같은 절대적이고 조건없는 기본권리와 자유를 실행하기는 상당히 쉽다. 반면 차등의 원칙을 이행하는 것은 훨씬 어렵고 복잡한 공공 정책 계획과 평가 등의 과정이 뒤따른다. 평등한 자유의 침해에 대해서는 명백히 논점이 확립되나, 반면에 차등의 원칙에 따른 사회정책은 다르다.

입법단계에서 제2원칙

제2원칙은 입법의 단계에서 작용한다. 이는 "평등한 자유가 유지되는 조건을 전제로 하여, 사회적 경제적 정책들이 공정한 기회균등의 조건 아래 최소 수혜자의 장기적인 기대를 극대화하는 데 목표를 두어야 한다."(272)

입법의 단계에서는 평등한 자유가 유지되는 전제조건과 공정한 기회균등의 조건 속에서 최소 수혜자에게 이익이 될 수 있는 사회적·경제적 정책들이 이루어지는 것을 목표로 해야 한다.

정의의 제2원칙은 효과적으로 헌법적 법 테두리 안에서 뿌리내릴 수가 없다. 이 이행은 그 자체의 구별된 단계가 요구된다. 차등의 원리에 따라 사회협동체에 필요한 정치적·경제적·사회적인 형태들의 차등 및 계층제들이 들어서게 된다.

자유의 우선성 원칙에서 보면 제1원칙이 적용되는 제헌위원회는 제2원칙이 적용되는 입법의 단계에 우선한다. 이는 기본적 자유가 입법단계가 아닌, 왜 헌법제정단계에서 보장되어야 하는가에 대한 이유이기도 하다.

4) 법규 적용과 준수단계

셋째와 마지막 넷째 단계는 정의 체계인 공공기관과 일반 시민들이 앞서 두 단계에서 채택된 법규의 적용과 준수의 단계이다. 이 단계에서 무지의 베일은 없다. 모든 사람은 그들이 누구인지를 안다. 자신들과 관련된 특정적 상황이나 환경에 따른 장단점도 정확히 안다. 준수의 문제에서 시민 불복종이나 양심적 거부와 같은 문제들이 발생한다. 이에 대해 롤즈는 §§57~59에서 따로 다룬다.

롤즈에게 있어서 이런 사고의 실험은 역사적인 경험에 기초한 것이 아니라, 어떻게 정의의 원칙이 실제적인 의미와 제도화를 갖는가를 보여준다. 가령 재판기관이 위치하는 단계와 재판기관의 디자인은 무지의 베일이 걷힌 상태에서 작동됨을 보여준다.

단계	목적	무지의 장막
1. 원초적 입장 단계	기본자유 도출	
2. 제헌위원회 단계	헌법 도출	
3. 입법단계	헌법과 일치하는 법구체화	
4. 법규적용과 준수단계	행정·사법적 적용과 집행	

■ 4단계 과정

헌법개정과 무지의 베일

여기서 잠깐 무지의 장막과 관련하여 제헌위원회와 관련된 우리의 헌법개혁에 대한 상황을 보자. 1987년에 헌법이 민주화 과정에서 급하게 개정되었다. 통치구조, 대통령 임기, 국회 해산문제 등에 대한 헌법 개정의 필요성이 제기되어 왔다. 선거법 개정도 마찬가지이다.

헌법에서 통치구조로는 대통령제, 내각제 그리고 이를 절충하는 형태의 이원집정부제가 논의된다. 임기에서는 단임제와 중임제가 제안되며, 임기도 4년, 5년, 6년에서 정해야 한다. 의회유형에서는 양원제도 고려된다. 선거제도는 수많은 방식이 있다.

그럼에도 우리에게 있어서 제기되고 있는 헌법의 개정은 진척되지 않았다. 개헌 시작을 어떻게 할 것인지에 대한 합의도 이루어야 한다. 이런 합의에 이르지 못하는 결정적인 원인 중의 하나는 무지의 베일이 다 걷혀 있는 상태에서 즉, 헌법 개정에 따른 자신들의 이해득실을 다 알고 헌법 개정에 임하는 것이다.[83]

헌법 개정에 앞서 전제 조건에 먼저 합의를 해야 한다. 이 전제 조건은 원초적 상태에서 무지의 베일을 뒤집어 쓰는 것이다. 그러할 때 통치구조가 대통령 중임제이든, 내각제이든 또는 이원집정부제이든 그 어떤 형식을 선택하든지 간에 합의를 이루며, 정당성을 얻는 발판이 된다. 그렇지 않을 때에는 어떻게 될까? '헌법 게리맨더링'이 일어나지 말라는 보장은 없다.[84]

이러한 문제는 국회의원 선거제도의 개혁에서도 마찬가지이다. 현재의 선거제도는 국민의 투표 절반이 사표(死票)가 되고 지역주의 구도를 심화시킨다는 비판을 받는다. 그럼에도 선거제도의 개혁은 다수당의 이해에서 결정되기 때문에 개혁의 한계를 가진다. 지금까지 선거제도의 개혁은 선거를 앞둔 시점에서 이루어져, 다수당의 이해관계가 주도하였다. 현행 선거제도의 대안으로 독일식 정당명부 비례대표제(지역구 의원과 비례대표를 절반씩 뽑으며, 비례대표 의석은 정당 득표율에 따라 배분)가 제시된다. 그럼에도 이

---

83) 2014년 헌법 개정이 정치권에서 다시 논의되었을 때, 박근혜 대통령은 헌법 개정 문제를 국력의 손실로 보며, 경제 살리기가 더 중요하다는 이유를 들어 개정논의 자체를 반대했다.
84) 게리맨더링(gerrymandering)은 선거제도, 지역을 자신에게 유리한 지역으로 바꾸는 것이다.

런 선거구를 어떻게 조정할 것인가와 같은 선거제도 개혁의 내용에서뿐만 아니라, 새 제도의 도입 시기에서 원초적 입장과 무지의 장막이 더 높은 수준으로 설정되는 가운데서 이루어질 때 비로소, 이해당사자의 협조와 제도개혁의 공정성을 얻을 수 있다.

롤즈는 정의의 두 원칙의 적용을 주요 정치, 사회 그리고 경제적 제도와 관련하여 제도 계획의 일반적 주제들을 다룬다. 이는 두 주요 부분으로 나뉘어 있다. 첫 번째 것은 사회의 정부와 그 구성의 형태와 관계가 있다. 두 번째 것은 그 사회와 경제적 정책들과 관련이 있다.

헌법의 구성적 계획에서 고려의 순서이다.

• 첫째 고려는 정치 그리고 법정 기관들이 반드시 무조건 보장된 평등한 기본 자유를 반영해야 한다는 것이다.

• 둘째 고려는 평등한 기본 자유 원칙을 만족하게 하는 실현 가능한 본질적 구성들 사이에서, 우리가 공정으로서 정의의 다른 목적들을 증진시키는 공공 정책을 수행하는 데 가장 확실하다고 생각할 수 있는 법체계를 고르는 것이다.

• 셋째 마지막으로 공정한 기회의 평등을 보장하는 전제하에서 최소 혜택받는 집단의 전망을 최대화하는 공공정책이 되도록 하는 것이다.

§§34~35은 관용의 한계를 다룬다. 인간의 양심과 표현의 자유 측면에서 공정으로서의 정의 첫 번째 원칙의 작용을 설명하고자 한다. 롤즈가 던지는 질문과 논쟁은 자유들이 대중의 주문을 대표하여 규범화될 수 있는지, 그리고 자유를 관용적이지 않은 사람 혹은 집단에까지 확장해야 하는가이다. 롤즈는 이에 대해 긍정적인 답을 한다.

§§36~37은 정부 기관의 설계에 관한 내용이다.

§38은 법체제의 계획을 다룬다.

§§41~43은 사회 경제적 정책과 규범을 통한 공정으로서의 정의 두 번째 원칙의 이행과 관련된 직관적 계획의 일반적 문제를 다룬다.

정의와 경제체제의 관계

정의와 경제체제에 관한 논의를 간략히 보고자 한다. 자원의 생산과 배분의 문제에서 어떠한 사회는 생산 수단을 국유화한다. 이런 사회체제에서는 대부분의 경제적 활동은 중앙정부가 계획한다. 어떠한 가치들이 얼마나 생산될 것인가, 그들의 값은 어떻게 될 것인가 등은 하위 체계로 이행된다.

이런 정치적 경제의 체제는 1) '명령' 체제, '사회주의' 체제로 불린다. 이런 체제는 생산 수단을 대부분 개인 소유로 하는 사회와는 대비된다. 이와 반대로 2) 순수 자유시장 경제를 지향하는 체제가 있다. 반면 3) 기본적 필요, 분배적 과세, 독점적 규범 등에 대해 공공의 개입을 통해 시장 효과를 제한하는 체제도 있다. 롤즈는 두 번째, 세 번째 정치 경제 체제를 각각 '순수 자본주의 체제' 그리고 '사유 재산 민주체제'로 불렀다.

롤즈는 공정으로서의 정의의 첫 번째 원칙의 기본에 '명령 체제'는 배제된다. 완전한 경제의 중심 계획은 우리의 기본 자유를 소유의 선택과 거주 등등을 위해 필수적으로 제한된다. 두 번째 체제인 순수 자본 체제는 너무 방임적이다. 그들은 사회의 최소 혜택의 집단의 조건을 향상 시키고자 하는 어떠한 규정도 만들지 않는다. 그러나 롤즈는 원칙적으로 자유민주주의적 사회주의 사회 혹은 사유 재산 민주주의는 둘 다 공정으로서의 정의와 호환된다고 믿는다. 이 두 체제에서는 실제로 최소 수혜 집단의 전망을 최대화하는 구체적인 실천문제는 전문적 경제학자와 사회학자들이 주어진 사회에서 그 특정한 역사적 그리고 여러 환경을 고려하여 풀어가야 할 과제이다.

롤즈는 후에 정치적 경제에 대한 견해를 수정하였다. 그는 사유 재산 민주주의 체제와 순수 자본주의 체제 사이에 '복지 자본주의'라 언급한 것을 소개하였다. 이는 일반적 자본주의 사회로 대중의 소비가 사회의 어느 구성원도 복지의 기본 수준으로 정의된 것 아래로 떨어지지 않게 보장한다. 기본적으로 이 체제에서 부(富)는 측면적 지원체제를 통해 최소 혜택 집단의 위치를 향상시킨다. 복지재원을 세금에서 조달하는 사회부조와 같은 것이다.

사회복지에서 롤즈의 생각은 무엇인가? 롤즈는 최소 혜택의 집단이 매수되지 않기를 바란다. 롤즈의 염려는 복지 자본주의 아래에서 어떤 기준까지는 실질적으로 제공된 최소 혜택의 집단이 영구적인 하위계층을 형성하는 것, 진정 공정한 기회의 평등을 누리지 못할 가능성에 대해서이다. 사유 재산 민주주의는 정책과 규범들이 이런 현상들이 발생하지 않도록 특별히 고안된 사회일 것이다.

§39은 사회의 환경과 관계없이 공정으로서의 정의를 완전히 실현하는 것이 어느 사회에 있어서나 가능한 것인지에 대해 검토한다.

§§40, 44~50에서 롤즈는 어떻게 정당한 사회의 기본구조가 정의의 두 원칙을 반영하는가에 대한 논의를 어느 정도 결론을 맺고, 5장 중반에서 공정으로서의 정의에 대한 주장을 끝맺는다.

제3편

정의와 관련된 논제

나쁜 정부와 정의

제1장 세대 간의 정의

나쁜 정부와
정의

세대들 간의 정의문제는 공정으로서의 정의에서 다루어져야 할 문제이다. 세대들 간의 정의문제를 다루지 않으면, 그 정의는 핵심을 빼먹은 것이 되어 불완전하게 된다. 롤즈는 이렇게 시작한다.

"이제 우리는 세대들 간의 정의 문제(justice between generations)를 고찰해야만 한다. 이 문제가 일으키는 난점을 강조해야 할 필요는 없다. 그것으로 인해서 어떤 윤리론이든 견뎌낼 수 없을 정도는 아니지만 엄격한 심사를 받게 된다. 하지만 공정으로서의 정의에 대한 설명은 이러한 중요한 문제에 대한 논의 없이는 불완전하게 될 것이다."(380)

세대들 간의 정의문제도 마찬가지로 정의의 두 원칙과 관련된다. 먼저 우리가 차등의 원칙, 즉 최소 혜택 집단의 전망을 최대화하고자, 사회 기본구조를 구성하도록 지시한 원칙의 이행을 시작한다고, 가정해보자. 기본적으로 이는 사회에 매우 무거운 부담을 준다고 판단된다. 그 부담은 장기적으로 지속할 수 없는 것이 된다. 연금에 대한 문제가 예가 될 수 있다. 예를 들어 인구의 노령화로 인한 복지부담은 일단 제외하고, 보편적 복지를 내세워 사회의 다방면에서 최저 보장의 한도를 제공하는 것을 확대해 가는 것이다. 그러면 우리는 그런 사회보장으로 인하여 그 재원을 연구와 개발에서 투자되는 경제의 자원이 부족할 수 있다. 이는 가령 무상 급식, 무상 의료의 확대 등의 확대에 대한 비판에서 볼 수 있다.

그러면 사람들은 결과를 어떻게 예상하는가? 차등의 원칙을 만족하게 하고자 하는 사회는 다른 덜 관대한 사회들에 비해 더 낙후되기 시작할 것이다. 이는 최소 혜택 집단을 돕고자 계획된 프로그램들이 더는 경제적으로 유지될 수 없을 때까지이다.[85] 이는 자본이 투자가 아닌 소비로 이어지는 경우에서 보인다. 이런 예에서 보면 현재 세대의 최소 혜택 집단은 미래의 최소 혜택 집단의 손실을 통해서 이루어지는 것이 된다.

롤즈에 따르면 우리는 차등의 원칙을 이와 같은 근시안적 정책들을 요구하며 집행하는 것으로 해석해서는 안 된다고 본다. 도리어 그는 우리는 '미래 세대의 최소 혜택 구성원'들을 '현재 세대의 최소 혜택 구성원'들의 그것과 동등하게 도덕적 고려의 가치가 있는 것으로 간주해야 한다고 본다(391~392).

공리적 견해에서 모든 인간의 동등한 도덕적 가치는 자명한 이치로 여겨진다. 농부의 행복도 왕의 행복과 같게 여겨져야 하고, 여자의 행복도 남자의 행복과 같은 것으로 여겨져야 한다. 이처럼 미래 사람들의 행복도 오늘 살고 있는 이들의 행복과 같이 여겨져야 한다. 그러므로 공리주의적

---

85) 그리스의 지속적인 재정위기에 대한 원인으로 공공부문의 비효율성과 뿌리 깊은 부정부패, 과다한 사회보장비 지출, 취약한 제조업 경쟁력 등이 거론된다. 그리스의 GDP 대비 부채율은 2007년 107.3%, 2008년 112.9%, 2013년 177.3%로 계속하여 증가했다. OECD 국가의 GDP 대비 사회보장비율은 평균 15.2%보다 높은 18.2%에 이른다. 프랑스 22.3%, 독일 21.2 %, 이탈리아 18.2 % 그리스 18.0% 네덜란드 16.4%이다. 한국은 최하위 3.7%이다(2009년 OECD 정부지표).

원칙은 전 세대에 지나친 어려움을 부과하는 극단적인 방법으로 높은 비용의 저축을 초래한다. 그러나 공정으로서의 정의는 위와 같은 공리적 견해를 거부한다. 다른 방법으로 다른 세대들의 동등한 도덕적 가치를 형성해야 한다.

이는 자연적으로 원초적 입장의 장치를 통해 가능하다. 우리가 사회에서 우리의 역할이 어떻게 될지 알지 못하는 것처럼, 무지의 베일은 우리 사회 발전이 어떠한 단계에 도달할지 알도록 허락하지 않는다. 이는 우리가 속하게 될 특정한 세대에 관한 문제이다. 만약 우리가 살게 될 것을 알지 못한다면, 우리는 자연적으로 모든 세대의 복지를 동등하게 여길 것이다.

1. 타당한 수준의 사회적 최소치

롤즈는 사회적 최소치에 대해서 구체적으로 말하지 않았다. 일상적으로 최소치의 수준이 얼마여야 타당한가의 문제는 해당 국가의 평균적 부에 달려 있다고 본다. 따라서 그 최소치는 평균치가 증가할 때 부(富)가 커져야 한다는 것은 옳다고 본다. 그러나 이런 최소치는 여전히 타당한 관례적인 기준을 명확히 제시하지 않는다.

사회적 최소치를 결정하는 데는 다양한 방법이 있으며, 다음과 같은 세 가지 방식을 생각해 볼 수 있다(380~381).

1) 평균치가 증가함에 따라 최소치를 점점 더 크게 결정하는 방법이다. 이 방법은 상식수준에서 받아들여진다. 사회적 최소치의 타당한 수준이 그 나라의 평균적 부에 의존하는 것이므로, 최소치는 평균치의 증가함에 따라 더 증가하여야 한다. 그런데 문제는 왜 최소치를 평균적 부에 의

존해야 하는 이유에 대한 설명이 부족하다는 것이다.

2) 관례적인 기대치로 최소치를 결정하는 방법이다. 관례적인 기대치를 최소치로 한다면, 언제 그렇게 되어야 하는지를 결정해줄 기준이 다시 필요하다. 또한, 관례적인 기준치를 최소치로 설정하는 그에 대한 기준이 있어야 한다. 이와 같은 이유로 평균치 증가에 따른 사회적 최소치 결정이나 관례적 기대치에 의한 사회적 최소치 결정도 만족스럽지 못하다.

3) 차등의 원칙에 의해 최소치를 결정하는 방법이다. 차등의 원칙에 의한 최소치 결정은 정의로운 저축의 원칙을 이용하여 사회적 최소치를 결정한다. 가령 양도액을 조정하게 되면, 최소 수혜자의 전망과 이들의 기본 가치의 지수를 증가시키기거나 감소시킬 수 있는데, 이를 통해 바람직한 사회적 최소치를 도출해낼 수 있다.

어떤 수준의 저축이 각 세대에 사회 정의의 일로서 요구되는가? 정의로운 저축은 현 세대가 후손들의 요구를 어느 정도까지 들어주어야 하는가와 관련된 문제이다. 이 질문에 적절히 답하기 위해 롤즈 견해에 의하면, 우리는 무지의 베일 뒤 원초적 입장에 있는 엄격히 이성적 사람의 견해로 이를 고려해야 한다.

이 견해로부터 사건이 어떻게 보이는가? 우리가 원초적 입장의 사람들이 그가 어떠한 세대에 속해있는지 알지 못한다고 생각해보자. 이 경우 그들에게 있어 단지 어떤 종류의 저축 이론을 긍정하는 것만이 이성적이다. 왜 그런가? 첫 세대가 그들이 할 수 있는 모든 것을 소비하거나, 다음 세대에 극심한 빈곤을 남기지 않을 것을 확실히 하기 위해서이다. 그리고 무엇보다 왜 내가 운 좋은 첫 세대의 구성원이 될 것이라는 적은 기회에 도박하겠는가?

롤즈의 세대 간 정의에 대한 해석은 단지 환경적 동기에서 출발하지 않고, 미래 세대의 경제적 사회적 운명도 그에 따른 합당한 조건이 충족되어서, 미래세대에서 정의로운 사회 기본질서가 보장되어야 한다는 것에서 근거한다. 공정하며 정의롭게 미래 세대를 다루는 모든 조치를 포함하는 롤즈의 정의로운 저축은 환경의 질, 자연자원, 특정한 기술의 제도화에 대한 장기적 위험성과 관계하는 정의로운 저축률이다.

정의로운 저축의 기본 원리들은 다음과 같이 정리된다.

(1) 세대 간 정의로운 일반적으로 동의할 수 있는 원리를 찾기 위해서 사람들은 미래세대의 필요, 이해관계, 권리를 다루는 기본원리에 자신이 참여한다고 가정한다. 이때 본인은 어느 세대에 속하는지 알지 못한다. 원초적 상태에서 세대 간의 정의 문제를 다루는 장소로서 설정하기 위해서 무지의 베일이 가려지는데, 이로써 당사자들은 자신이 어느 세대에 속하는지, 즉 사회활동의 장소나 그 시간도 알지 못한다.

(2) 롤즈는 명시적으로 원초적 입장의 당사자들이 다른 세대를 각각 개인이 대표한다는 생각을 거절한다. 대신 그는 비록 무지의 베일이 그들에게 어떤 세대가 될지 알게 하지 않을지라도 원초적 입장의 당사자들이 같은 동일 세대의 구성원들이라 주장한다.

(3) 이러한 원초적 상태에서 무지의 장막 뒤에서 이해 당사자들이 배분하게 될 자원을, 자기 자신과 자기 자신의 사회적 소속과 관점에 대한 지식에서뿐만 아니라, 또한 특정한 세대에의 소속과 지식에 대한 관점에서 다루어야만 한다. 그러므로 일반적인 유익을 가져오는, 어떤 부분적인 이해관계에서뿐만 아니라, 또한 세대 간의 전략도 고려될 수밖에 없다. 이러한 세대 간의 분배에서도 무지의 장막이 전략적인 역할을 해준다. 무지의 장막은 세대 간의 선호성을 무력화하며, 세대 간의 시간의 선호성을 없애준다.

2. 공리주의 원칙에서 세대들 간의 정의

여기서 다시 공리주의 원칙은 세대들 간의 정의를 어떻게 규정하게 될 것인가를 생각해 볼 필요가 있다. 이는 공정으로서의 정의가 규정하는 세대 간의 정의와 대조되기 때문이다.

롤즈는 고전적인 공리주의 원칙이 세대들 간의 정의 문제에서 그릇된 방향을 제시한다고 본다(382). 왜 그러한가? 공리주의는 세대 간의 정의에서 세 가지를 가정한다.

첫째, 인구수를 변수로 가정한다.

둘째, 자본은 고도의 한계 생산성을 가진다.

셋째, 시간의 한계가 매우 멀다.

이러한 세 가지를 가정하게 되면 공리주의 원칙은 효용의 총량을 극대화하기 위해서 과도한 고율의 축적을 요구한다. 그 결과는 무엇인가? 도덕적인 관점에서 순수한 시간의 선호 때문에 미래세대에 주어질 보다 큰 이익을 위해서 현재의 모든 희생을 정당화하게 된다. 이것이 타당하게 여겨지는 것은 오직 더 많은 자본과 더 나은 기술을 통해서 아주 많은 인구를 부양할 수 있을 것이라는 이유에서이다. 즉, 나중에 더 큰 혜택을 누릴 미래 세대를 위해서, 현재의 가난한 사람들에게 무거운 희생을 요구하며 이를 정당하게 여긴다(383).

세대 간의 정의에서 연대기적 불공정이 있다. 연대기적 불공정은 후속 세대들이 선행 세대들의 노동으로 이익을 보지만, 선행 세대들은 후속 세대들로부터 받는 이득은 없는 것을 말한다. 선행 세대는 일정한 몫을 부담하는 반면에, 후속 세대는 일정한 몫을 부담하지 않는다. 결국, 마지막 세대는 선행세대들이 남겨놓은 이득을 얻게 된다. 롤즈는 이런 연대기적 불공정이 있을지라도, 이는 자연스러운 것이며, 이런 변경될 수 없는 것에 정의의 문제는 발생하지 않는다고 본다(384).

따라서 각 세대가 선행 세대들로부터 일정한 몫을 받고 후속세대들에게 공정한 몫을 남기도록 하는 것이 피할 수 없다면, 이러한 저축의 원칙이 적용되는 최초의 세대를 제외하고, 그 이후 모든 세대는 틀림없이 저축의 원칙에 합의하게 될 것이다(384). 원초적 입장에서 정의로운 원칙이 채택된다. 이 원칙은 가능한 보상적인 조정이 된다.

3. 원초적 입장에서 합의된 저축의 원칙

저축의 원칙은 원초적 입장에서 합의되며 선택된다. 원초적 입장에서 저축의 원칙에 합의하기 위해서는 두 가지 가정이 있다(384~385).

첫째, 당사자들은 후속세대에 관심이 있는 가족을 대표하는 사람들이다.

둘째, 모든 선행 세대들이 따랐기를 바라는 원칙을 채택한다.

이와 같은 조건에서 이루어지는 정의로운 저축은 다음과 같은 특징을 가진다.

(1) 정의로운 저축은 원초적 입장에서 결정된다

이해당사자들은 그들의 사회문명 수준이 어떠한지, 자신의 사회가 빈곤한지, 부유한지, 농업사회인지, 산업사회인지 등에 대해서 알 길이 없다. 만약에 이런 최초의 가정이 없다면, 당사자들은 어떤 저축에도 합의할 이유가 없다. 선행세대들이 저축을 해왔을 수도 있고 그렇지 않을 수도 있으나, 이러한 조건들은 무지의 베일에서 어떤 영향을 주지 못한다(384).

(2) 정의로운 저축은 민주적 방식으로 채택된다

정의로운 저축은 문자 그대로 볼 때 민주적인 방식으로 채택될 수 없음은 분명하지만, 원초적 입장이 민주적 방식으로 채택하는 것과 같은 결과를 달성해준다. 이는 이해당사자들이 어느 세대에 속하는지를 모르기 때문에 각 세대의 관점에서 문제를 바라보지만, 그럼에도 채택된 원칙은 공정한 조정을 나타낸다. 즉, 모든 세대가 참여하는 원초적 입장에서 선택하는 결정은 언제나 동일한 원칙이 선택될 것이기 때문이다. 여기서 채택되는 합당한 저축률도 모든 세대가 이득을 보게 된다(386~387).

(3) 정의로운 저축은 계약론적 특성을 가진다

정의로운 저축을 선택하는 과정은 공리주의와는 달리 계약론적 특성을 가진다. 그러므로 공리주의에서 나타나는 제한 없는 극대화는 정의로운 저축에서는 나타나지 않는다. 정의로운 저축은 정의로운 사회를 실현하고 유지하기 위한 부담을, 각 세대는 각자의 공정한 몫으로 부담한다(387).

(4) 정의로운 저축은 차등의 원칙을 제한한다

차등의 원칙은 정의로운 저축의 원칙이 적용되는 조건에서 작용한다. 저축의 원칙이 적용된다는 조건은 각 세대의 극대화를 위한 것을 말한다. 즉, 정의의 재원과 공정한 기회균등이 차등의 원칙에 선행하는 것과 같이, 저축 원칙도 세대들 간에 차등의 원칙에 선행한다. 이런 조건에서 저축은 다른 세대의 최소 수혜자의 생활수준을 향상시키는 것으로 기능한다. 저축의 원칙은 차등의 원칙에 우선성을 가진다.

"정의의 제1원칙이나 공정한 기회의 원칙이 세대들 내에서 차등의 원칙에 선행하는 것이라면 저축의 원칙도 세대들 간에서 그 원칙의 적용

범위를 제한하는 것이다."(389)

정의로운 저축은 ① 서로 상이한 세대에 속하는 사람들은 동시대인들과 같이 서로간에 의무와 책무를 가지며, ② 그러므로 한 세대는 마음 내키는 대로 행동할 수 없으며, ③ 원초적 입장에서 채택될 원칙에 서로 구속된다(389~400).

4. 세대 간의 환경 정의

롤즈는 저축의 원칙을 택함에서 순수한 시간선호(time preference)를 갖고 있지 않다고 본다.

"당사자들이 시간상의 단순한 위치에 특정한 비중을 둘 이유는 없다. 그들은 문명의 각 수준에 대한 저축의 비율을 택해야만 한다. 만일 그들이 미래의 사태가 현재에서는 덜 중요하게 보이기 때문에 더 가까운 시기와 더욱 먼 시기를 구별한다면, 미래에서는 현재의 사태가 덜 중요하게 생각될 것이다. 비록 어떤 결정이 현재 내려져야 한다 할지라도 미래에서 현재를 대수롭지 않게 생각할 이유가 없듯이, 현재에서 미래를 대수롭지 않게 생각할 이유도 없는 것이다. 상황은 대칭적이며 어느 하나를 선호한다는 것은 똑같이 임의적이다. 원초적 입장에 있는 사람들은 무지의 베일 속에서 각 시기에 대한 관점을 취하기 때문에, 그러한 대칭 관계가 그들에게는 분명할 것이며, 그들은 더 가까운 시기에 비중을 보다 크게 두거나 작게 두는 원칙에 동의하지 않을 것이다. 오직 이렇게 해야만 그들은 모든 관점에서 보아 일관된 합의에 도달할 수 있는데, 왜냐하면 시간 선호의 원칙을 받아들인다는 것은 시간상으로 서로 다른 처지에 놓인 사람들에게 상호 간의 요구를 그러한 우연성에만 바탕을 둔 서로 다른 비중에

따라 평가하도록 허용한다는 것과 같기 때문이다."(391~392)

계약론의 입장에서 시간선호는 사회적 선택의 근거로서 받아들이지 않는다. 무지의 베일에 가린 원초적 입장에서 시간상의 구별이나 시간에 어떤 가중치를 두지 않는다. 이러한 롤즈의 시간에 대한 선호를 배경으로 하여 세대 간의 정의를 환경문제에 대해 적용해볼 수 있다. 환경문제는 오늘날 현세대뿐만 아니라, 후세대에도 영향을 미치는 주요 정책현안이 되었다.

환경윤리에서 후세대에도 환경을 훼손이나 가치의 손실 없이 물려주어야 한다는 것이 직관적인 의무로 된다. 우리 자신들은 다음 후손들에게 책임을 진다. 그래서 사회 파괴적인 이기주의가 사회구성의 개인이나 단체로부터 비판을 받는 것처럼, 환경을 파괴하는 세대 이기주의도 또한 비판을 받는다. 우리가 우리 자신의 삶의 환경을 보장받기를 원하는 것처럼, 미래세대도 동일한 환경을 보장받기를 원한다는 것을 알고 이를 보장해야 한다.

따라서 자연은 그 자연의 상태로서 기능할 수 있는 다양성이 보존되도록 해야 한다. 자연 생태계의 다양성과 그 종들이 보존되어야 한다. 이런 자연의 다양성과 기능은 미래세대에게도 같게 경험할 수 있어야 한다. 따라서 이기적인 더 나아가 자연 파괴적인 변경은 중지되어야 함은 당연하다. 현재의 세대에게만 유리한 어떤 자연이용에 대해 해석할 수 있는 근거나 정당성은 없기 때문이다. 그러므로 장기적으로 발생할 수 있는 생태계의 위험성은 엄격히 배제되어야 한다. 이러한 위험에 대한 계산은 현재 사는 세대의 어떤 이용의 유용성을 넘지는 못한다. 당연히 현재 세대에 자연의 이용에서 어떤 특권은 허용되지 않는다.

롤즈의 세대 간의 정의에서 시간은 중립화된다. 지금의 시간에서, 또는 10년 또는 20년 후의 시간에서, 내가 느끼는 쾌락은 같다. 미래 세대에 대한 행복을 낮게, 또는 높게 평가할 근거는 없다. 자연환경에 대한 의식은 현재 세대나 미래 세대에서나 같다. 현재 세대가 자연의 파괴로부터 삶의 위험을 받기를 원치 않는 것과 같이, 미래 세대도 마찬가지다.

원자력 발전은 현세대에 편의를 주지만, 후대에 위험과 더불어 핵폐기물(재앙)을 넘겨준다는 점에서 비판을 받는다.

제2장 시민 불복종

나쁜 정부와
정의

롤즈의 시민 불복종에 대한 옹호는 미국 사회에서 처음부터 큰 반향을 불러일으켰다. 한국에서도 시민사회의 형성과 시민참여로 사회문제나 갈등에 적극적인 시민참여 또는 시민 불복종이 증가하고 있다.

미국의 역사, 정치와 사회문화의 전통에서 시민 불복종은 미국의 정치이론의 주요 영역을 이룬다. 미국 헌법이 로크의 사회계약론에서 많은 영향을 받은 것을 고려하면, 시민 불복종은 그 자체가 민주주의 원리이며, 민주주의의 표현이다.

로크의 경우에 있어서 지배자와 피지배자간의 신뢰관계, 계약이 깨지는 경우에 저항권이 인정된다. 먼저 군주나 입법부가 계약에 반해서 행동하는지를 판단할 사람은 누구일까. 로크는 지배자인 입법부나 정부가 아니라, 피지배자 인민이 재판관이라고 한다. 대리인이 그에게 맡겨진 신탁에 따른 행동을 재판할 사람은 신탁자 자신으로 최고의 주권자이다. "만약 법률이 침묵하고 있거나 모호한 사안 그러나 매우 중대한 결과를 초래할 사안을 놓고 군주와 일부 인민 사이에 분쟁이 일어난다면 나는 그러한 사례의 경우 적절한 심판관은 전체로서의 인민이라고 생각한다."[86]

지배자와 피지배자 간의 계약에 따른 양도의 조건에서 공적 권력 사용은 제한된다. 권력의 공적사용은 재산의 보존, 평화의 보존과 같은 공공선을 위해서만 행해져야 한다. "사람들은 사회에 들어갈 때 그들이 자연상태에서 가졌던 평등, 자유 및 집행권을 사회의 선이 요구하는 바에 따라 입법부가 처리할 수 있도록 사회의 수중에 양도한다. 그러나 그것은 오직 모든 사람이 그 자신, 그의 자유 및 그의 재산을 더욱 잘 보존하려는 의도에서 행하는 것이다."(통치론, 131절)

로크는 이와 같은 공적 권력 사용의 제한에 대해 별도로 기술하고 있다.

"이것들이 사회가 입법부에 위임한 신탁의 한계이며, 그 정부형태가 어떻든지 간에 신법과 자연법이 모든 국가의 입법권에 부여한 한계이기도 하다.

첫째, 입법부는 공포되고 확립된 법률에 의해서 다스려야 한다. 이는 그 법률이 사건에 따라 다르지 않고 부자나 빈자, 궁정의 특권층이나 시골의 농사꾼에게나 단일한 규칙으로 적용될 것을 요구한다.

둘째, 이러한 법률들은 궁극적으로 다른 목적이 아니라 인민의 복지를 위해서 창안되어야 한다.

셋째, 입법부는 인민들 스스로가 표명하건 아니면 그들의 대표자들이 표명하건, 인민의 동의 없이 그들의 재산에 세금을 부과해서는 안 된다.

넷째, 입법부는 법률을 제정할 권력을 그 밖의 다른 사람 또는 기관에 이전해서는 안 되며, 또 이전할 수도 없다. 또한 인민이 그 권력을 설정한 곳 이외의 다른 곳에 설정해서는 안 되며 또 설정할 수도 없다."(통치론, 142절)

---

86) 존 로크, 강정인·문지영 역, 통치론, 까치글방, 1996, 242절.

이와 같은 공적권력의 제한을 통해 인민은 권한 없이 자신들에게 무엇이든 강요하는 자들에게 저항할 자유와 권리를 갖는다.

미국 역사에서 시민 불복종 권리를 개척해 나간 사람은 19세기 중반에 살았던 소로우(Henry David Thoreau, 1817~1862)이다. 소로우는 미국정부의 영토 확장을 위한 멕시코와의 전쟁에 반대했을 뿐만 아니라, 노예제에 대해 열렬히 반대했다. 그는 전쟁에 반대하다 하루 갇히는 사건을 통해 개인의 자유를 구속하며 대립하는 국가권력을 직접 경험하게 되었다. 그는 '시민 불복종'(civil disobedience)에서 인간 자유의 가치를 옹호하며, 인간의 자유를 그 어떤 제도도 제한할 수 없음을, 그런 제도나 가치들은 폐기되어야 함을 주장하고 있다.

소로우는 "국민 개개인은 자신이 생각하기에 존중할 가치가 있는 정부가 어떤 정부인지를 밝혀야 한다. 그것이 더욱 나은 정부로 가는 첫걸음이다."(시민 불복종, 409)[87]

소로우는 "우리는 먼저 인간이어야 하고, 그 다음에 국민이어야 한다"고 보았고, "법에 대한 존경심보다는 정의에 대한 존경심을 기르는 것이 앞선다"고 보았다. 그러므로 인간의 양심과 권리가 정부의 그릇된 정책보다 우선한다. 그는 "결국 권력이 시민에게 있을 때 다수의 의견이 채택되고 이렇게 채택된 의견이 오랫동안 유지되는 현실적인 이유는, 다수의 의견이 옳을 가능성이 가장 높다거나 다수 의견을 따르면 소수에게 가장 공정하기 때문이 아니라 다수가 물리적으로 가장 강하기 때문이다"(시민 불복종, 409)라고 보았다.

소로우는 "단 한 사람의 시민이라도 부당하게 감금하는 정부 아래에서 정의로운 사람이 있어야 할 장소 또한 감옥이다. 매사추세츠 주에서

---

87) 헨리 데이비드 소로, 홍지수 역, 월든, 시민 불복종(시민 불복종은 부록으로 실림), 펭귄클래식, 2010.

자유롭고 희망을 잃지 않은 사람들이 있을 수 있는 유일한 장소는 감옥이다. … 노예제도를 시행하는 주 안에서 자유로운 인간이 자신의 명예를 지킬 수 있는 유일한 안식처가 감옥이다"(시민 불복종, 421~422)라고 하였다.

소로우는 인간에게는 불의의 척결에 헌신할 의무가 없다고 하였다. 설사 엄청난 불의라고 해도 그것을 척결하는 데 자신을 바쳐야 할 의무가 없다고 하였다. 반면 소로우는 다른 사람에 대해 불의를 행하지 않는 것이 요구된다고 하였다. 그는 양심의 헌법을 부정적으로 표현하였다. 이 양심은 사람들에게 어떤 행동을 하도록 요구하는 것이 아니라, 어떤 행동을 하지 말 것을 요구한다. 불의를 하는 것은 범법자가 되는 것이다.

한나 아렌트도 시민 불복종의 근원을 시민 불복종의 사회적 공동행위가 아니라, 개인의 양심(Gewissen)에 있다고 본다. 이 양심은 비정치적이며, 순수한 주관(subjective)이다. 변화는 인간 조건의 주요 요소이며, 시민 불복종은 이런 변화의 주도(Initiierung)라고 보았다.[88]

하버마스는 시민 불복종을 "민주법치국가의 테스트 케이스"(Testfall für den demokratischen Rechtsstaat)로 보았으며, 시민 불복종은 건전한 정치 문화의 주요 부분이어서 지극히 정상이라고 보았다.[89]

에리히 프롬도 인간은 원래 불복종의 행동을 통해서 발전하였다고 보았다.[90]

---

88) Hannah Arendt, Ziviler Ungehorsam, in: Zur Zeit, Politische Essays. München: Dt. Taschenbuch Verlag, 1989, 137~142.
89) Jürgen Habermas, Ziviler Ungehorsam — Testfall für den demokratischen Rechtsstaat. Wider den autoritären Legalismus in der Bundesrepublik, in: Glotz, Peter(Hrsg.): Ziviler Ungehorsam im Rechtsstaat. Frankfurt a.M. Suhrkampf, 1983, 29~53(32).
90) Erich Fromm, Der Ungehorsam als ein psychologisches und ethisches Problem, in: Über den Ungehorsam und anderer Essays. Stuttgart: Deutsche Verlags-Anstalt, 1992, 9~17 (10).

1. 시민 불복종에서의 정의 (§55)

롤즈는 시민 불복종(civil disobedience)을 제2부 제6장 의무와 책무에서 중심 주제로 다룬다(§§55~59).

롤즈는 정의가 적용되는 질서정연한 사회에서도 정의에 대해 다소 심각한 위반도 일어난다고 본다. 질서정연한 정의로운 사회에서 시민 불복종은 합법적으로 확립된 민주적인 권리에 대한 도전과 관련된 것이다. 그러므로 과연 이런 시민 불복종이 적합한가에 대한 논쟁이 생긴다.

먼저 시민 불복종이 일어나는 사회여건은 어느 정도 정의로운 국가 내에서 그 체제의 합법성을 인정하고 받아들이는 시민들에게만 일어난다. 여기서 문제가 되는 것은 의무 간의 상충이다. 합법적인 다수자에 의해서, 가령 다수결을 거쳐서 제정된 법이나 행정명령에 따라야 할 의무와 각자의 자유를 방어할 권리와 부정의(不正義)에 반대할 의무 간에 상충이 발생한다. 어느 정도에서, 어느 수준에서 자신의 권력을 지키거나 상실하는가가 문제가 된다. 따라서 시민 불복종의 문제는 민주주의의 도덕적인 기초에 관한 어떤 이론들에 대한 중요한 테스트 케이스가 된다(474).

롤즈는 시민 불복종을 "법이나 정부의 정책에 변혁을 가져올 목적으로 행해지는, 공공적이고 비폭력적이며 양심적이긴 하지만 법에 반하는 정치적 행위다"(475)라고 개념을 규정한다. 이로써 사회의 다수자에게 정의감을 갖도록 호소한다.

시민 불복종은 자유롭고 평등한 사람들 사이에서 사회협동체의 원칙이 존중되지 않고 있음을 선언하는 것이다. 시민 불복종은 정치권력을 잡고 있는 다수자에게 제시된다. 시민 불복종은 헌법과 사회제도 일반을 규제하는 정의 원칙에 의해서 발생하며, 이를 통해서 정당화된다. 그러므로 시민 불복종은 어떤 개인이나 집단의 이익에 기초하지 않고 있음이 자명하다. 어느 정도 자유로운 민주체제에서 시민들이 내세우는 시민 불복종은 어떤 정치적 문제에 대한 헌법을 해석하는 공공적인 정의관의 역할을 한다. 시민 불복종에 참여하는 소수자는 사회의 다수자로 하여금 공동의 정의감에 비추어서 소수자의 합당한 요구에 귀를 기울이게 하며 인정하고 참여하게 하는 강요적 성격을 가진다.

시민 불복종이 갖는 그 외의 특성은 공공적 행위이며 비폭력적인 성격을 갖는다는 점이다. 타인을 해칠 가능성이 있는 폭력행위와 시민 불복종은 양립할 수 없기 때문이다. 시민 불복종은 양심과 신념의 표현으로서 법의 바깥 경계선에서 법에 대한 충실성(fidelity to law)의 한계 내에서 법에 대해 불복종하는 것을 의미한다(478). 시민 불복종은 따라서 정치적인 목적성을 갖지만 법적 도구(legal device)로 사용되어서는 안 된다. 즉 법원의 판결을 상대로 하기보다는 불법(unjust laws)을 상대로 한다. 법원이 헌법의 해석을 갖고 있지만, 그럼에도 최종적인 해석권(the final court of appeal)은 선거권을 갖는 유권자에 있다. 시민 불복종을 하는 사람들은 바로 이 유권자 그룹에 호소를 하는 것이다.

2. 양심적 거부에 대한 정의 (§56)

양심적 거부는 "어느 정도 직접적인 법령이나 행정적인 명령에 대한 불복종"(481)이다. 양심적 거부의 전형적인 예는 로마 시대에 황제 숭배에 대한 거부이다. 여호와의 증인의 국기에 대한 경례 거부, 평화주의자들의 군 복무 기피 등이 전형적인 사례에 속한다. 양심적 병역 거부자는 사람을 죽이는 훈련, 집총훈련 등 모든 것을 반대하며 군대에 가지 않음을 천명한다. 이에 대해 본인 의사에 반하는 강제징집은 부정의한 제도로서 처벌을 거부하는 사람이 있다. 반면 다른 그룹은 군대에 가는 대신 감옥에 가기를 원하거나 대체복무를 요구한다. 의무 징병제를 시행하는 약 80개 국가에서 40여 개 국가는 양심적 병역 거부자에게 사회봉사를 통한 대체복무제를 실시하고 있다. 한국에서 헌법재판소는 양심적 병역거부에 대한 처벌이 합헌이라고 결정했으며, 대법원도 종교적 신념에 따른 입영 거부 행위가 병역법에서 처벌 예외사유로 규정한 '정당한 사유'에 해당하지 않는다고 보고 있다.

시민 불복종과 양심적 거부 간에는 몇 가지 차이가 있다. 먼저 양심적 거부는 다수자의 정의감에 호소하는 청원형식이 아니라, 단지 양심적인 이유로 법령이나 명령에 따르기를 거부한다. 양심적인 거부자들은 불복종할 필요가 생기지 않을 것을 희망하면서 때를 기다린다. 자신들의 처지 개선에 대해 시기나 상황 면에서 시민 불복종보다 훨씬 비관적이며, 상황의 반전 가능성은 훨씬 적다(482).

시민 불복종은 공통으로 공유하고 있는 정의관에 호소하는 데 반해, 양심적 거부는 그 외 종교적 원리나 다른 신념의 원리에 기초하고 있다. 하지만 실제 상황에서 시민 불복종과 양심적 거부 간에 구분이 분명하지 않은 경우도 많다.

양심적 병역거부사건, 병역법 제88조 제1항 제1호 위헌제청

1. 다수의견

이 사건 법률조항을 통하여 달성하고자 하는 공익은 국가의 존립과 모든 자유의 전제조건인 '국가안보'라는 대단히 중요한 공익이다. 이처럼 중대한 법익이 문제되는 경우에는, 개인의 자유를 최대한으로 보장하기 위하여, 국가안보를 저해할 수 있는 무리한 입법적 실험을 요구할 수 없다. 한국의 안보상황, 징병의 형평성에 대한 사회적 요구, 대체복무제를 채택하는 데 수반될 수 있는 여러 가지 제약적 요소 등을 감안할 때, 대체복무제를 도입하더라도 국가안보라는 중대한 헌법적 법익에 손상이 없으리라고 단정할 수 없는 것이 현재의 상황이다. 대체복무제를 도입하기 위해서는 남북한 사이에 평화공존관계가 정착되어야 하고, 군복무여건의 개선 등을 통하여 병역기피의 요인이 제거되어야 하며, 나아가 우리 사회에 양심적 병역거부자에 대한 이해와 관용이 자리잡음으로써 그들에게 대체복무를 허용하더라도 병역의무의 이행에 있어서 부담의 평등이 실현되며 사회통합이 저해되지 않는다는 사회공동체 구성원의 공감대가 형성되어야 한다. 이러한 선행조건들이 충족되지 않은 현 단계에서 대체복무제를 도입하기는 어렵다고 본 입법자의 판단이 현저히 불합리하다거나 명백히 잘못되었다고 볼 수 없다. 그러나, 입법자는 양심의 자유와 국가안보라는 법익의 갈등관계를 해소하고 양 법익을 공존시킬 수 있는 방안 등에 대하여 진지하게 검토하여야 할 것이며, 설사 대체복무제를 도입하지 않기로 하더라도, 법적용기관이 양심우호적 법적용을 통하여 양심을 보호하는 조치를 취할 수 있도록 하는 방향으로 입법을 보완할 것인지에 관하여 숙고하여야 한다.

…

4. 재판관 1인의 별개의견

병역거부자가 타인의 병역의무에 편승하여 자기를 보호받을 것까지 포기하였다고 보기 어렵다. 그렇다면 양심을 이유로 한 병역거부자의 양심이라는 것 자체가 일관성 및 보편성을 결한 이율배반적인 희망사항에 불과한 것이어서 헌법의 보호대상인 양심에 포함될 수 있는지 자체가 문제될 수 있는 것이다. 따라서 양심을 이유로 한 병역거부자를 처벌하는 것이 정의의 외형적 한계를 넘어섰다고 볼 수 없다. 이 사건 심판대상과 관련이 없는 대체복무제에 대하여 입법자에게 입법에 관한 사항에 대하여 권고하는 것은 사법적 판단의 한계를 넘어서는 것으로서 바람직하지 않다.

(헌법재판소 2002헌가1 결정, 선고일 2004. 8. 26)

3. 양심적 거부의 정당화 (§58)

롤즈는 어떤 전쟁행위 행위에 가담하는 것이나 혹은 군대에 복무하는 것에 대한 양심적 거부의 정당화를 예로 들고 있다. 군 복무 거부를 논하기 전에 먼저 전쟁이 정당한가, 아니면 부당한가에 대한 논의로부터 시작된다. 국가가 전쟁에 대해 정의로운 근거를 가진 경우에 가능하다. 가령 공격에 대한 자기방어이다. 반면에 경제적 이득이나 국토의 획득을 위한 전쟁은 정의로운 전쟁이 못 된다.

따라서 롤즈는 한 병사가 불법적인 전쟁행위에 참여하라는 명령에 대해, 그 전쟁이 정의롭지 못한 경우에는 양심에 따라 거부할 수 있다고 본다. 병역 거부자가 주장하는 것은 "타인에 대해 심한 부정의나 악을 행하는 사람이 되지 말아야 한다는 그의 자연적 의무가 명령에 복종해야 한다는 그의 의무보다 중요하다"는 점이다(494). 징집은 오직 그것이 자유 자체의 옹호를 위해서 요구되는 경우에만 허용된다. 따라서 징집은 비록 시민의 평등한 자유를 침해한다는 사실에도 불구하고 정당화될 수 있다(495).

롤즈는 병역의무에서 양심적 거부가 해당되는 경우를 좀 더 명확히 하고 있다.

"사람은 전투의 목적이 부정의하다는 것을 근거로 특정한 전쟁 동안 군에 입대하는 자신의 의무를 지키는 일을 양심적으로 거부할 수 있다. 전쟁이 추구하는 목적은 경제적 이득이나 국력일 수도 있다. 시민의 기본적 자유가 이러한 목적 달성을 위해서 침해될 수는 없다."(496)

"만약 전쟁의 목적이 충분히 의심스럽고 극심하게 부정의한 명령을 받을 가능성이 충분히 큰 경우라면 우리는 거부할 권리뿐만 아니라 거부할 의무까지도 가진다."(496)

4. 시민 불복종의 정당화 (§57)

시민 불복종이 정당화(justification)되기 위해서는 어떤 요건을 갖추어야 하는가.

첫째, 시민 불복종의 적절한 대상이다. 구체적이고 분명한 부정의(不正義)의 사례나 더욱이 다른 부정의를 제거하는 길을 방해하는 것이 적절한 대상이 된다. 따라서 정의의 제1원칙인 평등한 자유의 원칙에 대한 심각한 위반이나 제2원칙의 두 번째 부분인 공정한 기회균등의 원칙에 대한 현저한 위배에서 시민 불복종은 타당성을 가진다. 반면에 차등의 원칙 위반 확인은 쉽지 않다. 이는 차등의 원칙의 위반에는 합당한 다양한 대립적인 견지들이 있기 때문이다. 차등의 원칙 위반에 대한 증명에는 많은 추론적인 지식 외에 그에 합당한 통계적인 자료도 요구된다. 그러나 차등 원칙의 위반이 자신에게는 이해가 되었다고 해도, 다른 사람에게 그 진실함을 이해시키는 것은 또 다른 문제이다(485). 여기서 롤즈는 세제법이 기본적인 평등한 자유를 침해하거나 박탈하기 위해서 마련된 것이 아닌 한, 시민 불복종 때문에 거부될 사안이 아니라고 본다. 평등한 자유의 원칙에 대한 위반은 적합한 시민 불복종의 대상이다.

둘째, 합법적 보상수단이 한계에 이른 경우이다. 가령 정치적 다수자에게 정상적인 호소를 성실하게 하였지만, 그것이 더는 성공적이지 못하여, 다수자가 이에 무감각해져 있는 경우이다. 이는 정상적인 정치적 반대에도 불구하고 고의적으로 부정의가 지속하거나 시정되지 않는 경우가 된다. 이런 상황에서는 합법적인 수단은 되풀이되어도 더는 어떤 효과가 없게 된다. 다수자들이 부정의하고 공공연하게 적대적인 의도로 스스로 확신 가운데 있는 경우에는 시민 불복종조차도 그 힘에 있어서 미약할 수밖에 없다.

셋째, 시민 불복종에 대해 타당성을 가진 다른 유사한 소수자가 있는 경우이다. 즉, 만일 어떤 소수자가 시민 불복종에 가담하는 것이 정당화되는 경우, 그와 적절하게 유사한 상황에 있는 다른 소수자도 마찬가지로 정당화된다.(487)

드워킨(Ronald Dworkin)에 따르면 시민 불복종은 법을 지키느냐 마느냐의 문제라기보다는 근본적인 문제를 제기한다. "만일 모든 사회가 모든 불복종을 용인한다면 사회는 '지속될 수 없다'. 그렇지만 그렇다고 해서 만일 약간을 용인할 경우 사회가 무너질 것이라는 결론이 나오는 것이 아니며, 그에 대한 증거도 없다."(법과 권리, 396)[91] 일반적으로 시민 불복종은 형식적으로는 법치주의를 손상시키며, 때로는 무정부적 파괴주의자와 같다는 인식이 있다. 시민 불복종을 불법행위로 동일시하여, 도덕적 행위일지언정 법적으로 면책될 수는 없다고 본다. 그러나 드워킨은 시민 불복종을 단순히 도덕적 항의에 그치는 것이 아니라 법적으로 유의미한 행위로 본다. 즉, 시민 불복종은 시민이 불법적인 행위를 함으로써 개인적 이익을 추구하려는 것이 아니라 불법을 통해 불법과 합법의 경계에서 올바른 법을 제시함으로써 그 법 자체가 타당한지 아닌지에 대해 문제제기를 하고 있다는 것이다. 그는 시민 불복종에 대한 대표적인 예로 베트남 전쟁에 대한 징병 거부를 든다.[92]

드워킨은 베트남 전쟁에 관한 징병 거부와 관련한 도덕적 문제와 헌법적 문제를 제기한다. 도덕적 문제점들은 1) 베트남 전쟁은 국민들의 동의 없이 감행하였으며, 2) 국민을 희생할 만한 국익이 걸려 있지 않으며, 3) 징병에 있어 대학생들에게 특혜를 주는 등의 불공정성이 있다. 4) 징병

---

91) 드워킨, 염수균 역, 법과 권리, 한길사, 2010.
92) 위의 책.

거부를 권유하는 행위를 처벌함으로써 전쟁에 대한 자유로운 토론을 봉쇄한다(법과 권리, 399).

헌법적 문제로는 1) 국제법상 부당한 전쟁은 금지되고, 베트남 전쟁은 불법적인 전쟁일 가능성이 있으며, 2) 헌법상 전쟁 선포는 의회의 권한인데, 의회의 전쟁선포가 없었다면 전쟁의 합법성이 의심되며, 3) 대학생들에게 군 면제 특권을 주는 것은 위헌으로 볼 수 있으며, 5) 징병거부의 권유는 언론의 자유라는 차원에서 보호되어야 한다.

이와 같이 시민불복종은 타당한 법률에 대하여 순전히 도덕적 동기로써 반대하는 것이 아니라, 국가의 결정이나 그 법 자체가 타당한지 아닌지에 대해 문제제기를 하고 있다는 것이다.

드워킨은 시민 불복종의 이유를 들어 시민 불복종을 세 가지로 분류한다.

1) 통합성기반 불복종
2) 정의기반 불복종
3) 정책기반 불복종

그리고 시민 불복종이 취할 수 있는 전략으로 1) 설득전략, 2) 비설득전략을 든다.

법학자인 그에게 있어서 '법이 주장하는 바가 의심스러운 경우', 시민 각자가 자신의 판단에 따른 행동이 헌법 정신을 반영하는 자연법을 반영하는 경우에는 시민불복종은 인정된다. 즉, 시민불복종은 헌법에 비추어 의심스러운 법에 대한 저항이 된다. 이의 가장 대표적인 예는 미국에서 노예제도가 폐지되기 전에 노예의 도주를 돕는 경우이다. 노예의 도주를 돕는 것은 도주노예방지법을 위반하지만, 자연법에 근거하는 행위가 된다. 이는 통합성 기반 시민불복종(integrity based civil disobedience)의 예이다. 정부의 부도덕한 결정이나 부정의에 반하는 도덕성에 근거한 행위는 정당한 시민 불복종행위로 간주된다. 베트남전 반대시위 또는 흑백분리 식당에서 일부러 백인좌석에서 식사를 하는 경우는 '정의기반 시민 불복종'(justice based civil disobedience)이다. 통합성 기반 불복종은 방어적인 데 반해, 정의 기반 불복종은 전략적이며 도구적이다. 정의기반 불복종은 1) 설득적, 2) 비설득적 전략을 구사한다.[93] 드워킨은 시민 불복종으로 인한 피해보다는 시민의 자유 권리가 더 중요하다고 본다.

하버마스의 경우 시민 불복종을 정의원칙이라는 이상적인 기준이 아니라, 법이 절차에서 정당한 과정을 거쳤는가에 따른 정당성과 실천에서의 정당성 여부를 묻는다. 법치국가의 성립과 유지에는 절차적 정당성이 그만큼 중요하며, 시민의 절대적인 복종이 아닌 제한적인 복종은 법치국가에 생명력을 가지게 한다. 국가가 불복종을 주장하는 시민들의 '도덕적 양심에 따른 판단'을 고려하지 않고, 합법성에 근거한 정당성만을 주장하는 경우에는 권위주의적 합법주의에 빠지게 된다.[94] 하버마스에게 있어서 시민불복종은 절차적인 합법성과 시민의 인정과 지지라는 정당성 사이에 놓이게 된다.

5. 시민 불복종의 역할 (§59)

시민이 불복종에 참여함으로써 얻고자 하는 것은 "다수자의 정의감에 호소하여 진지하고 숙고한 견지에서 볼 때 자유로운 협동의 조절이 침해되었다는 것을 정당하게 알리는 것이다."(498) 즉, 타인들에게 호소하여,

---

93) Ronald Dworkin, A Matter of Principle, Oxford University Press, 1985, 4장 Civil Disobedience and Nuclear Protest, 104ff.
94) 하버마스, 이진우 외 역, 새로운 불투명성, 문예출판사, 1995, 106.

그들이 시민 불복종에 참여하는 자들의 입장에서 다시 생각해 보도록 하며, 무한정의 복종을 할 수 없음을 인식시키고자 한다. 이 호소의 힘은 사회를 평등한 개인들 간의 협동체제로 보는 민주주의적 관점에 달려 있다.

롤즈는 시민 불복종의 순기능에 대해 다음과 같이 말한다. "시민 불복종은 비록 그 정의(定義)로 봐서 불법적이긴 하나 입헌 체제를 안정시키는 방도이다."(498)

오늘날 독립적인 사법부가 헌법을 해석하는 권한을 가진 것과 더불어, 시민 불복종은 정의로운 제도를 유지하고 강화하는 데 이바지한다. 법에 대한 충실성의 한계 내에서 부정의에 항거함으로써 정의로부터의 이탈을 방지한다. 또한 그런 부정의가 실제 일어났을 경우에 이를 교정하는 데 도움을 준다. 결국, 질서정연한 사회에서 시민 불복종은 정의로운 사회의 안정을 가져온다.

부정의(不正義)는 그 속성에서 어느 경우에서나 저항을 초래한다. 부정의한 제도를 유지하기 위해서 국가의 강제기구를 이용하는 것은 그 자체가 사람들이 정당한 과정을 통해서 항거하는 권리를 갖게 한다. 그 항거는 일종의 비합법적인 힘이다.

"최후의 법정은 사법부도 행정부도 입법부도 아닌 전체로서의 유권자이다."(507)

제3장 롤즈의 정의론 비판과 논쟁

나쁜 정부와
정의

1971년 『정의론』이 출간된 이후에, 롤즈의 정의론을 둘러싼 학술적 논쟁이 일어났다. 가령 원초적 입장에 대한 비판이다. 롤즈는 무지의 베일이 당사자의 가치에 대한 그들의 어떤 특정 지식이나 개념을 감출 것이라는 것을 가정한다. 이는 실제 상황이 아니라, 가상적인 상황이다. 롤즈의 비판자들은 이런 가상적인 이론이 실제에 적용될 수 있는가 질문한다. 또한, 지식이 가려져 있어서 원초적 상태에 있는 사람들은 '백치'의 상태가 아닌가 하는 의문도 제기한다.

1. 노직의 비판

로버트 노직(Robert Nozick, 1938~2002)의 주요 저서는 『무정부, 국가 그리고 유토피아』(Anarchy, State, and Utopia, 1974)이다.[95] 문학평론지

---

95) 로버트 노직 저, 남경희 역, 무정부, 국가 그리고 유토피아, 문학과지성사, 1983.

Times Literary Supplement ranks Anarchy는 이 책을 전후 영향력 있는 도서 100권의 하나로 선정하였다. 노직은 그의 책 출간 이후 자유주의의 개척자이자 대부(god father)로 불린다.

노직을 비롯한 애덤 스미스를 따르는 자유주의자들은 롤즈의 정의보다 더 중요한 것은 방해받지 않고 자유롭게 펼칠 수 있는 인간의 무제한의 욕망의 추구와 이기주의라 본다. 즉 자유와 이기주의가 사회의 진보를 만드는 것으로 본다. 인간의 소유욕인 '보이지 않는 손'이 우리가 알든 모르든 그때그때 개입하고, 이로써 사회의 이익을 가져오게 한다는 것이다.

노직은 자유롭고 평등한 개인의 권리를 절대적으로 보호하는 것이 국가의 목적이라고 본다. 그러므로 국가가 개인의 권리를 보호하지 못하고, 침해하게 되면 이는 국가의 목적 자체를 위반하게 되는 것이 된다. 노직은 모든 도덕적·정치적 고려들에 방해받지 않은 개인적 권리를 옹호하였다. 사회의 규칙을 공평성의 원칙에 따라 정하는 롤즈의 생각은 완전히 잘못된 것이다. 인간은 스스로 자연적으로 타고난 재능을 포기할 이유도 없으며, 유리한 출발선을 남에게 양보하거나 넘겨줄 이유도 또한 없다.

개인의 권리를 침해하지 않고, 개인의 배타적인 소유권을 보장하는 데 있어 국가의 발생과 정당성을 찾는 국가를 노직은 '최소국가'(minimal state)라 불렀다. 개인의 권리를 침해하지 않는 국가는 좋은 국가가 된다.96) 노직이 말하는 최소국가는 고전적 자유주의자들이 말하는 야경국가를 의미한다. 최소국가는 야경국가처럼 폭력, 절도, 사기 등으로부터 보호하는 제한된 기능을 수행한다. 최소국가는 정당화될 수 있는 국가로서 가장 포괄적인 국가가 된다. 노직은 최소 국가의 기능을 넘어서는 기능을 수행하는 국가는 정당화될 수 없다고 본다(무정부, 국가 그리고 유토피아, 49).

---

96) 장동진·김만권, 노직의 자유지상주의: 소극적 자유의 이상, 정치사상연구, 2000, 195~220(198ff.).

이런 의미에서 노직은 자유지상주의자이며, 롤즈는 변장한 사회주의자로 비판된다.

노직의 이론구성의 중심 기둥은 재산에 대한 개인의 배타적인 권리이다. 배타적인 권리란 누구도 개인의 동의 없이 자신의 소유를 자의적으로 빼앗거나 나누어 달라고 요구할 수 없는 것을 말한다. 노직은 로크의 이론에 기초하여 재산의 권리를 옹호한다. 그의 말을 따르면 인간은 자신을 소유하는 존재(Selfownership)로서 이는 자기 자신뿐만 아니라 소유물도 마찬가지이다. 소득세 과세는 강제 노동적 성격을 갖는다(무정부, 국가 그리고 유토피아, 214~215). 가령 국가가 세금을 거두어들이면, 그만큼 자신의 노동 산출을 빼앗아가는 것이다. 따라서 국가가 5시간 노동에 해당하는 양의 세금을 거두어 가는 것이나, 5시간 노예노동을 강제하는 것이나 차이가 없다. 이를 확대하면 임금노동자가 12개월에서 2~3개월 봉급에 해당하는 세금을 내게 되면, 이는 그 기간만큼 노예로서 강제노동하는 것이다. 따라서 노직에 있어서 재산권의 침해는 비도덕적이며, 받아들일 수 없다. 이런 주장은 그가 국가를 반대한다는 것이 아니라, 최소국가(minimal state)를 넘어서는 국가 간섭과 권리 침해를 비판하는 것이다.

노직의 최소국가의 발전단계
- 1단계: 권리를 가진 개인들이 자연상태에서 살고 있음(로크의 자연 상태)
- 2단계: 자신들의 권리를 보호하기 위하여 협회 구성
- 3단계: 협회들은 지역적으로 나뉘며, 극소국가(ultraminimal state)의 단계로 발전(비용부담자만 보호)
- 4단계: 극소국가는 모든 개인을 흡수하여 최소 국가(minimal state)를 형성

노직은 롤즈가 개인들 사이의 분리성과 독립성을 당연시하는 것 같지만, 실제로는 이를 무시함으로써 유능하고 부유한 사람들을 극빈층의 복지를 향상시키는 수단으로 전락시키는 것이라며 롤즈를 비판한다.97) 국가가 특정 기준에 따라 부와 자원을 계획적으로 분배하는 것을 반대하는 노직의 자유지상주의는 결과만을 놓고 볼 때에는 평등주의가 아니라 일종의 불평등주의로서 비쳐진다. 노직의 의도는 불평등을 정당화하는 데 있지 아니하며, 최소국가와 정의를 우선하고 있다.

노직에게 있어 소유의 문제는 정의의 문제가 된다. 노직은 '자유 권리'에서 소유권은 어떠한 논리에 의해서도 침해될 수 없는 것으로 보았다. 재산에 대한 배타적인 권리는 다음의 세 가지 정의의 원칙에 근거한다 (무정부, 국가 그리고 유토피아, 192~193).

• 소유물의 최초 취득원리이다. 노직은 소유를 역사적으로 추적하며, 정당한 소유가 성립하려면 소유를 발생시킨 최초의 획득이 정당해야 한다고 본다. 이는 어떤 사물을 소유할 때, 그 최초로 소유하는 과정이 정의로워야 정당한 배타적인 소유권리가 시작됨을 말한다. 로크에게 있어서는 그것이 노동이 된다. 이런 노동에 의한 소유의 인정은 타자들의 집단에 의한 동의와는 다르다. 노동에 의한 최초의 정당한 소유는 가령 자연에서 과일을 따거나, 땔감을 얻는 것이 된다. 다만 그 최초의 소유가 정당화되기 위해서는 다른 사람들이 소유하기에 충분한 공유물이 남아있어야 한다 (로크의 사적소유 제한 서유 단서). 그러지 않을 경우에 노동한 자가 그의 노동이 부여된 것에 대한 권리는 제한된다.

• 소유물 이전의 원리이다. 정당하게 습득된 재산은 그 소유자의 의지에 따라 자유롭게 다른 사람과 교환을 하거나, 또는 자손에까지 이전할

---

97) 김비환, 현대 자유주의적 평등론의 역사적 의의, 법철학 연구 제5권 제2호, 2002, 7~34(29).

수 있다. 로크의 자기 소유권에서 노직이 말하는 자격이론이 도출되며, 정당한 부의 분배를 규정하는 원리는 필요나 능력 또는 공과(desert)와 같은 전통적인 기준이 아니라 '자격'(entitlement)이 된다. 궁극적인 소유의 정당성은 적합한 자격에 있다. 노직은 여기서 이런 개인 간의 자유로운 이전에 대해 국가가 상관할 사안이 아니라고 본다. 이런 원리에 따르면 국가는 개인 간의 교환에 대해 세금을 부과할 명분이 없다고 본다. 이런 개인 간의 거래에 국가가 세금을 부과하는 것은 노동을 착취하는 것이 된다.

• 재산 분배(distribution of goods)가 당사자가 합의하는 자유교환 가운데 이루어졌다면, 비록 그것으로 불평등이 발생한다 해도 정당하다(just)고 본다. 따라서 노직은 롤즈의 '차등의 원리'에 입각한 배분 역시 성립될 수 없다고 보며, 이를 비판한다.

노직의 기본적인 입장은 개인이 갖는 권리의 절대성을 수호하는 것이다. 빈부 격차 등 다양한 사회문제들을 해결하기 위해 등장한 포괄국가는 그가 볼 때 실질적으로 권리의 절대성에 대한 위협이다.

노직에게 국가는 어떠한 공동체적 프로젝트에서 자신의 사업을 갖지 않는다. 국가의 유일한 일이라 한다면, 우리 개인 자신의 권리를 강조하는 것이다. 물론 노직은 로크와 달리 자연법에 기초한 천부권리를 주장하지 않으며, 오히려 성인의 비강제적인 자유계약을 옹호한다. 노직의 정의론은 개인의 생명권, 자유권, 소유권을 최고의 가치로 삼는 자유지상주의 입장에서 전개된다. 노직에게는 정당한 소유권이 배타적으로 유지되는 것이 정의로우며, 사회·경제적 불평등은 그에게 있어서 고려의 대상이 아니다. 반면 롤즈는 사회·경제적 불평등을 최소 수혜자의 이익이 개선되는 조건 하에서 허용하는 것이 정의롭다고 본다. 롤즈가 자유주의에 대해 평등주의를 강조했다면, 노직은 자유주의를 오히려 더 극단으로 강조한다. 일반적으로 둘의 견해 차이를 근거로 롤즈의 입장은 '자유주의적 평등주

의'(liberal egalitarianism)(민주주의적 평등주의의 의미임)로, 노직의 입장은 '자유
지상주의'(libertarianism)로 부른다.

2. 드워킨의 비판

법학자에 의해 쓰인 두 개의 다른 책, 로널드 드워킨(Ronald Dworkin,
1931~)의 『Taking Rights Seriously』[98]와 브루스 애커만(Bruce Ackerman)
의 『Social justice in the Liberal State』(자유국가에서 사회정의)(1980)는 롤즈
와 같은 자유 평등주의자들의 책이다. 이들은 노직의 저서에서 주장되는
급진적 자유주의자들의 견해를 거절하였다. 그럼에도 불구하고 둘 다 가
치를 넘는 권리의 우선권을 강조하는 같은 경향을 보이고 있다.

드워킨(1931~2013)은 대표적인 법 철학자이자 자유주의 철학자이다.[99]
그는 1986년에는 법이 무엇인가를 다룬 『법의 제국』(Law's Empire)[100]을
출판하였고, 2000년에는 정치철학적 논문을 한데 묶어 『자유주의적 평
등』(Sovereign Virtue)을 출판하였다. 그는 1981년 "What is Equality"[101]
라는 논문을 통해 자원의 평등론을 발표하여, 분배의 문제에 논쟁을 불러
일으켰다. 드워킨은 당시의 정치학자들과 마찬가지로 개인적 삶에서의 윤
리와 사회에서의 윤리를 구별한다. 드워킨은 '무엇이 좋은 삶인가'라는 윤
리적인 문제에 국가는 중립적인 입장을 취하여야 한다는 '자유주의 중립'
의 토대를 만들었다. 국가의 중립(neutrality)은 도덕적인 기권으로서의 중

---

98) 로널드 드워킨, 염수균 역, 법과 권리, 한길사, 2010.
99) 김비환 외, 자유주의의 가치들―드워킨과의 대화, 아카넷, 2011.
100) 최봉철, 드워킨의 『법의 제국』, 법철학연구, 제8권 제2호, 2005, 345~376(347f.).
101) Part 1, Philosophy & Public Affairs, Vol. 10, No. 3, 1981, 185~246; Part 2, Vol. 10, No.
    4, 1981, 283~345.

립이 아니라, 시민들이 행하는 사적인 활동에 대해, 어떤 것이 더 좋은 삶인가를 놓고 따지는 문제에 대해 정부는 나서서 판단을 내려서는 안 된다는 의미에서이다. 이러한 국가의 중립은 윤리적 중립(ethical neutrality)[102]으로 부를 수 있으며, 국가는 그 윤리에 대해서 어떤 편을 들어서는 안 되며, 또한 그에 대한 공식적인 견해를 가져서는 안 된다. 국가는 시민들의 사적영역을 보호하여 자율적 결정을 하도록 하며, 그 자율적 결정을 존중할 의무를 갖는다.

드워킨은 문화의 문제에서는 국가의 중립성을 예외로 한다. 문화는 사회를 풍부하게 하기 때문이다. 빈곤한 문화보다 사회의 가치를 제고하는 문화는 인간의 삶을 풍요롭게 해주며, 문화는 결국 사회 전체의 공유가 된다. 그러므로 시장은 이익만을 추구하기 때문에, 국가는 시장에서 문화를 보호하기 위해서 적극적인 공공개입과 지원이 있어야 한다고 본다. 국가의 역할에서 드워킨이 보는 평등도 이런 점에서 이해된다.

드워킨은 자유주의 정의론에서 두 원칙을 제시한다. 첫째 모든 시민의 삶은 평등하게 중요하다는 원칙(equal importance), 둘째 한 개인의 삶의 성공에 대해 삶의 주인인 한 사람만이 특별하고 최종적인 책임(special re-sponsibility)을 져야 한다는 원칙이다. 국가와 사회는 그러므로 '시민들이 선택할 수 없는 운'(brute luck)으로부터 생기는 불평등은 완화해야 한다. 반면 '선택할 수 있는 운'(option luck)으로부터 생기는 불평등은 가능한 개인의 책임을 반영하도록 해야 한다.[103] 드워킨에 따르면 시장은 평등을 실현하기 위한 적극적인 도구이며, 개인의 선택에 따라서 발생하는 차이는 부정한 것은 아니다. 그는 시장은 평등을 정의하고 평등을 실현하는

---

102) 로널드 드워킨, 염수균 역, 자유주의적 평등, 2005, 378.
103) 박상혁, 자유주의 정의론에서 평등과 책임의 요구: 드워킨의 롤즈 비판에 대한 응답, 철학연구 제95집, 2011, 125~151(130).

데 도움이 되는 것으로 보며, 반면 개인의 능력이나 피할 수 없는 운과 같은 임의성에서 발생하는 불평등은 부정한 것으로 본다. 따라서 롤즈와 같이 '운'에 의한 차이는 교정되어야 한다고 본다. 반면 드워킨이 볼 때, 롤즈는 무지의 장막에서 최소수혜자가 어떻게 최소 수혜자가 되었는지에 대한 정보를 제공하지 않는다고 본다. 롤즈는 최소 수혜자가 이익이 되는 분배를 주장하지만, 그 분배의 기준에 대해 논의하지 않았기 때문에 여기에 난점이 있다고 본다. 드워킨은 기본으로 원초적 입장을 반대한다. 원초적 입장에서 계약은 가설적 계약으로서 그 계약들이 시행하는 것이 공정하다는 주장을 지지하는 독립된 논거를 제공하지 않는다고 보기 때문이다. 또한 사전적 이익에 관한 판단은 그 판단이 이루어지는 여건에 의존하고, 특히 그 판단을 하는 사람이 가질 수 있는 지식에 의존한다(법과 권리, 304~308). 드워킨은 사후적 배분에 대해 반대하며, 사전적인 가설적 보험의 적용이 더 현실적이라고 본다(자유주의의 가치들, 293~296). 이런 점에서 드워킨은 롤즈의 차등의 원칙에 반대한다. 차등의 원칙에서 최소수혜자를 정하는 데 있어 자의적이지 않을 수 없다고 보기 때문이다. 자의적인 추정은 정책결정에서 중대한 영향을 미친다. 차등의 원칙은 경쟁에서 나은 집단보다 하위집단에 대해 너무 많이 외적인 선호를 부여하기 때문에 공정하지 않고, 차등의 원칙은 또한 정의에 대해 개인적 책임을 지게 하지 못한다고 드워킨은 비판한다.

드워킨은 롤즈와 같이 공리주의를 반대한다. 평등(equaltity)은 매우 복잡하며 다양한 면을 갖고 있는 개념이다. 한 가지는 가령 분배에서의 평등(distributional equality)이다. 전통적인 자원의 분배를 놓고 자유주의와 사회주의 간의 대립이 있어 왔다. 자유주의는 권리분배의 평등을 주장하며, 사회주의는 자원분배의 평등을 주장하는 것이다. 공산주의는 가령 자원의 동등한 분배만을 문제 삼는다. 이런 자원의 평등한 문제는 정치적 권리문제와는 무관하게 이루어진다. 그러나 자유주의에서는 권리의 동등한 분배가 문제의 본질을 이룬다. 이는 전통적인 자유와 평등을 놓고 다투는 대립이다.

드워킨은 자유주의 이론가로서 누구보다도 '평등'개념을 중시하였다.104) 드워킨은 평등이 정치 공동체의 최고 덕목(sovereign virtue)이라고 주장한다.105) 드워킨은 통치하고 충성을 요구하는 시민들 모두의 운명을 평등하게 배려하지 않는 정부는 정당하지 않으며, 이는 독재일 뿐이라고 한다. "평등한 배려(equal concern)는 정치공동체의 최고의 덕목이며, 그것이 없는 정부는 오직 독재일 뿐이다."(자유주의적 평등, 49) '평등한 대우'(treating people equally)와 '평등한 배려'(treating people as equal)에서 그가 인정하는 평등권은 배려를 받을 권리로서이다. 즉 어떤 재산이나 기회의 평등한 분배에 대한 권리가 아니라 이런 재산들과 기회들이 어떻게 분배되는가에 대한 정치적 결정에 있어서 평등하게 존중을 받을 권리이다.106)

드워킨은 평등이라는 것이 자원이나 권리의 배분에서 어느 한쪽에 치우치는 것이 아니라, 모든 국민들을 평등한 사람으로 대우하는 것(treating people as equals)이라고 한다. '사람들을 평등(동등)하게 대우한다는 것'은 정부가 바람직한 삶이나 인생을 가치 있게 만드는 것이 무엇인가와 같은 규범적인 질문에 대해 어떠한 입장도 취하지 않는 것이다. '사람들을 평등(동등)한 존재로 대우하는 것'은 반면 정부가 인간의 삶에 대해 어떤 규범적 입장을 취하는 것이 된다.

어떤 정부가 통치하고 충성을 요구하는 시민들 모두의 운명에 대해서 평등하게 배려하지 않는다면 그 정부는 정당하지 않으며, 오직 독재일

---

104) Ronald Dworkin, What is Equality?, Philosophy and Public Affairs 10, 1981.
105) Ronald Dworkin, Sovereign Virtue: The Theory and Practice of Equality, Harvard Press, 2000, 1.
106) 염수균, 드워킨의 자원의 평등론, 범한철학 제35집, 2004, 99~132(102).

뿐이다. 그러나 드워킨은 '모든 인간을 평등한 존재로 대우하는 것'(treat-ing as equals)으로서 '복지평등'(equality of welfare)의 한계를 비판하고 자원의 평등론의 입장에서 분배적 평등을 제시하였다.

"자원의 평등은 기회비용이라는 특별한 척도를 사용한다. 그것은 어떤 사람이 갖고 있는 이전 가능한 자원의 가치를 그가 그것을 가짐으로써 다른 사람들은 포기하게 되는 가치로서 정한다. 그것은 각각의 사람들이 갖는 이전 가능한 자원들 전체(the total transferable resources)가 그런 방식으로 측정된 동일한 기회비용 총합(the same aggregate opportunity of costs)을 가질 때 그런 자원들이 그 사람들에게 평등하게 분할된 것으로 간주한다. 가상적인 경매는 정확하게 그 결과를 확보하도록 설계되었다. 만일 그 경매가 끝나면 그 경매에 의해서 정의된 것으로서의 기회비용 총합은 동일하다."(자유주의적 평등, 253)

드워킨의 자유주의는 공동체주의의 주장을 적극적으로 수용한다. 그에게 있어 공동체는 자유, 평등과 동등한 지위를 갖는 정치적 이상으로서 의미가 있다. 드워킨은 다른 자유주의자들과 달리 자유주의는 공동체와 개인을 분리하지 않고 통합된 것으로 간주한다.

3. 샌들의 비판

롤즈의 정의론에 가장 큰 비판적인 논쟁을 불러일으킨 사람은 하버드 정치 철학자 샌들(Michael Sandel, 1953~)이다.

샌들은 『자유주의와 정의의 한계』(Liberalism and the Limits of Justice)[107]

---

[107] Michael J. Sandel, Liberalism and the Limits of Justice, Second edition, Cambridge University Press, 1998. 제목 『정의의 한계』로 번역됨. 이양수 역, 멜론, 2012.

에서 롤즈가 펼치는 정의론의 주요 이론적 토대를 비판하고 있다. 샌들의 롤즈에 대한 첫 번째 비판은 자유주의가 전제하고 있는 인간관에 근본적인 오류가 있다는 것이다. 샌들은 롤즈를 의무론적 자유주의자로 선언하고 시작한다(정의의 한계, 93). 왜냐하면 롤즈의 저작이 받아들이는 중심 주장이 의무론적 윤리의 주요 테제이기 때문이다. 샌들은 의무론적 형태를 취하고 있는 자유주의 정치철학의 가정, 의무론적 윤리이론의 철학적 전제를 집중 비판한다. 왜냐하면 잘못된 철학의 가정에서 비롯된 '공공 철학'은 결국 거짓 이론일 수밖에 없다는 것이 샌들의 생각이기 때문이다(정의의 한계, 15~16).

샌들은 롤즈가 원초적 입장에서 전제한 인간관은 어떤 목적이나 목적들에 우선할 뿐만 아니라, 그것들에 대해서 독립적으로 존재하므로 이는 '무연고적 자아'일 뿐이라고 본다. 이런 무연고적 자아는 현실로부터 유리된 한 주체에 불과할 따름이다.[108] 이는 마치 현실의 처지와 이해관계와는 무관하게 살아가는 사람들과 같다. 이들은 철저히 초월적 주체들이다. 이런 사람들은 현실과 동떨어진 특별한 사람들, 좀 더 극심하게 말하면 어떤 먼 나라 우주인들과 같을 수밖에 없는 존재들로 이들을 사람이라고 할 수 없다는 것이다. 이는 샌들이 볼 때 칸트가 가지고 있는 선험성을 제거하는 데 롤즈가 실패한 것이다. 칸트에게서 초월적 주체는 철저히 이성적 존재로서 목적 자체이고 도덕적 주체이다. 이는 감성의 영향을 받지 않는 예지적 존재가 된다. 샌들이 볼 때 롤즈의 정의 이론에는 이런 초월적 주체를 가정하고 있으며, 그러므로 초월적 주체는 바로 의무론적 자유주의 성패를 결정한다.

---

108) Michael Sandel, The Procedural Republic and the Unencumbered Self, in Communitarianism and Individualis, eds. Avineri, S and de-Shalit, A., Oxford University Press, 1922, 18; 홍성우, 자유주의적 자아관의 한계: 샌들의 롤즈 비판을 중심으로, 범한철학 제28집, 2003, 281~303(288).

샌들은 정의의 근원성과 자아의 우선성을 철저히 비판한다. 롤즈가 '정의가 가치보다 우선한다'는 것과 '목적들에 대한 자아의 우선성'을 주장하는 데는 두 가지 의미가 함축되어 있다고 본다.[109] 첫째는 도덕적 의미에서, 자아가 자율적인 것으로 간주된다면, 그리고 자아 자신이 맡은 역할과 추구할 수 있는 목적을 넘어서는 '존엄성의 담지자'(bearer of dignity)로서 간주되는 사람들에게 당연한 존경을 표현한다면, 자아는 자아가 선택하는 목적들에 선행하는 것으로 간주될 수 있음에 틀림없다는 것이다. 즉, 내가 주변과 구별되면서 항상 능동적이고 의지적이며, 선택할 수 있다는 것이다(정의의 한계, 100). 둘째로 인식론적 요청이라는 의미에서, 자아는 독립적으로 확인될 수 있는 한, 자아가 긍정한 목적들에 선행해야만 한다는 것이다(정의의 한계, 101). 그러나 샌들은 자아는 여러 가지 우연적인 욕구, 원망, 그리고 목적의 연쇄로 구성된다고 본다(정의의한계, 101). 이는 우리는 '나'와 '나의 목적들'을 본질적으로 구분할 수 없으므로, 자아는 목적들에 의해서 선행하는 것이 아니라 오히려 그 목적들에 의해서 구성되는 것이 된다. 우리의 자아는 공유된 사회적 맥락에 뿌리를 둔 우리에 의해서, 그리고 선택이 아닌 발견된 목적들에 의하여 부분적으로 구성된다고 본다.

샌들은 롤즈가 가정한 완전한 자율적이고 독립적인 자아는 허구라 보며 사회적 자아를 주장한다. 개인이란 그가 사는 사회적 환경, 구조, 의식, 습관 등을 형성하는 전통과 역사 속에서 자아를 파악할 수밖에 없다고 본다. 경험적으로 주어진 특징들로부터 전적으로 분리된 롤즈의 자아관은 근본적으로 '현실에 처한 주체'(situated subject)가 아니라, 근본적으로 현실에서 '유리된 주체'(disembodied subject)가 된다. 인간의 자기 이해에는

---

109) Chandran Kukathas, Philip Pettit, Rawls: A Theory of Justice and Its Critics, Stanford University Press, 1990, 97; 홍성우, 288.

근본적으로 공동체적으로 형성된 가치가 이미 개입되어 있기 때문에 이러한 사회성을 근원적으로 초월하는 개인주의는 잘못되었다고 본다. 그래서 샌들이 볼 때, 자유주의자들은 개인의 사회에 대한 관계의 특수한 이익을 부추긴다고 본다. 즉 사회는 개인의 이익을 추구하는 협력적인 대상물 (cooperative venture)에 지나지 않는다.

샌들은 그 외에도 국가 중립성 주장에 대해, 그리고 자유주의적 평등주의가 제시하는 복지에 대해 비판을 하였다.

4. 매킨타이어의 비판

매킨타이어(Alasdair MacIntyre, 1929~)는 1981년에 발표한 『덕의 상실』 (After Virtue)[110]에서 자유주의를 포함한 근대이후의 도덕철학과 정치철학을 포괄하는 근대성 자체를 비판하고 있다. 그는 스코틀랜드 태생으로 전형적인 영국식 교육을 받았다. 그는 런던대학, 맨체스터 대학, 옥스퍼드 대학, 에식스(Essex) 대학을 거쳐, 1979년 미국으로 이주하였다. 그가 세상에 알려지기 시작한 것은 자유주의-공동체주의 논쟁에서이다. 그에 따르면 도덕주체로서 개인주의는 그 결과 공동체와 그 덕의 문화의 붕괴를 가져왔고 현대사회의 문제도 이에 근원한다고 본다. 그는 오늘날 자유주의 사회의 도덕적 혼란은 덕을 통해서 극복할 수 있다고 본다. 매킨타이어는 아리스토텔레스의 목적론을 지지하며, 도덕적 행위에서 목적과 목표에 도달하는 방법을 설명한다.

매킨타이어가 덕 윤리를 주장하는 주된 이유는 추상적인 도덕주체인

---

110) 매킨타이어 저, 이진우 역, 덕의 상실, 문예출판사, 1997.

개인에게 자율적 판단으로 의무론적 윤리를 정당화함에 따른 개인주의 결과로 도덕성의 기반이 되는 공동체의 간과에 있다. "정의의 결여, 진실성의 결여, 용기의 결여, 관련된 지성적 덕의 결여— 이들은 그들이 현재 구현하고 있는 전통들로부터 자신들의 삶을 도출하는 제도들과 실천들을 부패시키는 것과 마찬가지로 전통들 역시 부패시킨다. 따라서 이러한 사실들을 인식한다는 것은 물론 다른 하나의 덕을 인식하는 것을 의미한다."(덕의 상실, 328) 근대의 도덕철학은 인간 존재의 상황적 맥락성과 도덕적 행위의 특수성·구체성을 간과하고, 사회적 공동체에서 유리된 허구적인 자유, 권리, 계약과 같은 측면만을 강조한다는 것이다. 도덕적 행위의 근거를 인간 이성에서 찾는 것은 계몽주의적 기획이며 허구와 환상에 지나지 않는다. 인간이 동물적인 상태에서부터 도덕적으로 성장해가는 것은 사회적 진공 속에서 일어나는 것은 아니다. 이는 개개인이 공동체 내에서 상호작용과 관계를 통해서 이루어간다.

　매킨타이어가 롤즈의 정의의 원칙을 비판하는 그 저변에는 롤즈가 내세우는 원초적 입장이 현실과 동떨어진 이상으로서 현실적인 상황을 고려하지 않는다는 점에 있다. 원초적 입장에서 인간은 의도적으로 현실로부터 떨어져 있는데, 이는 단지 정의의 원칙을 도출해내기 위해서이다. 그런데 현실의 인간은 원초적 입장에서 가정하는 인간과는 너무나 다른 모습으로 살아가고 있다. 그가 볼 때 원초적 입장은 자율적인 인간이 현실에서 어떻게 살아가는가를 단적으로 보여주는 장치이다. 원초적 입장에서 인간은 서구의 전통과도 너무나 멀리 떨어져 있으며, 결코 인간의 행위를 정당화할 수 없다고 본다. 매킨타이어는 서구 근대성의 근간인 계몽주의로 집약되는 근대적인 사유에 대해 비판을 한다. 근대성만을 우위에 두며, 근대적인 자아를 도덕적 주체의 이상으로 여기는, 지나치게 서구의 근대성의 합리성을 강조하는 것을 받아들일 수 없다는 것이다.[111] 인류역사에서 각 시대마다 갖는 문화적인 특성과 전통이 있으며, 이는 서구사회의 다양한 가치와 전통의 다양성으로 나타난다.

인간은 덕 윤리라는 공동체에서 살아간다. 인간은 덕없이 생각할 수 없다. 덕은 어떻게 생기며 이루어지는가? 개인주의에 기초한 자유주의적 정의관은 바로 이런 사회적 가치의 형성과 설명에 어려움을 갖는다. 매킨타이어는 우리는 결코 개인의 자격으로 선을 추구하거나 덕목을 실천할 수 없다고 말한다. 우리가 배우고, 실천하고, 추구하는 도덕성은 공동체의 삶과 밀접히 관련된 역사 곧 문화적 전통의 일부라고 본다. 이는 인간 개인은 과거로부터 개인－자아를 단절시킬 수 없음을 주장하는 것이다. 가장 간단한 예로 나는 누군가의 아들 또는 딸이고, 누군가의 친척이다. 지리적인 것, 공동체나 역사적인 것도 마찬가지이다. 민족으로부터 기대와 책무를 물려받는다. 이런 생각은 현대 개인주의 관점에서는 낯설 뿐만 아니라 경악스러운 것으로까지 보일 수 있다(덕의 상실, 324). 매킨타이어는 원초적인 상황에서 상호무관심한 인간으로서의 선택, 무지의 장막에 가려 자신의 관심과 처지에 대한 이해와 고려가 없는 선택들이 과연 진정한 도덕적 선택이 될 수 있는가라고 질문한다.112)

매킨타이어는 도덕적 위기를 극복하기 위해서 아리스토텔레스적인 덕 윤리를 부활해야 한다고 주장한다. 도덕적 삶에서 덕과 품성의 중요성을 강조하는 것이다. 아리스토텔레스적인 목적론적 윤리학113)의 현대적

---

111) 이상수, 롤스 & 매킨타이어, 김영사, 2007, 147.
112) 롤즈는 이런 비판에 대해서 사람들이 자신의 논조를 오해하고 있다고 본다. 원초적 입장은 실제일 필요가 없으며, 이는 단지 사유의 실험을 위해서이다. 즉 원초적 입장이 실제 존재하든 안하든 그 실재성이 문제가 되는 것이 아니라, 정의의 원칙을 채택할 그 근거와 그에 따른 정당성을 줄 수 있느냐 이다. 롤즈가 원초적 입장을 끌어들이는 이유는 이성을 가진 인간이 이런 원초적 입장에서 도덕적 능력을 더 잘 발휘한다고 보기 때문이다. 그러므로 원초적 입장은 정의 원칙의 선택과 정의로움을 평가하는 기준에서 더 정의롭다는 정당성을 가진다.
113) 박성호, 매킨타이어가 옹호한 아리스토텔레스의 목적론, 철학논총, 제67집 제1권, 2012, 133~144 (135ff.).

의미에서 복원은 현대사회에 대한 진단에서 시작한다. 매킨타이어는 현대사회는 도덕의 영역에서 어떠한 합의도 불가능하며, 도덕적 불일치는 현대사회의 특정한 병폐에 기여하고 있다고 본다. 이와 같은 현대 정치공동체에 대한 평가는 현대의 덕 윤리학을 복원하려는 이유가 된다. 이는 아리스토텔레스의 윤리학에 내포된 목적론적·공동체적 덕 윤리의 부활이다. 그는 아리스토텔레스의 생물학적 목적론이나 인간본성에 따른 사회계급은 거부한다.

『니코마코스 윤리학』에서 덕(德, virtue)은 '인간 고유한 기능인 이성을 가장 잘 발휘하는 것'을 의미한다(니코마코스 윤리학, 1106a). 아리스토텔레스는 덕을 선과 연관해 두 번째 본성(kind of second nature)으로 정의한다. 이는 올바르게 행위하는 것뿐만 아니라, 그 올바른 것을 행함으로 얻어지는 덕 또한 중요하다는 것을 의미한다. 따라서 인간이 개인적인 덕을 지니는 데 가장 중요한 것은 실천지(phronesis)이다.

"덕의 경우에 우리가 먼저 실천함으로써 비로소 덕을 얻게 된다. 여러 기술의 경우와 마찬가지로 우리가 먼저 그것을 함으로써 비로소 배워 알게 되는 것이다"(니코마코스 윤리학, 1103a).

매킨타이어는 '공민적 덕목'(civic virtue)에 대한 아리스토텔레스의 전통을 통해, 자아의 공동체에서의 멤버십을 통해 자아의 도덕적 정체성을 회복할 수 있다고 주장한다. 인간이 자신의 문화와 전통에서 자기 정체성을 확보하는 것에서부터이다. 매킨타이어는 덕이란 '사회적 실천'에 내재적인 선들을 성취하는 데 필수적인 자질로 본다. "덕은 하나의 습득한 인간의 성질로서, 그것의 소유와 실천이 우리로 하여금 어떤 실천에 내재하고 있는 선들을 성취할 수 있도록 해주며 또 그것의 결여는 결과적으로 그러한 선들의 성취를 방해하는 그러한 성질이다"(덕의 상실, 282). 덕은 '일관성 있고 복합적이며 사회적으로 확립된, 협동적인 모든 활동' 형식이 된다.

그래서 덕은 삶 전체의 선에 기여하며, 지속적인 사회적 전통 내에서만 그 개념이 세련되어지고 소유될 수 있다고 본다. 정의는 그래서 이같이 보통 사람들이 도덕성을 회복하고 획득해가는 과정이다.

매킨타이어는 도덕의 재구성에서 세 가지 주요 개념 — 실행, 삶의 서사적 통일성, 전통 — 을 제시하며, 개인은 이러한 덕의 자세가 필요하다고 본다.

(1) 사회적 실천의 개념

매킨타이어는 덕의 의미를 비추어 이해할 수 있는 첫째 맥락으로서 '사회적 실천'(practice)이라는 개념을 제시하며 다음과 같이 정의한다.

"'사회적 실천'이란 특정한 활동 형식에 적합하고자 또 부분적으로는 이 활동형식을 통해 정의된 탁월성의 기준을 성취하고자 하는 시도의 과정에서 이 활동형식에 내재하고 있는 선들이 이 활동을 통해 — 탁월성을 성취할 수 있는 인간의 힘과, 관련된 목표와 선들에 관한 인간의 표상들이 체계적으로 확장되는 결과를 가져오는 방식으로 — 실현되는, 사회적으로 정당화된 협동적 인간 활동의 모든 정합적·복합적 형식을 뜻한다." (덕의 상실, 282)

매킨타이어는 롤즈의 공정으로서의 정의가 사회에서 실현되는 것에 회의적이다. 왜냐하면 사람들이 옳다고 해서 그 옳음대로 행하는 것은 아니기 때문이다. 매킨타이어는 덕의 소유와 행사를 사회적 참여와 결부시킨다. 내적인 선(internal goods)은 어떤 활동에 의해서도 성취될 수 없는 선이다. 반면 외적 선(external goods)은 실천에 참여함으로써 도달할 수도 있는 선이다. 개인들은 사회적 선을 실현하는 데 있어서 적극적으로 참여하는 실행의 덕을 보여야 한다. 이런 참여라는 실천에서 이해의 충돌이나 경합이 있을 수 있다. 이에 대해 매킨타이어는 서사적 통일로 답을 한다.

(2) 삶의 서사적 통일

인간의 행동은 단순한 신체적 행동은 아니다. 어떤 행위를 이해하고 자 할 때 행위자의 삶, 행위의 배경(setting) 등을 파악한다. 행위가 역사적 인 성격을 갖고 있기 때문에, 그 행위에 대해서 다양한 시각에서 질문을 해야 한다. 매킨타이어는 가령 자기 집 정원에 도랑을 파는 것을 예로 든 다(덕의 상실, 303). 이 행위가 겨울철을 대비하려는 의도에서인지, 아니면 자기 아내를 즐겁게 해주고 싶은 마음에서 비롯된 것인지 알기 위해서는 정원이 딸린 집, 결혼 생활 등과 같은 배경에서 연관을 지어야 한다. 매킨 타이어는 이런 질문 과정을 통해서 그 행위에 대한 서사적 내력을 알게 된다. 서사적 내력을 통해 우리의 도덕적 행위는 하나의 서사적 통일성을 갖게 된다. 같은 맥락에서 행위자의 역사는 그 행위가 행해지는 무대장치 의 역사라는 맥락에서 규명되어야 한다고 하고 있다(303~304).

"미래에 관한 어떤 표상(image)들로 충만하지 않은 현재는 존재하지 않는다. 그리고 미래에 대한 관념은 항상 '목적'(telos) — 혹은 다양한 목 적들 — 의 형태로 자신을 드러내는데, 우리는 현재에서 그런 목적(들)을 향해 나아가기도 하고 또 실패하기도 한다. 그리하여 예측불가능성과 목 적론은 우리 삶의 부분으로서 나란히 공존한다. … 만약 우리의 개인적 · 사회적 삶의 이야기들이 계속해서 이해될 수 있으려면 — 그중 어떤 것은 이해되지 않게 될 수도 있다 — 그 이야기가 어떻게 계속될 수 있는지에 대한 제한들이 있어야 하며, 또한 그런 제한 속에서 이야기가 계속될 수 있는 무수히 많은 방법이 있어야 한다."(덕의 상실, 318)

(3) 살아 있는 전통

매킨타이어는 "나의 현재의 존재는 본질적인 부분에 있어서 내가 물려받은 존재"로서, 나는 인정하든 인정하지 않든 "전통의 담지자" 중의 한 사람이라고 한다(덕의 상실, 326). 전통은 사회적 유산의 핵심으로 구성원 자격의 요소가 된다. 매킨타이어는 개인의 삶의 역사는 공동체의 역사 속에 편입되어 있다고 본다. 이는 전통의 이해에 대한 전제이다. 전통은 일련의 실행으로 이루어지는 것으로, 그런 실행들이 형성되게 하고 또 세대를 통해 전승되게 하는 매개체이다. 구성원은 이런 전통을 이해해야 한다. 전통은 한 공동체 내에 역사적으로 이어져오는 서사적인 덕의 실천이 된다. 전통에 속한다는 것은 단순히 전통 속에서 드러나는 도덕적 특수성을 수용해야 한다는 것을 말하는 것은 아니다. 왜냐하면 전통은 끊임없는 비판과 도전에 열려져 있기 때문이다. 전통은 항상 논쟁의 대상이 된다. 전통의 발전은 그 특수성을 배제하는 방식으로 이루어지는 것이 아니라, 그 한계를 비판하고 극복함으로 이루어진다. 이는 살아 있는 전통이다.

"살아 있는 전통은 역사적으로 확장되고 사회적으로 구현된 논증이다. 그것도 부분적으로는 이러한 전통을 구성하는 선들에 관한 논증이다. 한 전통속에서 선들의 추구는 대대로 이어지고, 경우에 따라서는 여러 세대를 거쳐 이어진다. 그렇기 때문에 자신의 선에 대한 개인의 추구는 일반적으로 그리고 특징적으로—개인의 삶이 그것의 한 부분을 이루는—전통에 의해서 정의된 하나의 콘텍스트 안에서 이루어진다. 그리고 이러한 사실은 실천에 내재하는 선들뿐만 아니라 개인적 삶의 선들에도 타당하다."(덕의 상실, 327~328).

롤즈는 옳음이 선보다 우선한다고 본다. 그러나 매킨타이어는 옳음이 선보다 우선한다고 보는 것은 가정에 불과하고, 오히려 개인의 가치와 선이 옳음보다 우선한다고 본다. 좋음(good)은 바로 개인의 삶의 정체성을 결정한다. 개인에게 있어서 선이란 결국 한 공동체 내에서의 구체적 역할로 규정된다. 이 공동체적 역할에서 선은 도덕적 관점을 형성하게 해준다. 이런 덕에 대한 이해는 자유주의 윤리학에서 덕을 다만 규칙이나 원리로 보는 것과는 다르다. 매킨타이어는 인간의 덕의 실현과 일관된 덕의 윤리를 통하여 도덕적 위기와 혼란을 극복할 수 있다고 본다.

5. 테일러의 비판

인간은 그 존재 이후에 단일한 문화를 이루며 살아온 것이 아니라, 언어에서부터 시작하여(성경에서 바벨탑 사건을 든다면), 다양한 지역에서 문화를 발전시켜왔다. 이로써 다원주의사회, 다문화를 언급하게 되었다. 다수민족으로 구성되는 민족국가나, 이주자로 구성되는 사회에서 어떻게 소수자와 그들의 문화를 유지하는가 하는 문제가 발생하게 된다.

테일러(Charles Taylor, 1931~)는 이와 같은 소수민족, 이주, 차별의 문제를 다루고 있다. 테일러는 '우리의 정체성이 부분적으로 인정 또는 불인정에 의해 결정되며, 그래서 한 개인이나 그룹은 자신의 주변 환경이나 또 그 사회가 제한적인 가치를 평가절하하거나 경멸하는 태도를 갖게 될 때에 손상과 왜곡(deformation)을 경험하게 된다'고 본다.[114](Taylor 1994, 13f.) 테일러는 이에 대한 예로 가령 페미니스트 이론, 흑인들에 대한 차별과 시민운동, 식민주의 결과 등을 예를 들고 있다.

테일러의 인간이해는 근대의 계약설에 기초한 원자적인 인간상이 아니라 '사회적 인간관'에 기초한다. 근대 계약설은 인간은 사회적 구속에서

---

114) Charles Taylor, in Charles Taylor(et al.) The Politics of Recognition, examining the politics of recognition, Princeton University Press, 1994.

벗어나 독립된 개별적 주체로서 개인적 권리를 갖게 된다고 본다. 이와 달리 테일러는 사회적 인간관에 따라 인간은 사회를 벗어나 고립되어서 존재할 수 없으며, 그 공동체에서 자신의 목표를 달성하며, 자신의 권리를 가질 수 있다고 본다. 개인의 존재와 자아의 정체성은 그가 속한 가족, 계급, 국가 등의 가치와 신념을 통해서 형성된다. 이러한 일종의 공간은 자신의 정체성을 확인하여 주며, 가치를 판단하여 주는 도덕적 정향의 역할을 한다. 인간은 나의 자아를 이해하고 구성하는 타인들과의 다양한 대화와 연결망(web of interlocution)을 통하여 자기 해석이 가능하게 된다.115) 즉 '사회적 존재'로서이다. 개인의 정체성은 그가 속한 집단에서 생성되며, 개인의 정체성은 독립적으로 형성될 수 없다. 이러한 인간에 대한 이해는 인간을 개별적이고 독립적이며 자율적으로 이해하는 전통의 자유주의 견해와는 다르다. 테일러에게는 정체성, 진정성(authenticityt), 인정, 가치존재 등이 중요한 개념이 된다.

진정성과 관련하여 테일러는 인간존재의 '대화적인 특성'을 강조한다. 이런 대화에서 중심은 언어이다.116) 언어를 사용하여 사람들은 환경과 상호작용을 한다. 이런 상호작용에서 정체성이 무엇인가 질문을 한다. 정체성은 그에 따르면 우리의 기호, 선호도, 의견 또는 노력이 의미를 갖게 되는 공간으로 정의된다. 그러므로 정체성은 당연히 대화적일 수밖에 없다. 그러므로 인정의 문제는 매우 중요한 의미를 더하게 된다. 개인의 정체성은 그가 속한 사회적 카테고리를 통해서 보장되기 때문이다.

우리는 우리 자신의 정체성을 확립하기 위해서 타인에 의한 승인이 필요하다. 즉 우리의 정체는 타인들과의 대화를 통해 그들이 동의해 주거

---

115) Charles Taylor, Sources of the self, Cambridge Universit Press, 1990, 34f.
116) 홍성우, 자아의 정체성과 도덕적 선의 관련성 문제: 찰스 테일러의 견해를 중심으로, 범한철학 제25집, 2002, 163~188(173).

나 아니면 투쟁하면서 얻게 된다. 명예(honour)는 특권으로 몇 명에게 허용되지만, 존엄성(dignity)은 보편적·평등적 가치로서 민주적 사회와 공존이 가능하다. 이러한 승인의 주제는 헤겔에서 발견할 수 있다고 테일러는 말한다. 승인과 반대되는 무시는 인격에 심각한 손상을 준다. 인간에게 요구되는 것은 바로 인간의 존엄성에 대한 적절한 승인이 된다. 명예는 주어진 사회체제 내에서 사회적 신분과 연결되어 있다. 명예로부터 승인에로의 요구는 그 기초가 되는 사회질서의 붕괴를 요구한다.117) 이런 명예를 테일러는 인간존엄으로 해석하며, 인간존엄은 서구 민주주의 문화에 중요한 부분을 형성한다.

개인의 정체성의 이해에서 18세기에 발전한 도덕적 이해에서 진정성의 개념을 사용하고 있다. '진정하다'(authentic) 혹은 '진짜'라는 것은 먼저 '독립적'임을 뜻한다. 반면 '가짜'는 진짜에 의존하여 그것을 모방한 것이다. 따라서 '자기 진정성'(self-authenticity)은 자아가 독립성, 독자성을 갖는 것이 된다. 이는 '사회적 원자주의'나 '극단적 자기 중심주의' 등이 아니라 한 개인이 자율성을 가지고 자기 독립적으로 행동하는 개인주의를 말한다(백훈승, 365). 이런 개인의 정체성에서 중요 결정적인 요소는 '모든 인간은 자신의 고유성'을 갖는다는 것이다. 진정성은 '자신이 자신으로서 그리고 자신의 존재로서' 존재하는 것이 된다. 그럼 어떻게 인간이 자신의 진정성을 가질 수 있는가라는 질문이 제기된다. 가령 문화적인 특별성이 보장되지 않거나, 또는 자신의 문화적 사용이 제한되거나 금지되는 경우이다.

테일러에 따르면 문화의 소수민족에 속한 자는 그 사회를 통해 충분히 인정되어야 한다. 개인의 정체성에서 중요한 것은 상호인정(recognition)

---

117) 백훈승, 찰스 테일러와 헤겔에 있어서 자아정체성 및 공동체의 형성에 관한 연구, 철학연구 제100집, 2006, 355~383(365).

이다. 테일러는 『The Politics of Recognition』(인정의 정치)[118]에서 보편적인 동등한 인간의 존엄의 정치(politics of equal dignity)에 기초한 인정(recognition, Anerkennung)을 주장한다. 그는 평등한 인간의 존엄 인정의 정치(politics of equal dignity)의 근거를 루소, 칸트의 사상에서 찾을 수 있다고보며, 인정대화(discourse of recognition)의 창안자로 루소를 들고 있다(Charles 1994, 49). 루소는 모든 사람에 대한 동등한 존중을 보장하는 인간의 존엄을 통한 일치를 강조함으로써 동등한 존엄의 새로운 정책(new politics of equal dignity)을 제시하였다고 본다.

테일러는 정치를 보편적인 정치와 차이를 강조하는 정치로 구별하면서 차이의 정치가 지금까지 개인이나 집단의 독특한 정체성을 승인하고인정하지 못하였다고 보았다.[119] 다문화주의의 정치철학적 논리에서 보면 테일러의 "인정의 정치학"은 정체성이나 문화의 다양성에 대한 인정을 핵심으로 한다. 이는 문화적 부정의의 해결을 목표로 한다는 의미에서 재분배 정치와는 다르다. 재분배의 정치학은 사회·경제적 위계구조(socio-economic hierarchy)에서 야기되는 경제적 착취, 배제, 주변화, 기회박탈 등과 같은 사회·경제적 부정의(socio-economic injustice) 해소를 목표한다(송재룡 2009, 90). 인정의 정치학은 한 사회 내의 다양한 신분 집단— 특히 소수자 신분 집단 — 에 존중, 존경, 품위를 부여하고 그들 각각의 집단적 정체와 차이를 인정하고 수용하고 있다는 점에서 "차이의 정치학"(politics of difference) 또는 "동등 존엄성의 정치학"(politics of equal dignity)으로도 불린다(송재룡, 93). 차이의 정치학은 2등의 시민계급을 거부하며, 인정의 정치는 우주적 존엄의 정치에서 성장한다(Charles 1994, 39).

---

118) Charles Taylor, in Charles Taylor(et al.), The Politics of Recognition, examining the politics of recognition, Princeton University Press, 1994.
119) 송재룡, 다문화주의와 인정의 정치학, 그리고 그 너머: 찰스 테일러를 중심으로, 사회이론 제35호, 2009, 79~105(90).

인정의 정치학이 성립하기 위해서는 '상호주관적 관계의 보편주의적 요구'가 현실적으로 실천(작동)되어야 한다는 대전제가 있다(송재룡, 83~95). 이는 윤리적인 요청이 아닌 사회적 규범으로서 작동되는 것이다. 개인이 속한 특정한 집단에 대한 인정이 바로 개인의 정체성 인정이 되기 때문이다.

상호인정은 다수자 문화의 소수자 문화에 대한 인정으로 귀결된다. 그러나 모든 개인에 대한 법적인 동등성, 평등과 정의의 원리를 따른 서유럽 자유주의 국가도 실제로는 이런 인정을 충분하게 보장하지 못한다고 본다. 왜냐하면 이런 사회모델에서 소수민족의 문화는 다수 문화에 동화되는 압력을 받기 때문이다. 자유주의 사회의 현실에서 볼 때 인간을 동등하게 대우해야 한다는 원리가 인간의 권리를 진정으로 보호할 수 있는가 의문시된다. 기본권에서 중립을 취하는 사회체계도 실제로는 다수자의 권리를 선호하여 주기 때문에, 차별적일 수 있다. 가령 일요일을 휴일로 정하는 것은 다수의 기독교인을 선호해주는 것으로 해석된다. 마찬가지로 학교 의무제도는 집시(Sinti, Roma)등에는 불이익이 된다.

따라서 다수자의 문화에 대한 소수자는 차별을 받을 수밖에 없다. 이러한 차별을 시정하기 위한 변화된 사회제도가 필요하다고 본다. 가령 자유와 기본권리 등 기본권을 동일하게 보장을 하지만, 소수자에게 있어 특별한 권리를 더 보장하여 주는 것이다. 가령 소수민족의 언어도 공용어로 지정하는 것이다.

테일러가 문화의 보호와 유지를 정당화하는 것은 이로써 개인들이 자신들의 정체성과 인간으로서의 진정성을 가질 수 있기 때문이다. 다수 문화를 통한 동화의 압력으로 또는 다른 어떤 이유 등을 통해서 소수자의 정체성의 바탕이 박탈된다면 인간존엄의 존재도 이와 더불어 제한된다.

공동체주의적 입장을 갖는 테일러에서 볼 때, 사회를 단순한 개인의 총합으로 보는 자유주의는 반사회적 개인주의로서 비판된다. 또한 도덕을 주관적인 이해와 욕구에 따른 선호로 보는 도덕적 주관주의는 공동체에 대한 선을 고려하지 않기 때문에 부정될 수밖에 없다. 그는 롤즈의 정의론은 개인의 사회적 공동체적 특성과 맥락을 고려하지 않는다고 비판한다.

6. 왈쩌의 비판

공동체주의자들은 롤즈가 공동체가 개별적으로 가지는 문화적 특수성을 제대로 고려하지 못한다고 본다. 이들이 말한 바로는 공동체의 개별성과 차이는 각 공동체가 가지는 공동체의 특수성에 대한 관용의 정신을 상징한다. 공동체주의자들에게 관용은 차이가 있음을 인정하는 정신이다.

마이클 왈쩌(Michael Walzer, 1935~)는 공동체주의 입장에서 롤즈를 비판한다.[120] 왈쩌는 인간 공동체로서 사회를 자율적인 다양한 영역을 가진 세계로 본다. 사회는 상품을 생산하며 분배하는 공동체(Verteilungsgemeinschaft)이다. 왈쩌에 따르면 오늘날 시민사회는 다양한 그룹이나 조직들로 구성되며, 이들은 사회 내에서 서로 다른 결속과 갈등의 영역을 갖는다. 자유민주주의 국가에서 문화의 다양성과 다양한 그룹이 역동성을 갖기 위해서는 시민사회는 국가가 지원하는 공간을 가지고 있어야 한다. 사회적 삶은 사회와 단체들이 지속가능할 때에 발전하게 된다. 이러한 활동공간과 조건들을 만들어주기 위해서 각기 서로 다른 단체들은 그들 나름의 유형의 삶을 가져야 한다. 이는 가령 서로 간의 독립되며 분리된 영역이 된다.

정치공동체의 구성원은 '분배의 정의'와 관련을 맺고 있다. 왈쩌는 분배의 정의를 다루면서, 다원주의로 구성된 사회는 그 각 영역에 맞는

---

120) Michael Walzer, Spheres of Justice, A Defense of Pluralism and Equality, 1983(정의와 다원적 평등: 정의의 영역들, 정원섭 외 역, 철학과 현실사, 1999).

정의 개념을 가지고 있어, 이에 따라 분배되어야 한다고 본다. 이와 같은 다양한 자율적인 영역으로서 사회의 분리, 각각 서로 다른 분배의 모델을 갖는다는 것은, 왈쩌에게 있어 정의개념과 복합적 평등의 기본전제이다. 그가 볼 때 사회적 재화를 한 가지의 단일기준으로 분배할 수 있다는 것은 환상에 지나지 않는다. '다원적(복합) 평등'(complex equality)은 '사회적 재화가 각 영역의 사회적 조건에 따라 분배될 때' 가능하다.

"사람들이 가치들을 구상하고 창출하며, 또한 이렇게 구상되고 창출된 가치들을 서로서로 분배한다."(정의와 다원적 평등, 35)

상이한 가치를 상이한 이유에 따라서 분배하고, 분배되는 가치들의 사회적 의미가 독특하게 구별될 때, 정의로운 분배는 그 사회적 가치들과 분배기준이 적용되는 영역의 자율성을 보장한다. 복합평등은 돈, 권력 등 지배적인 사회적 재화와 가치를 동일하게 나누려는 단순평등(simple equality)의 근시안적인 생각과 전체주의적 함축성을 경계한다.121)

모든 재화는 고유한 사회적 의미와 가치를 가진다. 사회적 재화를 이야기할 때 이는 단지 물질이나 어떤 이용 가능한 사물만을 의미하지 않는다. 사회적 재화에는 권력, 공직, 노동에의 접근, 복지와 안전의 보장, 공공적 인정, 종교행사의 자유, 교육, 양육, 오락의 보장 등도 모두 포함된다. 정치영역에서는 권력, 경제 영역에는 부, 교육영역에는 명예, 예술 영역에는 미와 창조라는 가치가 있다. 이런 재화의 차이, 절차의 차이, 분배 주체의 차이는 역사적이며 문화적인 특수성에 따른 산물이라고 왈쩌는 본다. 왜냐하면, 한 사회에 있어 재화는 무(無)에서 창조되는 것이 아니라, 공동체의 구성원들 가운데서 창조되는 것이기 때문에, 재화와 선은 당연히 사회적 성격을 가진다.

---

121) 박정순, 공동체주의적 사회비판의 가능성: 마이클 왈쩌의 논의를 중심으로, 범한철학 제30집, 2003, 211~247(217).

왈쩌는 롤즈의 정의론에서 주장하는 원초적 상황과 무지의 베일이란 이상적인 합리주의 사람들로 계산하며, 자신들의 상황을 모르며 자신들이 원하는 특수적인 주장을 할 수 없는 것으로 본다. 이런 추상적으로 고립된 상태에서 선택되는 사회적 재화는 결국 그 고립된 개인에게는 아무런 의미도 없는 것이 된다. 왜냐하면 사회 공동체의 맥락과 무관하게 선택되는 것이기 때문이다. 공동체주의 입장에서 볼 때, 무지의 장막 뒤에서 당사자들이 합의에 이르며, 특수한 이익에서 벗어난다는 것은 불가능하다. 롤즈의 정의는 사회의 기본적 재화를 정해진 것으로 보며, 이를 공정한 절차에 의해 분배되도록 하는 것으로 본다. 그러나 사회의 각 재화는 동일한 가치를 가진 것이 아니고 영역별로 달라질 수 있다.

그래서 롤즈의 단일한 추상적인 분배의 원리는 구체적이며 특수한 재화의 분배의 문제에 적용하는 것은 불가능하다. 왈쩌는 단순 평등개념 또한 현실적이지 못하다고 비판한다. 가령 사회에서 물질적 자원을 평등하게 분배하면 과연 정의가 실현될 수 있을까. 단순평등체제는 장기간 지속될 수 없다. 왜냐하면 자원을 동일한 수준으로 분배해도(단순 평등), 사람들은 시장에서 교환을 하는 동안 손해, 이익, 상속 등 여러 사안들로 인하여 다시금 불평등이 나타나게 되기 때문이다. 단순평등을 유지하기 위해서는 국가의 개입이 요청되고, 관료주의적 정치권력은 다시 투쟁의 대상이 된다.

왈쩌가 볼 때 사회적 불평등과 부정의는 한 영역의 가치가 다른 영역에 침투하여, 그 영역의 가치를 왜곡하는 경우이다. 이는 한 영역에서의 지배적인 위치가 타영역으로 전환되어 침투하여 그 영역을 지배하는 것이다. 이미 마르크스는 경제의 물질을 통한 전체사회구조의 지배를 이데올로기화한 적이 있다.

왈쩌의 관심은 독점의 문제보다 지배의 문제에 있다. 오늘날 경제에서 재화의 가치인 돈으로 정치영역에서 권력을 매수하거나, 교육에서 명예를 얻거나 하는 경우를 볼 수 있다. 재산이나 권력 또는 명예와 같이 사회적으로 중요한 특정 가치를 소유한 일부 사람들이 그 가치 이외에 사회의 다른 영역에 속한 가치까지 모두 장악할 수 있는 상황, 즉 지배와 독점은 정의로운 상태가 결코 아니다. 그러므로 왈쩌가 볼 때 가장 심각한 문제는 경제에서 그 '부'라는 재화가 모든 영역으로 침투해 들어가는 것이다. 개인수준에서 사랑이 사랑으로 교환되지 않고 돈으로 교환되는 것, 환자의 질병치료를 질병에서 오는 필요가 아니라 돈의 적고 많음에서, 관직에의 선발이 그에 합당한 자질을 갖추었는지에 대한 응분의 몫이 아니라 권력, 돈이나 신분세습을 통해서 이루어진 경우 등이다.

"어떠한 사회적 가치 x도, x의 의미와는 상관없이 단지 누군가가 다른 가치 y를 가지고 있다는 이유만으로 y를 소유한 사람들에게 분배되어서는 안 된다."(정의와 다원적 평등, 57)

분배의 원리	기준과 근거	분배영역
제1원리	자유교환(free exchange)	돈과 상품
제2원리	응분의 몫(desert)	사회적 인정
제3원리	필요(need)	안전과 복지

■ 왈쩌의 분배원리

사회적 평등은 각 영역에서 그 고유의 가치가 자신의 영역에 머무는 것이다. 각 공동체에 적절한 사회 정의의 원칙들은 그 공동체의 특별히 공유된 가치들로부터 도출된다. 자본주의가 지배하는 사회에서 돈이 모든 영역을 지배하게 되면, 그 사회의 다양성은 소멸되며, 인간의 삶은 돈에

굴복하거나 매이는 비굴함을 당하게 된다.

"인간이 인간답게 되는 것, 그리고 세계에 대한 인간의 관계가 진정으로 인간적인 관계가 되는 것에 대해 한번 생각해보자. 이때 사랑은 사랑으로만 교환될 수 있으며, 신의는 신의로만 교환 될 수 있다."(정의와 다원적 평등, 55)

왈쩌가 볼 때, 롤즈의 정의론은 우주적(universalism)인 적용을 계획하고 있기 때문에, 서로 다른 가치와 문화가 실행되는 곳에서의 적용은 실패할 수밖에 없다고 본다. 왈쩌가 내세우는 다원적 평등은 사회의 각 영역은 자신의 영역에 머물러 있어야 하며, 영역 간의 가치 평등이 유지되어야 한다. 모든 사회적 가치들, 그리고 모든 개별 사회의 분배 영역에서 기준들이 존재한다. 그런데 권력 있는 자들이 이런 기준들을 종종 침해하고, 영역들을 침범한다. 왈쩌는 충실한 영역방어야말로 사회를 정의롭게 만드는 관건이라고 지적한다. 반면 자유주의자들은 왈쩌의 공동체주의가 방법론적으로 상대주의적이고 보수적이라고 비판한다. 가령 다양한 문화와 삶의 방식에 관한 관용으로 인하여, 공동체주의가 카스트제도의 부정의한 것을 비판하지 못하는 경우이다. 공동체주의는 그 실현에서 비현실적이며 불평등의 존속을 옹호한다. 그럼에도 개별적 분배영역과 자율성의 강조는, 다원화가 미진한 전근대적인 사회에서는 '분리의 미학'으로 그만큼 의미가 있다 하겠다(박정순, 240).

7. 롤즈의 답변 — 정치적 자유주의

롤즈의 『정의론』을 둘러싼 많은 논쟁과 비판이 있었다. 차등의 원칙, 기본 가치, 분배 정의 등에 관해 셀 수 없는 논문들이 나왔다. 예로 다음과 같은 비판과 질문이 있다.

- 롤즈가 내세우는 기본 가치가 행복이나 복지보다 우선한다는 주장이 옳은가, 혹은 다른 기준이 훨씬 나은가?
- 우리의 관심을 최소 혜택 집단에 우선해서 두어야 하는가, 아니면 평등을 이루는 것에 두어야 하는가, 혹은 모두의 충분한 복지 수준을 이루는 것에 두어야 하는가?
- 롤즈의 원초적 상태가 홍수나 자연 재해 같은 파국적 상태나 결핍을 그 바탕으로 하고 있다면, 무지의 베일에서 합의가 이루어지겠는가? 누구나 먼저 살고자 보트에 먼저 타려고 하지 않을까?
- 공정으로서의 정의가 다문화적 권리를 인식해야 하는가?
- 공정으로서의 정의가 민주적 참여에 충분히 우세한 위치를 점하고 있는가? 우리가 반드시 기본구조를 정의의 진정한 주제로 봐야 하는가? 가령 정의롭지만 가난한 사회보다는 정의롭지 않더라도 경제적 안정을 보장하는 사회를 택할 수도 있지 않은가? 다시 말해 독재 복지국가를 더 선호할 수도 있지 않은가?
- 과연 국가가 정치적인 행위에서 중립성(neutrality)을 가질 수 있는지, 또 중립성을 가져야 하는가? 중립적인 모델에 만족하는 사람은 그리 많지 않다.
- 원초적 상태는 당사자들의 복잡한 심리적인 상태를 완전하게 반영하지 못한다는 비판이 있다. 가령 이성적 욕구를 충족시키는 것이 곧 선이며, 선이 행복이라는 롤즈의 생각에 대해서, 행복은 정의와 다른 차원을 갖는다는 비판이다. 가장 행복하게 사는 나라는 유럽의 사회복지 국가들이 아니라 남태평양의 작은 섬인 바누아투라나 코스타리카, 히말라야 부탄이 언급된다(물론 사회복지 수준을 기준으로 하면 서유럽 국가가 상위를 차지한다).

• 한 나라는 원초적 상태의 당사자들이 과연 선에 대한 개념을 가지고 사회를 디자인할 수 있는 이성을 가졌는지에 대한 비판도 있다. 롤즈의 원초적 입장에 참여하는 당사자들이 과연 그가 주장하는 것만큼 실제로 현명하며 이성적인가 하는 점이다.

• 롤즈의 정의론이 우주적인, 보편적인 적용성을 가지는가에 대한 의문도 있다. 가령 원초적 상태를 지역이나 나라들 간에 적용하는 것이다. 부유한 나라들은 자신의 잉여를 다른 나라나 가난한 나라에 나누어주는 것보다 자신들의 국민에게 나누어주는 것에 더 쉽게 동의하는 것이 현실이다.

롤즈는 『정의론』을 둘러싼 쟁점들과 비판에 대해 『정치적 자유주의』(Political Liberalism)를 통해 답을 하였다. 책 『정치적 자유주의』는 3부로 나뉘어져 있다.

• 제1부 정치적 자유주의: 기본 요소들
• 제2부 정치적 자유주의: 세 가지 주요 개념들
• 제3부 제도적 틀

『정치적 자유주의』는 『정의론』에 대한 어떤 기본적인 수정을 가하는 것이 아니라 몇 가지 비판에 대하여 보완 내지 수정적 답변을 준다. 가령 다원성 인정과 '중첩적 합의'(overlapping consensus), '공적 이성'(public reason) 개념 도입이다.

1) 중첩적 합의

롤즈가 『정의론』을 집필하였을 당시에는 중첩적 합의에 대한 개념은 명확히 제시되지 못하였다. 롤즈는 『정의론』에서 공리주의에 대한 체계적인 이론적 대안을 제시하며, 어떻게 다른지를 보여주는 것이 목표였다면, 『정치적 자유주의』에서는 자신이 제시한 정의원칙들이 어떻게 합당한 다원주의 사회 속에서 안정적으로 작동할 수 있는가를 보여주고자 하였다.[122]

중첩적 합의의 요지는 만장일치는 아니지만, 다원주의 입장을 수용하며, 최대한 합의를 위한 공통분모를 찾아 나가야 한다는 것이다. 이는 원초적 입장이 너무 비현실적이라는 비판을 수용한 것이다. 롤즈는 시민들은 '공적 이성'에 의존함으로써 정치적 영역에서의 합의를 이룰 수 있다고 보았다.

오늘날 자유주의 사회에는 종교적 · 도덕적 · 철학적으로 포괄적인 신념이 서로 다른 자들이 함께 살아가며, 서로 다른 환경이나 사회적 가치가 공존한다. 이런 서로 다른 가치관을 가진 사람들이 어떻게 공존할 수 있는가에 대한 매우 중요한 질문이 제기된다. 이런 신념의 충돌은 가령 17세기 후반에 유럽사회를 황폐시킨 30년간의 종교전쟁이 있다. 여기서 나오는 질문은 가령 '상이한 믿음을 가진 자들 사이에 사회는 어떻게 가능한가?'이다.

롤즈는 『정치적 자유주의』에서 그 해답을 '정치적인 것'을 만드는 것으로 제시한다. '정치적인 것'이란 서로 다른 신념의 체계를 가진 사람들 간에 공정한 협동의 조건을 만드는 것이 된다. 이는 사회가 협력체계가 됨으로서 서로 다른 신념들이 공존하게 하는 것이다. "정치적 자유주의는 합당한 다원주의, 즉 종교적 · 비종교적 교리들을 포함하는 포괄적 교리들이 존재하는 다원주의를 현실로 받아들인다"(정치적 자유주의, xxxi). 즉, 정치적 자유주의는 각각 자신의 고유한 선관을 지닌 합당하지만 상충적인

---

122) 정훈, 중첩적 합의와 공리주의: 셰플러에 대한 반론, 철학 제103집, 2010, 275~312(293).

포괄적인 교리들이 얼마든지 존재하고 있으며, 각각의 선관은 정치적 정의관의 자원으로 확인될 수 있는 한, 인간이성의 완전한 합리성과 양립할 수 있다고 여긴다(정치적 자유주의, 167).

롤즈는 정치적 합의의 가능성에 대해 '반성적 균형'(reflective equilibrium)과 '중첩적 합의'(overlapping consensus)의 방식을 취하고 있다. '반성적 균형'은 이미 『정의론』에서 보여주듯이 서로의 의견의 오류를 수정해 나감으로써 점차적으로 균형상태에 도달해가는 일련의 인식론적 과정이다. '중첩적 합의'는 정치적 합의의 단계에서 시민들이 자신들의 '이론적 이성'이 아닌 '실천적 이성'을 활용하여 합의하는 방식을 의미한다. '중첩적 합의'는 현실속에서 이성적인 시민들 사이에서 수용되는 상태가 된다. 특정한 당파적 교리를 자신의 이론적 근거로 삼는 정의관은 이런 중첩적 합의를 통과하지 못한다.

중첩적 합의는 '잠정적 타협'과는 다르다. 중첩적 합의는 개인 혹은 집단적 이익의 절충에 근거한 특정한 권위를 수용하거나 특정의 제도적 질서를 수용하여 합의하는 것은 아니다. 중첩적 합의는 합의의 목적 자체가 도덕적 관점을 가지며 합의는 도덕적 근거에서 수용된다. 그러므로 중첩적 합의는 사회관과 인격체로서의 시민관뿐만 아니라, 정의의 원칙들과 정치적 덕목들에 대한 설명을 포함한다(정치적 자유주의, 183). 이는 가령 헌법적 합의(constitutional consensus)에서 볼 수 있다.

중첩적 합의에 이르는 단계를 보자. 사회가 협력체계가 되려면 1) 개인들은 자신들의 포괄적인 신념을 정치적 장에서는 주장하지 않아야 한다. 가령 기독교, 불교, 이슬람교의 종교적 신념을 가진 사람들은 정치적 장에서는 자신들의 신념을 내려놓아야 한다. 정치적 장에서는 개인들이 가진 종교적 신념을 주장해서는 안 된다. 또한 개인들은 누구에게나 치우치지 않는 협력조건을 정치적 장에서 합의해야 한다. 이는 첫째로 기본적 자유의 평등이고, 둘째로 기회균등과 차등원리의 적용으로 나타난다. 2) 이러한 합의는 신념을 가진 모든 사람들이 공통적으로 지지할 수 있어야 된다. 이로써 모든 신념들이 인정할 수 있는 '중첩적 합의'가 만들어진다.

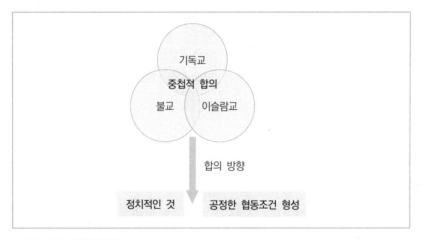

■ 종교에서 중첩적 합의

2) 공적 이성

시민들은 서로 다른 종교적·사회적 가치, 도덕적 태도와 신념을 갖는다. 모든 이성이 공적 이성이 될 수 없다. 공적 이성은 민주적인 사람들의 특징으로서 동등한 시민의 자격을 가지고 있는 사람들의 이성(시민들의 이성)이다. 공적 이성은 다원적인 자유민주주의 체계에서 어떻게 사회 구성원들로 하여금 집단적으로 구속하는 결정을 이끌어내며, 그 근거가 무엇이어야 하는가의 질문을 갖고 있다.

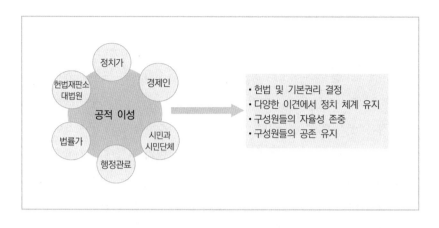

공적 이성이라는 개념은 광범위한 의미에서 자유주의적이라고 말하는 정치적 정의관의 일부분이다. 공적 이성은 질서정연한 입헌 민주 사회에 속하며, 민주사회의 시민들이 가져야 하는 이성적 판단으로서 민주적 시민정신의 이상(the ideal of democratic citizenship)이다. 공적 이성은 비(非)공적 이성에서 차이가 드러난다. 비공적 이성은 많지만, 공적 이성은 하나밖에 없다. 비공적 이성(no-public reason)에는 가령 교회, 대학, 학회, 전문가 집단과 같은 모든 종류의 협회들의 이성이 있다(정치적 자유주의, 263). 이런 조직의 결정은 그 조직 내에 효력이 한정된다. 비공적 이성은 시민 사회의 많은 이성들로 구성되어 있으며, 이러한 이성들은 사회적 이성이 되며, 공적 이성과는 다르다.

공적 이성은 다음의 세 가지 점에서 공적이다.

"첫째, 시민의 이성 그 자체로서의 공중의 이성이다.

둘째, 그 주제가 공중의 선과 근본적인 정의의 문제들이라는 것이다.

셋째, 그 본질적 성격과 내용이 사회의 정치적 정의관에 의해 표현된 이상과 원칙에 의하여 주어지고, 이것에 입각하여 공개적으로 검토되어 행해지기 때문에, 공적이다."(정치적 자유주의, 263)

공적 이성은 발현되는 근거의 법과 제도를 근간으로 한 평등한 시민들의 이성이다. 공적 이성의 이상(the ideal of public reason)은 시민들이 공적 토론(forum)을 정치적으로 옹호하는 일에 관계할 때 시민들에게 유효한 것이다(정치적 자유주의, 266). 그러므로 영웅의 정치, 왕도에 의한 정치에 따른 결정은 공적 이성의 근거가 되지 못한다. 특정한 종교 공동체나 세속 조직에 속하거나, 또는 속하지 않은 사람들 사이의 관계에서 전체적 진리(whole truth)를 위해 끊이지 않는 투쟁이 있을 수 있다. 그러나 전체적 진리를 정치에서 구현하려는 열정은, 민주적 시민성에 속하는 공적 이성이라는 이념과 양립불가능하다. 단일한 진리를 정치에 실현하려는 것은 민주적 시민권과 양립할 수 없다.

예로 현대사회의 문제 중의 하나로 낙태가 있다. 국가가 낙태를 전면 금지하는 법을 만들려고 한다고 보자. 이때 국가가 이 법의 근거로 종교적인 이유를 들어 ― 가령 십계명에서 "살인하지 말라" ― 통과시키려 한다면 이는 공적 이성에 의한 정당화가 되지 못한다. 왜냐하면 이는 종교적인 신념에 근거한 포괄적 교설(가르침)이며, 사람들은(가령 무신론자) 이런 정당화에 동의하지 않는다. 그러므로 포괄적 교설이 아닌 공적 이성을 통해서 정치적 정의관이 정당화되어야 한다.

공적 이성이 갖는 주 관심사는 공공선과 구성원 전체에 해당하는 사회의 근본적인 문제가 된다. 무엇이 공공선인지, 사회 재화를 어떻게 분배할 것인지 등을 결정하는 것이 공적 이성의 대상이 된다. 그러므로 환경 문제와 같이 모든 정치적인 문제가 공적 이성의 대상이 되지 않는다. 헌법의 본질적 요건과 기본적 정의의 문제에 관한 기본구조는 모든 시민들을 통해 정당화될 수 있어야 한다. 정치적 자유주의도 하나의 견해이며, 공적 이성은 정의의 원칙을 결정하고 동의하며 공유한다. 공적 이성은 논리적으로 중첩적 합의 이후에 나타나는 정당화가 된다. 공적 이성은 다양한 이념을 가진 시민들 사이에서 발생하는 정치적 문제들을 해결하는 기준의 역할을 한다. 중첩적 합의라는 메커니즘은 공적 이성에 논리적으로 선행한다.[123] 공적 이성은 신념이 다른 구성원들과의 공존이 목표가 된다.

---

123) 김은희, 롤즈의 공적 이성 개념의 한계와 중첩적 합의 개념의 재조명, 철학 제103집, 2010, 241~274(267~268).

제4장 맺는말: 나의 선택과 참여

나쁜 정부와
정의

  1) 암브로조 로렌제티의 알레고리 좋은 정부에서는 통치자인 집정관 아래에 6개의 통치 수단과 가치가 그려져 있다. 먼저 집정관 오른쪽에는 평화(Peace), 용기(Fortitude), 분별(Prudence)이 있다. 집정관 왼쪽에는 관대(Magnanimity), 절제(Temperance), 정의(Justice)가 있다. 이와 대조되는 나쁜 정부에서는 전제군주하에 마찬가지로 6개의 통치수단과 원리가 그려져 있다. 이는 잔인(Cruelty), 배반(Deceit) 사기(Fraud)가 오른쪽에 위치하고, 왼쪽에 분노(Fury), 분열(Division), 전쟁(War)이 있다.

  로렌제티가 알레고리에서 보여주고자 한 좋은 정부란, 믿음과 소망과 사랑을 추구하고, 정치의 모든 행동은 정의와 용기와 절제를 따르며, 분별과 관대에 기반을 두고, 평화를 추구하는 것이어야 한다.

  좋은 정부는 정의를 실천하는 정부이다. 정의는 정부뿐만 아니라, 사회 전체를 주도한다. 사회적으로 가장 중요한 정의는 분배와 공평한 교환의 정의이다. 이런 정의에 바탕을 둔 권력은 조화를 이루어내며, 시민들에게 공유되고, 사회통합을 이룬다. 이는 롤즈가 말하는 '질서정연한 사회'

의 모습이기도 하다.

정의로운 정치가 펼쳐지는 좋은 정부에서 사람들은 서로 존중하고 기쁨과 보람의 삶을 살아간다. 반면 전제군주가 독재적으로 다스리는 '나쁜 정부'에서는 자유로운 사람은 그 전제 군주뿐이다. 백성은 두려움 속에서 살아간다. 사회 곳곳에 잔인함이 지배하고 배반과 사기, 분노와 분열, 그리고 전쟁이 일상이 된다.

좋은 정부에서 정의는 두 번이나 강조되어 있다. 시 정부의 통치구조에서, 다시 사회 전체의 구조에서이다. 그러나 전제 군주의 통치에서는 정의는 어떤가? 전제 군주의 통치에서 정의는 포승에 묶여 바닥에 내팽겨져 있다. 전제 정치에서 정의가 차지하는 자리는 없다. 또한 좋은 정부와 나쁜 정부의 군주가 추구하는 가치가 다르다.

정의의 효과는 어떠한가? 좋은 정부의 그림을 보면 도시가 번창하고, 사람들은 평화롭게 움직이며, 생산에 종사한다. 그러나 나쁜 정부에서는 도시가 황폐해져 있다. 백성들의 삶은 궁핍에 처해 있고, 위협 속에서 살며, 공권력의 협박을 받는다.

시에나 9인 정부 통치기간(1287~1355)에 시민의 삶은 가장 풍요로웠다. 로렌제티의 좋은 정부와 나쁜정부 프레스코는 공화국의 경험에서 오는 '정의'에 대한 증명이며, 중세 이탈리아의 위대한 정치적 실험을 보여준다(Randolph Starn, 1992, 58). 이는 왜 정의가 사회의 제1덕목이 되어야 하는지, 정의가 왜 중요한지를 보여준다.

2) 롤즈에 있어서 정의는 사회의 기본구조 문제에 대해서만 머무는 것이 아니라, 분배정의를 다룬다. 롤즈는 정의를 도출하는 과정에서 몇 가지 사고 실험을 하고 있다. 이는 정의를 도출하는 전제가 되는 원초적 상

황이다. 원초적 상황은 사회 계약론자들이 전제하는 자연 상태와 같은 내용을 가진다. 무지의 베일에 가려져 있는 상태에서 계약당사자들은 정의의 원칙에 합의하게 된다. 원초적 입장은 여기서 도출된 정의의 원리와 공리주의나 그 다른 원리들과 비교하여, 과연 그 도덕적 우위가 어떤 것이 더 정당한가를 비교 경쟁하여 취사선택하는 상황이기도 하다. 여기서 합의되어 선택되는 원칙은 계산되어서 택해지는 것이 아니라, 합의에 이르러서 그 합의를 통해서 정당성을 인정받는 것이다. 원초적 입장에서 당사자들이 합의하는 원칙은 자유에 대한 보장이다. 그 다음이 사회구성원 간에 불평등을 용인하되, 최소 수혜자에게 최대한의 이익을 보장하는 원리이다.

- 원초적 상황에 놓인 구성원들은 무지의 장막에서 자신과 사회에 대한 구체적인 정보가 차단된 상태에서 합리성에 따라 오로지 자신의 이익을 택한다. 이런 절차의 공공성이 확보된 가운데, 합리성에 따른 선택의 결과는 '개인 선호의 총합'이 아니다. 이는 기존의 자유주의의 공공선과는 다른 새로운 합리성을 제시한다.

- 롤즈의 차등원칙은 현대 자유주의 이론에서 혁명적인 개념이다. 사회적 자원의 분배는 기본적으로 평등해야 한다. 그러나 불평등의 분배가 최소 수혜자의 몫을 개선한다면 불평등은 허용된다. 차등의 원칙은 공리주의에서의 분배원칙과 대조된다. 공리주의에서 배분은 사회적으로 사회 통합을 훼손할 가능성이 잠재되어 있다. 공리주의는 사회의 재화의 총량, 생산력의 증대를 목적으로 하나, 차등의 원리는 분배에서 불평등의 최소화를 추구한다.

- 그러나 차등원칙은 언제나 자원의 분배에만 적용된다. 투표권, 법 앞에서의 평등과 같은 기본 개인의 권리는 어떤 경우에도 불평등하게 분배될 수 없다.

3) 인간은 자유를 원한다. 자유한 인간은 사회에서 평등을 요구한다. 자유와 평등을 어떻게 조화·조정할 것인가는 사회제도에서 중요한 문제이다. 일반적으로 사람들은 평등을 생각할 때 절대적인 평등을 먼저 떠올린다. 절대적인 평등은 모든 것을 똑같이 나누는 것이다(아리스토텔레스의 산술평균). 절대적인 평등에서 누가 이익을 보는가? 기존에 가진 것이 적을수록 분배 후에 얻는 이익은 크다. 공산사회는 바로 이런 절대적인 평등관에 기초한다. 이런 사회는 궁극에는 모두가 파산하게 된다. 자신의 기여에 대한 보상이 없기 때문이다. 공리주의에 기초한 자원을 분배하는 사회는 어떠한가? 이 사회는 피자의 크기를, 사회의 재화의 총량을 키우면 행복해진다고 한다. 피자의 크기에 사회의 행복이 달려있다고 보면, 국민소득이 증가할수록 행복은 그만큼 커야 한다. 이러한 정의의 원리는 사람들에게 분배의 문제에 둔감하게 하는, 분배의 정의를 약화시키는 심리적 영향을 준다. 그러나 그 사회의 재화의 총량으로서 피자가 커진다고 내가 받는 몫도 그만큼 커진다는 보장은 없다. 오늘날 우리 사회의 빈부격차의 증가가 이에 대한 답이 된다.

그러면 완전 자유의 사회는 어떠한가? 누가 이 사회에서 이익을 보겠는가? 가진자이다. 많이 가진 자일수록, 능력이 많을수록 이익을 본다. 나누어 줄 이유가 없기 때문이다. 이 사회에서는 나누는 것은 전적으로 개인의 양심과 덕에 달려 있다. 절대적인 평등은 이 땅에서 실현될 수 없다. 잔치를 벌이는 반대편에서 굶는 자가 있다면 이는 정의롭지 못하다.

롤즈는 절대적인 평등원리를 거부한다. 차등의 원리는 절대적인 평등을 거부하고, 개인의 자유와 능력의 차이를 인정하며, 사회의 불평등을 감소시키면서 사회의 전체적인 부를 증가시킨다. 이것이 자유와 평등에서 롤즈가 찾아 제시하는 대안이다.

20세기에 가장 큰 영향력을 행사한 철학사조는 마르크스주의와 실존

철학이라고 할 수 있다. 마르크스의 자본주의 비판의 핵심은 자본주의가 본능적으로 ① 이윤추구를 극대화하며, ② 노동착취를 극대화한다는 점으로 요약된다. 오늘날 비정규직의 문제, 과도한 아웃소싱 등을 포함한 자본주의의 부정적 기능은 바로 이 두 가지에 그 뿌리를 두고 있다. 마르크스는『경제학 철학소고』제1장 노동임금에서 임금노동에 대해 다음같이 비판하고 있다.

• 임금노동은 자본가와 노동자의 적대적인 투쟁으로 결정된다. 승리하는 쪽은 언제나 자본가 쪽이다.

• 노동임금을 정하는 최저한도의 임금 수준은, 노동하는 노동자의 생계비이며, 노동자가 가족을 먹여 살릴 수 있고 노동 종족들이 사멸하지 않을 만큼이다. 애덤 스미스에 의하면, 통상적인 노동임금이란, 순수한 인간생활, 다시 말해 가축 정도의 생존에 알맞은 최저임금이다.

• 노동자는 자본가가 돈을 벌었다고 해서 반드시 돈을 버는 것은 아니지만, 자본가가 손해를 보면 노동자는 틀림없이 손해를 본다.

롤즈의 정의의 제2원칙(차등의 원칙)은 자본주의체제에서 인간의 이기적 본성에 제한을 가하는, 약자를 배려하는 정치사회학적 의미를 가진다. 차등의 원칙은 그 사회의 최소수혜자에게 가장 많은 분배의 이익이 돌아갈 때 그 불평등을 허용하는 것으로 요약된다. 차등원리는 자본주의 시장경제를 인정하면서, 그 경제사회질서에서 분배정의와 평등을 구현하는 원리이다. 롤즈의 정의론은 기본권이라는 자유의 보장을 넘어 인간에 대한 배려와 사람이 사람답게 사는 사회를 지향한다.

동유럽 사회주의 국가들의 몰락으로 마르크스주의는 현실에서 파산한 것으로 비쳐지고, 책『자본론』은 고물상에나 넘겨줄 것으로 보였다. 그러나 마르크스주의는 시장에서 퇴출당하지 않았고, 마르크스주의는 끝나지 않았다. 왜 그럴까? 쟈크 데리다는 이를 "마르크스의 유령들"로 이야기한다. '유령'은 부르면 언제든지 다시 돌아온다. 마르크스 유령은 해방의 운동이므로, 착취를 당하며 해방을 호소하는, 애통해 하는 사람들에게, 마르크스 유령은 다시 찾아온다. 그래서 마르크스주의는 단순한 푸닥거리만으로는 몰아낼 수 없다고 본다.

4) 서문에서 제기한 질문이다. "우리 정부는 과연 좋은 정부인가, 나쁜 정부인가? 우리나라는 좋은 나라인가? 좋은 나라라면 그 모습은 어떠해야 하는가?"

현재의 정부뿐만 아니라 과거 정부에 대해서도 롤즈의 정의의 두 원칙은 그 평가의 근거를 제시하여 준다. 우리는 롤즈의 두 원칙에 따라 각 정부를 평가할 수 있다.

첫째, 자유에 입각한 기본권과 권리를 보장되는가?

둘째, 공정한 기회의 균등이 주어지는가?

셋째, 최소수혜자 계층에 최대의 이득이 되는 정책이 이루어지는가?

정의의 원칙에 따른 주요 정책에 따른 평가의 기준을 다음과 같이 나누어 볼 수 있다.

주요원리		주요 정책 사례
제1원칙	기본권 보장	• 실질적 기본권리 보장 • 언론의 자유 • 사상의 자유
	자유의 우선성	• 공리주의 배제 • 사회복지 또는 경제문제에 우선하는 기본권리와 자유의 보장
제2원칙	기회균등	• 공정한 기회균등 • 교육 기회보장 • 비정규직 억제와 차별 해소 • 기업지배구조 개선 • 전관예우 배제

최소수혜자 배려	• 불평등의 최소화 • 최소 사회안전망 구축 • 분배와 재분배강화

새누리당(한나라당) 대통령후보가 내세운 10대 공약이라는 선거 공약을 보면 다음과 같다.

국민행복 10대 공약

중산층 70% 재건 프로젝트

국민걱정 반으로 줄이기

약속 1 _ 가계부담 덜기
• 신용회복 신청과 승인 시 빚 50% 감면(기초수급자의 경우 70% 감면)
• 1천만원 한도 내에서 저금리 장기상환 대출로 전환

약속 2 _ 확실한 국가책임 보육
• 만 5세까지 국가 무상보육 및 무상유아교육

약속 3 _ 교육비 걱정 덜기
• 고등학교 무상 교육
• 사교육비 부담 완화
• 대학등록금 부담 반으로 낮추기(셋째 자녀부터 대학등록금 100% 지원 등)

약속 4 _ 생애주기별 맞춤형 복지정책 확실하게 추진
• 암, 심혈관, 뇌혈관, 희귀난치성 4대 중증질환의 경우 건강보험이 100% 책임

일자리 늘/지/오

약속 5 _ 창조경제를 통해 새로운 시장과 새로운 일자리 늘리기
• IT, 문화, 콘텐츠, 서비스 산업에 대한 투자 대폭 확대
• 스펙초월시스템 마련
• 청년들의 해외취업 확대

약속 6 _ 근로자의 일자리 지키기
• 60세로 정년 연장
• 해고 요건 강화
• 일방적인 구조조정이나 정리해고 방지를 위해 사회적인 대타협기구 설립

약속 7 _ 근로자의 삶의 질 올리기
• 장시간 근로 관행 개혁
• 공공부문부터 비정규직 근로자 정규직 전환
• 비정규직 차별 회사에 대한 징벌적 금전보상제도 적용
• 사회보험 국가지원 확대

더불어 함께하는 안전한 공동체

약속 8 _ 국민안심프로젝트 추진
• 성폭력, 학교폭력, 가정파괴범, 불량식품 등 4대 사회악 뿌리뽑기

약속 9 _ 대기업과 중소기업 상생의 경제민주화

약속 10 _ 지역균형발전과 대탕평 인사

유권자들은 정당이나 후보자를 선택하게 된다. 정당은 다양한 계층을 상대로 선거 공약을 내세운다. 그래서 정당의 선거 공약이 백화점에서 상품을 진열하듯 한다고 비판된다. 그럼에도 선거 공약은 유권자에게 상품을 선택하는 기준이 된다. 새누리당(한나라당) 대통령후보 선거 공약은 '아동, 청소년, 청년, 중·장년, 어르신'을 대상으로 하였다. 이는 국민전체를 대상으로 하여 그들의 삶을 책임지겠다는 약속을 던지고 있다. 선거 공약

은 다시 '여성, 비정규직, 이웃사촌, 장애인, 중소기업, 소상공인, 농·어촌'을 대상으로 했다. 이는 사회의 상대적인 약자계층을 우선적으로 배려하는 정책이다. 정당이 내세우는 선거의 공약에서 가장 많이 사용된 단어는 단연 '복지'와 '행복'이다.

롤즈는 여전히 권위주의적인 국가에서 자유의 제1원칙이 빠져 있는 정당의 선거공약을 어떻게 보겠는가?

민주주의가 과연 경제발전이나 사회복지를 통해서 보장되는가에 대한 논란이 있다. 분명한 것은 권위주의 질서는 가난(빈곤)을 통해 체제를 정당화하고자 한다. 우리에게는 분단이라는 현실도 있다. 1930년 초반 경제위기에서 독일과 미국은 민주주의의 위기에 놓여 있었다. 당시 미국의 경제상황은 독일보다도 더 안 좋았다. 그럼에도 미국과 독일은 서로 다른 길을 갔다. 자유주의 전통의 결핍은 민주주의에 대한 결함으로 이어진다. 민주주의와 사회복지는 구별되어야 한다. 민주주의와 자유주의는 서로를 강화시킨다.

5) 칼 포퍼(1902~1994)는 사회를 열린사회와 닫힌사회로 구별한다. 열린사회는 비판을 통해 수정의 가능성이 열려 있는 사회이다. 반면 닫힌사회는 비판을 불허한다. 국가 권력의 자의와 남용을 막기 위해서 권력은 가능한 한 많이 분리되어야 한다. '큰 사람'(great men)은 '큰 실수'(great mistakes)를 저지를 수 있다는 것이 포퍼의 생각이다. 언론의 자유, 집회의 자유, 종교의 자유는 열린사회의 기본전제이다. 비판적 합리적인 입장을 정치에 적용한 것이 민주주의이며, 열린사회는 비판이 허용되는 사회로서 특징을 가진다. 그래서 민주주의의 형태 구별은 대중의 지배가 아니라 대중이 정치가들을 비판할 수 있는가에 기준점을 두고 있다. 선거의 시행은 앞으로의 정부를 선택하는 것에만 있는 것이 아니라, 기존 정부를 판단하

는 데 있다. 그래서 포퍼가 볼 때 가장 좋은 통치형태인 민주주의의 장점
은 피를 흘리지 않고 정권을 교체할 수 있다는 데 있다. 민주주의는 롤즈
가 말하는 정의의 제1원칙을 보장하는 원리에 둔 정치체제이다. 자유와
기본가치의 보장이 없는 사회체제에서 사람은 결코 행복할 수 없다.

닫힌 사회는 역사주의(historism)에 토대를 둔다. 역사주의는 역사가
필연적인 법칙에 따른다는 어떤 목적론적인 성격을 가진다. 가령 위대한
지도자(Great Leader), 위대한 민족(Great Nation), 위대한 사상(Great Ideas),
선민(chosen people) 등을 내세운다. 닫힌 사회는 이데올로기로 '지상 낙원'
을 꿈꾼다. 그러나 닫힌 사회는 획일성과 전체성을 가지기 때문에 사회체
제에 대한 비판이나 반대를 억압한다. 비판을 그 사회의 암과 같은 '악'으
로 보며 제거하고자 하는 것이다. 파시즘, 나치즘, 공산주의, 군국주의, 제
국주의가 대표적이다.

포퍼는 『열린사회와 그 적들』에서 이처럼 역사주의와 전체주의를 비
판한다. 나쁜 정부는 비판을 막으며 시민에 재갈을 물린다. 이는 롤즈의
제1원칙에 따른 자유의 보장과 자유의 우선성을 부정하는 것이다.

6) 한나 아렌트(1906~1975)는 "정치란 무엇인가?"라는 기본 질문을
한다. 아렌트의 정치에 대한 출발점은 인간의 다양성에 있다.[124] 다양한
사람들이 공역에서 만나는 곳마다 정치는 공적 논의와 논쟁으로서 그리고
또한 공적 대화와 서로 간의 대화로써 발생한다. 이러한 공적인 논의는
정치적 행동과 같은 의미를 갖는다. 정치는 다른 사람에 대한 지배가 아
니라 다른 사람과의 행위(Handeln)이다. 그러므로 정치적 행위에서 자유는
핵심이 된다. 아렌트는 "정치의 의미는 자유다"라고 한다. 아렌트는 권력

---

124) Hannah Arendt, Was ist Politik? Fragmente aus dem Nachlass, hrsg. von Ursula Ludz,
     München/Zürich 1993, 9.

은 인간의 협동적 행위 능력이며 결코 한 개인이 임의로 소유할 수 있는 어떤 것이거나 개인의 결합된 힘의 총계는 아니라 본다. 권력은 함께 행위하는 사람들 사이에서 생겨나며 이들이 흩어지는 순간 사라진다. 그러므로 권력에서 중요한 것은 타인을 자신의 목적을 위해 도구화하는 것이 아니라 동의에의 도달을 지향하는 것이다. 권력은 사람들이 함께 살아가게 하는 것이다.

아렌트는 정치를 자신의 실제적인 경험에서 즉 20세기의 경험에서 이해하고 있다. 아렌트는 나치주의, 공산주의 또한 현대 국가들이 독점하는 권력을 통한 파괴의 가능성을 가진 전체주의적 지배체제에 따르는 재앙(Unheil)을 염두에 둔다.

한나 아렌트는 전체주의(Totalitarianism)대한 연구에서 20세기의 소련과 독일에서의 전체주의는 "살인하지 말라"는 계명을 "살인하라"라는 계명으로 바꾼 새로운 국가형태라고 분석하였다. 이는 전형적인 나쁜 정부이다. 전체주의는 테러를 통해서 유지되고 기능하며 이로써 인간의 개별성과 사람들이 함께 어울려 살아가는 것을 파괴한다. 이는 전체주의 통치의 악(惡)(radikale Böse)이다. 전체주의 독재는 인간의 본질과 정치의 '본질'을 근본적으로 파괴한다.

하버마스는 『사실성과 타당성』(Faktizität und Geltung)에서 시민사회와 정치적 공론장을 다루면서 "의회와 공론장이 효과적으로 연결되어 있지 않을 경우, 기생국가적 협상체계(Parastaatliche Verhandlungssysteme)는 정당화의 문제를 불러일으킨다"라고 하고 있다. 하버마스는 가령 유럽연합이 완전한 의회주의적 체계로 발전하지 못한 상태에서 일어나는 담론 문제에 대해 '기생(寄生)국가적'이라는 표현을 쓰고 있다. 의회는 행정부보다 사회 문제의 지각과 주제화에 더 넓은 지평을 갖는다. 우리는 보통 민주주의를 ① 시민들의 정치참여, ② 다수결 원칙, ③ 정당과 정치엘리트의 선택 등에서 이해한다. 그럼에도 하버마스가 볼 때 민주주의에서 핵심은 그 절차주의에 있다. 즉, 모든 결과물들을 합리적 결과로 도출해내는 데 있어, 민주적 절차인 의사소통 형식을 통한 담론과 협상이 민주주의 이해의 핵심이라는 것이다. 그러므로 다수결 원칙의 존중보다 이에 앞서는 다수자를 다수자로 만들어내는 수단에 관심을 가져야 한다고 본다. 다수결에 이르는 논쟁, 토론, 설득의 방법과 조건 등이 '담론적 구조와 수준'이 된다. 하버마스는 의사소통적 합리성은 '논증적 토론의 강제 없이 합의를 만들어내는 힘'(die zwanglos einigende, konsensstiftende Kraft argumentativer Rede)으로 본다. 공적 논쟁의 담론은 진실의 합의, 규범 정당화와 관계한다. 문제는 권위주의 국가에서의 담론이다. 권위주의 국가에서 권력자는 행정 권력을 통하여 공론장의 주제, 토론의 흐름, 각종 제안, 대안, 해결책에까지 개입하고자 한다. 이런 개입이 공권력이나 폭력이라는 수단을 동원하여 공론장의 의사소통과 연결되어 있는 사적인 삶의 영역과 생활세계를 침해할 때 정당성의 심각한 문제가 발생한다. 사적영역의 통제는 전체주의의 전유물이다. 사적 친밀감이 통제되지 않는 민주사회의 시작은 롤즈가 말하는 자유의 보장과 자유의 우선성에서이다.

7) 좋은 정부와 나쁜 정부 알레고리는 공화국의 민주주의 정치도 언제든지 전제정치로 넘어갈 수 있는 위험성이 있음을 보여준다. 루소는 사회계약론에서 국왕들은 "절대군주이기를 바란다"고 권력의 속성을 보고 있다. 그래서 아무리 훌륭한 국왕도 자기 지배권을 위해서는 "마음만 내키면 잔인해질 수 있다"(제6장 군주정치에 관하여). 선한 군주는 타락하여 전제군주가 될 수 있다. 권력을 장악한 통치자는 교만, 허영, 인색함을 정치적 지배의 동기로서 추구할 위험성을 갖고 있다. 이러할 때 정의는 제일 먼저 제거된다. 타락한 전제군주에게서 잔인, 배반, 사기, 분노, 불화, 전

쟁이 통치 수단으로 동원된다.

프랑크푸르트학파의 비판이론(Kritische Theorie)의 핵심은 사회적·역사적인 조건에 대한 이념 비판이다. 이런 비판에는 사회관계에 대한 비판으로 변화의 필요성과 요구가 결부되어 있다. 이를 통해 인간을 지배하는 사회문제들을 해결하며, 사회 전체의 변화를 이루기 위해서 비판적인 의식을 고양하고자 한다. 그러므로 비판이론은 단순한 지식의 증가가 아니라 세상변화를 이루려는 목표를 가진다. 아도르노는 『미니마 모랄리아』(Minima Moralia) 중 '노숙자 수용소'(Asyl für Obdachlose)라는 글은 마지막 문장을 "잘못된 삶 속에 올바른 삶은 존재하지 않는다"(There is no right life in the wrong one)고 쓰고 있다. 잘못된 삶이라는 구조에서 그 잘못됨을 부드럽게 하기 위해 꽃병을 세워두거나, 빵조각을 몇 개 더 먹을 수 있게 한들, 이는 결국 실패할 수밖에 없다. 이러한 시도나 꽃병은 또한 결국 그 잘못의 연장에서 이용되는 수단에 지나지 않는다. 발터 벤야민은 『역사철학테제』에서 억압받는 자들이 존재하는 '비상사태'(Ausnamezustand, 예외상태)가 상례라면 진보를 말할 수 있는가 질문한다.

8) 행동하는 삶은 인간 세상을 위한 기본조건이 된다. 한나 아렌트는 『인간의 조건』(The Human Condition)에서 인간 행동을 3가지 유형으로 구분한다. 노동(labor, 기본적 필요요구의 충족), 작업(work, Herrstellen)(지속적인 대상을 만드는 것) 그리고 최고 형식으로 행위(action)이다. 노동의 삶이란 생물학적 조건인 환경에 적응하는 필연적인 것으로서 생산하는 삶을 보여준다. 수렵, 채집, 농사 그리고 산업사회에서 노동이다. 자연에서 벗어나 인공적 세계를 창조하는 작업인(homo faber)의 작업은 도구로서의 인공 세계를 창조한다. '행위'는 다른 사람과의 관계 속에서 이루어지는 삶은 말과 행위를 통하여 공존의 영역을 창조한다. 아렌트는 이런 세 가지 근본 활

동을 인간이 지상에서 살아가는 기본적인 조건에 상응한다고 보며 이런 활동을 '활동적 삶'(vita activa)이라 부른다.

아렌트는 왜 인간의 활동을 노동, 작업, 행위로 구분하며 이를 통해 무엇을 보여주고자 하는가. 이는 인간 본성의 변경 가능성을 찾아 바람직한 인간성을 회복하는 데 있다. 가령 정치와 관련하여 인간은 노동과 작업의 실질적인 조건과 제약에도 불구하고 '행위'를 통한 보다 의미 있는 존재임을 보여준다. 의미 있는 행위는 다름 아니라 정치적 행위이며 정치적인 삶에 있다. 정치적 행위를 통해 인간은 '사적 영역'의 존재를 넘어 '공적 영역'에 들어가 함께 살아가는 존재가 된다. 아렌트는 가장 이상적인 삶의 방식은 이런 인간의 정치적 삶을 전제하고, 정치적인 삶은 바로 인간 활동에 근거한다. 아렌트는 노동하는 동물이 공론영역을 가지는 한 진정한 공론 영역은 존재할 수 없다고 본다. 대중문화와 같은 공개적인 사적문화활동만이 존재할 뿐이다.125) 아렌트가 행위를 강조하는 것은 행위를 통해서 정치적 삶이 실현될 수 있다는 믿음이 있기 때문이다. 인간은 활동을 통해 '노동하는 동물'에서 '제작하는 존재로', 다시 최종적으로 '정치적인 존재'로 자기 존재의 의미와 가치를 실현하게 된다.

9) 정의가 포박된 곳에는 전제군주를 제외한 어느 사람도 자유와 평안을 가질 수 없다.

2015년은 제2차 세계대전 종전 70년이 되는 해이다. 히틀러가 벙커에서 스스로 목숨을 끊음으로써 종전이 되었다. 지금도 히틀러의 집권이 어떻게 가능했는가, 나치의 유대인 학살이 어떻게 가능했는가에 대한 질문은 계속된다. 이런 질문에 답을 찾기 위해 유대인계 미국 교수 마이어

---

125) 한나 아렌트, 이진우·태정호 역, 인간의 조건, 한길사, 1996, 191.

(Milton Mayer)는 독일의 작은 한 도시 크론엔베르크(Kronenberg)에 가서 1년간 이곳 사람과 같이 살면서 답을 찾고자 했다.[126] 마이어는 먼저 10명과의 만남을 소개한다. 이들은 자신들이 어쩔 수 없었다고 생각한다. 물론 자신들의 행동에 후회도 없다. 그러나 마이어는 이들은 작은자(little man)들이라고 보며, 이들의 협력이 있었기에 나치정권의 유지가 가능했다고 본다. 다수의 암묵적인 침묵과 동의이다.

어떤 암묵적 동의와 지지인가? 마틴 니묄러(Martin Niemöller, 1892~1984)의 시는 이를 잘 요약하여 보여준다(이 시는 밀턴 마이어의 본 책에 언급되므로 외부로 알려지는 결정적인 계기가 되었다고 여겨진다).

Als die Nazis die Kommunisten holten,	나치가 공산주의자들을 잡아갔을 때
habe ich geschwiegen,	나는 침묵했습니다.
ich war ja kein Kommunist.	나는 공산주의가가 아니었습니다.
Als sie die Sozialdemokraten einsperrten,	그들이 사회민주당원들을 가두었을 때
habe ich geschwiegen,	나는 침묵했습니다.
ich war ja kein Sozialdemokrat.	나는 사회민주당원이 아니었습니다.
Als sie die Gewerkschafter holten,	그들이 노동조합원을 잡아갔을 때
habe ich geschwiegen,	나는 침묵했습니다.
ich war ja kein Gewerkschafter.	나는 노동조합원이 아니었습니다.
Als sie die Juden holten,	그들이 유대인들을 잡아갈 때
habe ich geschwiegen,	나는 아무런 말도 하지 않았습니다.
ich war ja kein Jude.	나는 유대인이 아니었습니다.
Als sie mich holten,	그들이 내게 왔을 때
gab es keinen mehr,	나를 위해 말해줄 사람이
der protestieren konnte.	아무도 남아 있지 않았습니다.

---

126) Milton Mayer, They Thought They Were Free: The Germans, 1933-45, Univ. of Chicago Press, 1955(박중서 역, 그들은 자신들이 자유롭다고 생각했다, 갈라파고스, 2014).

■ 묘비명: 죽은 자들은 우리에게 경고한다(DIE TOTEN MAHNEN UNS)
사회주의자들의 기념묘지(Gedenkstätte der Sozialisten): 베를린 프리드리히스펠데(Friedrischsfelde).
우측 묘비에는 327명 이름이 새겨짐. 중앙의 묘비를 중심으로 주요 사회주의자들의 묘가 있으
며, 묘지판에 다음과 같이 글이 새겨짐. "로자 룩셈부르크(Rosa Luxemburg) 1919년 1월 15일 살
해되다. 카를 리프크네이트(Karl Liebknecht) 1919년 1월 15일 살해되다. 에른스트 텔만(Ernst
Thälmann) 1944년 8월 18일 살해되다. 발터 울브리히트(Walter Ulbricht) 1973년 8월 1일 죽다.…"

마이어가 인용한 니묄러 목사의 마지막 말이다.

"… 그러다가 나치가 교회를 공격하자 성직자였던 그는 결국 행동에
나섰다구요. 하지만 그때는 이미 너무 늦은 다음이었구요."(마이어, 2014,
239)

10) 왜 정의가 포박되었는가? 로렌제티는 나쁜 정부 그림의 하단에
다음과 같이 쓰고 있다.

"모두가 도시에서 자신의 좋은 것에만 관심을 두기 때문에, 정의는
전제군주에게 던져졌다."

참고문헌

김비환 외, 『자유주의의 가치들－드워킨과의 대화』, 아카넷, 2011.

김비환, 현대 자유주의적 평등론의 역사적 의의, 『법철학 연구』 제5권 제2호, 2002, 7~34.

김은희, 롤즈의 공적 이성 개념의 한계와 중첩적 합의 개념의 재조명, 『철학』 제103집, 2010, 241~274.

러벳, 김요한 역, 『롤스의 정의론 입문』, 서광사, 2013.

로널드 드워킨, 『법과 권리』, 한길사, 2010.

로널드 드워킨, 염수균 역, 『자유주의적 평등』, 2005.

로버트 게스트, 김은수 역, 『아프리카, 무지개와 뱀파이어의 땅』, 지식의 날개, 2009.

로버트 노직, 남경희 역, 『무정부, 국가 그리고 유토피아』(Anarchy, State, and Utopia), 문학과 지성사, 1983.

마이클 샌델, 이양수 역, 『정의의 한계』(Liberalism and the Limits of Justice), 멜론, 2012.

마이클 왈쩌, 정원섭 외 역, 『정의와 다원적 평등: 정의의 영역들』(Michael Walzer, Spheres of Justice, A Defense of Pluralism and Equality), 철학과 현실사, 1999.

맹주만, 롤즈, 칸트, 그리고 구성주의, 『칸트 연구』 제20집, 2007, 117~148.

밀턴 마이어, 박중서 역, 『그들은 자신들이 자유롭다고 생각했다』(They Thought They Were Free: The Germans, 1933－45), 갈라파고스, 2014.

박상혁, 자유주의 정의론에서 평등과 책임의 요구: 드워킨의 롤즈 비판에 대한 응답, 『철학연구』 제95집, 2011. 125~151.

박성호, 매킨타이어가 옹호한 아리스토텔레스의 목적론, 『철학논총』 제67집 제1권, 2012, 133~144.

박은구, 성 토마스 아퀴나스의 정치사상, 『숭실사학』 제28집, 2012, 391~428.

박정순, 공동체주의적 사회비판의 가능성: 마이클 왈쩌의 논의를 중심으로, 『범한철학』 제30집, 2003, 211~247.

발터 벤야민, 최성만 역, 『역사의 개념에 대하여 폭력비판을 위하여 초현실주의 외』(발터 벤야민 선집 5), 길, 2008.

백훈승, 찰스 테일러와 헤겔에 있어서 자아정체성 및 공동체의 형성에 관한 연구, 『철학연구』 제

100집, 2006, 355~383.

서병창, 토마스 아퀴나스의 분노 개념, 『인간연구』 제19호, 2010, 47~76.

손은실, 토마스 아퀴나스의 아리스토텔레스 주석, 『니코마코스 윤리학 주석』을 중심으로, 『서양 고전학연구』 제28집, 2007, 173~198.

송재룡, 다문화주의와 인정의 정치학, 그리고 그 너머: 찰스 테일러를 중심으로, 『사회이론』 제35 호, 2009, 79~105.

아리스토텔레스, 천병희 역, 『니코마코스윤리학』, 숲, 2013.

아리스토텔레스, 천병희 역, 『정치학』, 숲, 2009.

알래스데어 매킨타이어, 이진우 역, 『덕의상실』, 문예출판사, 1997.

염수균, 드워킨의 자원의 평등론, 『범한철학』 제35집, 2004, 99~132.

오트프리트 회페, 박종대 역, 『정의』(Gerechtigkeit), 이제이북스, 2004.

우지황, 토마스 아퀴나스 정치사상의 분석적 이해: 질서와 평등의 개념을 중심으로, 『철학사상』 제25호, 2007, 31~66.

위르겐 하버마스, 『사실성과 타당성』(Faktizität und Geltung), 나남출판, 2000.

위르겐 하버마스, 이진우 외 역, 『새로운 불투명성』, 문예출판사, 1995.

윤상욱, 『아프리카에는 아프리카가 없다』, 시공사, 2013.

이상수, 『롤스 & 매킨타이어』, 김영사, 2007.

이종은, 『정의에 대하여』, 책세상, 2014.

자크 데리다, 진태원 역, 『법의 힘』, 문학과 지성사, 2004.

장동익, 『롤즈』, 철학사상, 별책 제5권 제14호, 서울대 철학사상사연구소, 2005.

장동진·김만권, 노직의 자유지상주의: 소극적 자유의 이상, 『정치사상연구』, 2000, 195~220.

장욱, 성 토마스 아퀴나스 정치철학의 근본 원리들, 『가톨릭철학』 제5호, 2003, 7~54.

정약용, 『목민심서』, 고려원북스, 2004.

정은진, 14세기 시에나 시청사(Palazzo Pubblico)의 벽화들: 정치적 이데올로기를 중심으로, 『미 술사학보』 제34집, 2010, 233~264.

정훈, 중첩적 합의와 공리주의: 셰플러에 대한 반론, 『철학』 제103집, 2010, 275~312.

조긍호·강정인, 『사회계약론 연구, 홉스·로크·루소를 중심으로』, 서강대학교 출판부, 2012.

존 롤즈, 장동진 역, 『정치적 자유주의』, 동명사, 1998.

존 롤즈, 황경식 역, 『정의론』, 이학사, 2003.

채이병, 성 토마스 아퀴나스와 평화의 문제, 『철학』 제78집, 2004, 75~102.

최봉철, 드워킨의 『법의 제국』, 『법철학연구』 제8권 제2호, 2005, 345~376.

카를 마르크스, 강유원 역, 『경제학-철학소고』, 이론과 실천, 2006.

칼 포퍼, 『열린사회와 적들』, 민음사, 2006.

테오도르 아도르노, 김유동 역, 『미니마 모랄리아: 상처받은 삶에서 나온 성찰』, 길, 2005.

한나 아렌트, 이진우·박미애 역, 『전체주의 기원』, 한길사, 2006.

한나 아렌트, 이진우·태정호 역, 『인간의 조건』, 한길사, 1996.

한나 아렌트, 홍원표 역, 『혁명론』, 한길사, 2004.

한상수, 아리스토텔레스의 정의론, 『공법연구』 제30집 제2호, 2001, 269~285.

홍성우, 자아의 정체성과 도덕적 선의 관련성 문제: 찰스 테일러의 견해를 중심으로, 『범한철학』
　　제25집, 2002, 163~188.

홍성우, 자유주의적 자아관의 한계: 샌들의 롤즈 비판을 중심으로, 『범한철학』 제28집, 2003,
　　281~303.

황경식, 『사회정의의 철학적 기초』, 철학과 현실사, 2013.

Ardent, Hannah: Ziviler Ungehorsam, in: Zur Zeit. Politische Essays, Hrsg von Marie Luise
　　Knott, München: Dt. Taschenbuch Verlag, 1989.

Arendt, Hannah: Was ist Politik? Fragmente aus dem Nachlass, Hrsg. von Ursula Ludz,
　　München/Zürich, 1993.

Bowsky, William M.: A Medieval Italian Commune: Siena Under the Nine, 1287~1355,
　　London, 1981.

Bridgemann, Jane: "Ambrogio Lorenzetti's Dancing 'Maidens': A Case of Mistaken
　　Identity," in: Apollo, Vol. 133, 1991, 245~252.

Dilcher, Gerhard: "Kommune und Bürgerschaft als politische Idee der mittelalterlichen
　　Stadt," in: I. Fetscher / H. Münkler(Hrsg.): Pipers Handbuch der politischen Ideen,
　　München, 311~351, 1993.

Dworkin, Ronald: "What is Equality? Part 1: Equality of Welfare," in: Philosophy and
　　Public Affairs, 10, 1981a, 185~246, reprinted in: R. Dworkin, Sovereign Virtue.
　　The Theory and Practice of Equality, Cambridge: Harvard University Press, 2000,
　　11~64.

Dworkin, Ronald: "What is Equality? Part 2: Equality of Resources," in: Philosophy and
　　Public Affairs, 10, 1981b, 283~345, reprinted in: R. Dworkin, Sovereign Virtue.
　　The Theory and Practice of Equality, Cambridge: Harvard University Press 2000,
　　65~119.

Dworkin, Ronald: Sovereign Virtue: The Theory and Practice of Equality, Harvard Press,
　　2000.

Flora, Carlin: "Gut Almighty," in: Psychology Today, Vol 40, Issue 3:68~75, 2007.

Fromm, Erich: Der Ungehorsam als ein psychologisches und ethisches Problem, in: Über den Ungehorsam und anderer Essays. Stuttgart: Deutsche Verlags—Anstalt. 1992, 9~17.

Gregory, Eric: "Before the Original Position: The Neo—Orthodox Theology of the Young John Rawls," Journal of Religious Ethics, Vol. 35. No. 2(2007), 179~206.

Habermas, Jürgen: "Ziviler Ungehorsam—Testfall für den demokratischen Rechtsstaat. Wider den autoritären Legalismus in der Bundesrepublik," in: Glotz, Peter(Hrsg.): Ziviler Ungehorsam im Rechtsstaat, Frankfurt a.M. Suhrkampf, 1983, 29~53.

Huemer, Michael: Ethical Intuitionism, Palgrave Macmillan, 2005.

Keller, Hagen: "'Kommune': Städtische Selbstregierung und mittelalterliche 'Volksherrschaf' im Spiegel italienischer Wahlverfahren des 12—14. Jahrhunderts," in: G. Althoff (Hrsg.): Person und Gemeinschaft im Mittelalter, Karl Schmid zum fünfundsech—zigsten Geburtstag, Sigmaringen, 1988, 573~616.

Kukathas, C. / Pettit, P. Rawls: A Theory of Justice and Its Critics, Stanford University Press, 1990.

Lovett, Frank: Rawls's A Theory of Justice, Contimum, 2011.

Maginnis, Hayden B.J.: The World of the Early Sienese Painter, The Pennsylvania State University Press, 2001.

Nagel, Thomas: "John Rawls and Affirmative Action", in: The Journal of Blacks in Higher Education, Vol. 39(Spring, 2003), 82~84.

Norman, Diana: Painting in Late and Renaissance Siena(1260~1555), Yale University Press, 2003.

Nussbaum, Martha C.: "Conversing with the Tradition: John Rawls and the History of Ethics," in: Ethics, 109(2), 1999, 424~430.

Rawls, John / Erin Kelly(ed.): Justice as Fairness: A Restatement, Harvard University Press, 2001.

Rawls, John, "Themes in Kant's Moral Philosophy," in, Kant's Transendental Deductions: The Three 'Critiques' and the 'Opus Postumu,' ed. by Eckart Forster, Stanford University Press, 1989.

Rawls, John, A Theory of Justice, Cambridge, MA: Harvard University Press. Revised edition, 1999.

Rawls, John, Lectures on the History of Political Philosophy, S. Freeman(ed.), Cambridge, MA: Harvard University Press, 2007.

Rawls, John, Political Liberalism, New York: Columbia University Press. Paperback edition, 1996; Second edition, 2005.

Rawls, John, The Law of Peoples, Cambridge, MA: Harvard University Press, 1999.

Riklin, Alois, Ambrogio Lorenzettis politische Summe, Bern, 1996.

Rubinstein, Nicolai, "Political Ideas in Sienese Art: The Frescoes by Ambrogio Lorenzetti and Taddeo di Bartolo in the Palazzo Pubblico," Journal of the Warburg and Courtauld Institutes, Vol. 21, No. 3/4, 1958, 179~207.

Rubinstein, Nicolai: Studies in italien history in the middle ages and the renaissance, ro‑ma, Ed. di storia e Lettenratura, 2004.

Sandel, M, "The Procedural Republic and the Unencumbered Self," in Communitarianism and Individualis, eds. Avineri, S and de‑Shalit, A., Oxford University Press, 1992.

Schmidt, Dagmar, Der Freskenzyklus von Ambrogio Lorenzetti über die gute und die schlechte Regierung‑Eine dankteske Vision im Palazzo Pubblico von Siena, Disseration der Universität St. Gallen, 2003.

Skinner, Quentin, Visions of Politics, Vol. 2: Renassance Virtues, Cambridge University Press, 2002.

Starn, Randolph / Loren W. Partridge, Arts of Power: Three Halls of State in Italy, 1300‑1600, University of California Press, 1992.

Taylor, Charles(et al.), The Politics of Recognition, examining the politics of recognition, Princeton University Press, 1994.

Taylor, Charles, Sources of the self, Cambridge University Press, 1990.

지은이 정재각은 한양대학을 졸업하고, 독일 쾰른대학교 석사과정을 거쳐 베를린 자유대학
에서 박사학위를 취득하였다. 베를린 자유대학에서 강의를 하였다.
한양대학 지방자치연구소에서 민주주의와 지방자치를 연구하였고, 사회과학대학에서 정치사상
을 강의하고 있다.
한국행정연구원에서 초청연구위원을 지내고, 2014년 아프리카 짐바브웨 대학에 연구와 선교
방문을 하였다. UBF 대학생성경읽기선교회 한양센터에서 학생들에게 성경을 가르쳐 오고 있다.
주요 저서(공동)로『서구연방주의와 한국』,『유럽연합 정부론』,『이주 정책론』,『독일 행정과
공공정책』,『독일 사회철학 강의 ─ 사유와 비판』등이 있다.
(morgenland@hanyang.ac.kr; morgenland@hanmail.net)

나쁜 정부와 정의

초판발행   2015년 9월 25일
중판발행   2016년 12월 5일

지은이   정재각
펴낸이   안종만

편 집   문선미
기획/마케팅   이영조 · 정병조
표지디자인   김문정
제 작   우인도 · 고철민

펴낸곳   (주) **박영사**
            서울특별시 종로구 새문안로3길 36, 1601
            등록 1959. 3. 11. 제300-1959-1호(倫)
전 화   02)733-6771
f a x   02)736-4818
e-mail   pys@pybook.co.kr
homepage   www.pybook.co.kr
ISBN   979-11-303-0230-0   03330

정 가   20,000원